Monika Pelz
Den Blick auf das Herz der Welt

Monika Pelz

Den Blick auf das Herz der Welt

Die Lebensgeschichte
des Johann Wolfgang Goethe

www.beltz.de
© 2009 Beltz & Gelberg
in der Verlagsgruppe Beltz · Weinheim Basel
Alle Rechte vorbehalten
Neue Rechtschreibung
Lektorat: Frank Griesheimer
Einband: Dorothea Göbel
unter Verwendung des Gemäldes von J. H. W. Tischbein (1786/1787),
siehe Bildnachweis
Satz und Bindung: Druckhaus »Thomas Müntzer«, Bad Langensalza
Druck: Druck Partner Rübelmann, Weinheim
Printed in Germany
ISBN 978-3-407-81044-1
1 2 3 4 5   12 11 10 09

Inhalt

Prolog 7

1. Ein Genie entfaltet sich 14
»... all die Glut, welche keine Unterscheidung zwischen dem Dichterischen und dem Wirklichen zulässt.«

2. Götter, Helden, Liebende 42
»Nun kam aber noch hinzu, dass ich vor Lili flüchten musste.«

3. Minister in Weimar 72
»... bleib ich mir geheimnisvoll selbst getreu.«

4. Revolutionen 109
»Denn es geht, man darf wohl sagen, ein neues Leben an.«

5. Goethe und Schiller 143
»Ein jeder konnte dem anderen etwas geben.«

6. Dämonen und Demoisellen 177
»Eine unbeschreibliche, fast magische Anziehungskraft«

7. Sonne und Wolken 212
»Und doch, welch Glück, geliebt zu werden!«

8. Faust und andere Wanderer 239
»Diese sehr ernsten Scherze«

Zeittafel 267
Quellen 272
Bibliografie 285

Prolog

Am 1. November 1755, einem Sonntag, vernichtet ein Erdbeben die weltberühmte Stadt Lissabon. Kirchen und Paläste, Hütten und Hochhäuser stürzen zusammen und werden von zahllosen Bränden in Asche gelegt. Ein auf das Erdbeben folgendes Seebeben wälzt eine dreißig Meter hohe Flutwelle über die Ufer.

»Sechzigtausend Menschen, einen Augenblick zuvor noch ruhig und behaglich, gehen miteinander zugrunde, und der Glücklichste darunter ist der zu nennen, dem keine Empfindung, keine Besinnung über das Unglück mehr gestattet ist. Die Flammen wüten fort und mit ihnen wütet eine Schar sonst verborgner oder durch dieses Ereignis in Freiheit gesetzter Verbrecher. Die unglücklichen Übriggebliebenen sind dem Raube, dem Morde, allen Misshandlungen bloßgestellt; und so behauptet von allen Seiten die Natur ihre schrankenlose Willkür.« Mit diesen Worten gibt Johann Wolfgang von Goethe zeitgenössische Berichte über das Erdbeben wieder.[1]

Eine Stadt voller Toter. Verbrannt, ertrunken, erschlagen. Sechzigtausend. Eine unvorstellbare Zahl. Unvorstellbar wie die Zahl der Engel. Und alle Engel haben zugesehen.

Die größte Naturkatastrophe der Zeit löst nicht nur Entsetzen, sondern auch eine tiefe Krise in der europäischen Christenheit aus. Wie teuflische Ironie erscheint es, dass der Tod vor allem die Frommen traf, die in den zahllosen Kirchen Lissabons an der Sonntagsmesse teilnahmen, während er Ungläubige und Verbrecher davonkommen ließ. Zweifel an der Güte Gottes entzünden Debatten unter Theologen, Philosophen und Schriftstellern.

Voltaire schreibt *Candide oder der Optimismus* – eine satirische Abrechnung mit der Theodizee des deutschen Philosophen und Universalgelehrten Gottfried Wilhelm Leibniz. Theodizee, das heißt Rechtfertigung Gottes und der von ihm geschaffenen Welt. Leibniz' »Optimismus« beruht auf seiner Schlussfolgerung, dass die Übel auf Erden sich im Universum »mit Zinsen und Zinseszinsen« ausgleichen – womit die von Gott geschaffene Welt sich als die »beste aller möglichen Welten« erweise.

Der französische Philosoph und Dichter Voltaire lässt seinen Romanhelden Candide und dessen Gefährten Pangloss Augenzeugen der Jahrhundertkatastrophe werden. Sie »spürten die Erde unter ihren Füßen wanken; das Meer erhob sich in gewaltigen Sturzfluten, sodass die Schiffe, die im Hafen lagen, zerschellten. In den Straßen wirbelten Aschenregen und Flammen, rund um die Plätze stürzten die Häuser ein, die Dächer krachten auf die Grundmauern, und die Grundmauern barsten. [...] Pangloss versuchte, alle zu trösten; er bewies, dass es nicht anders kommen konnte. ›Denn alles ist aufs Beste eingerichtet‹, sagte er.«[2]

Die Katastrophe von Lissabon bebt in den Köpfen und Seelen Europas lange nach. In Predigten und Schriften wird die Unbegreiflichkeit von Gottes Ratschluss beschworen. Buß- und Bettage werden noch nach Jahresfrist in den Kirchen abgehalten. Catharina Elisabeth Goethe, Gattin des Kaiserlichen Rates der Stadt Frankfurt Johann Caspar Goethe, erinnert sich, dass dieser seinen Sohn Johann Wolfgang nach einem Kirchgang fragte, ob er denn die Predigt zum großen Erdbeben von Lissabon verstanden habe. Worauf der Siebenjährige erwiderte: Am Ende sei alles wohl viel einfacher, als der Geistliche von der Kanzel des Langen und Breiten verkündet habe. Denn der liebe Gott werde wohl wissen, dass der unsterblichen Seele durch böses Schicksal kein Schaden geschehen könne.

Ein Kind, dessen Glaube zuversichtlicher ist als der des Predigers? Oder nicht vielmehr ein Kind, das sich selbst beschwichtigt?

Der sechzigjährige Goethe schreibt in seinen Lebenserinnerungen über die Erschütterung des siebenjährigen Knaben durch das Erdbeben von Lissabon: »*Gott, der Schöpfer und Erhalter Himmels und der Erden, hatte sich, indem er die Gerechten mit den Ungerechten gleichem Verderbnis preisgab, keineswegs väterlich bewiesen. Vergebens suchte das junge Gemüt sich gegen diese Eindrücke herzustellen.*«[3]

Goethe findet Mittel, die ihm helfen, sich »herzustellen«, sich zu beruhigen, die großen und kleinen Erschütterungen des Lebens durchzustehen: rastloses Tätigsein und Denken, unermüdliches Erschaffen und Bilden.

Zur größten Herausforderung wird für ihn ein Beben, das kein seismisches, sondern ein politisches ist: die Französische Revolution. Was an festem Grund er gefühlt und gebaut zu haben glaubt, scheinen die Revolution und die Kriege, die ihr folgen, zu vernichten. »*Alles regt sich, als wollte die Welt, die gestaltete, rückwärts / Lösen in Chaos und Nacht sich auf und neu sich gestalten.*«[4]

Zeitlebens schreibt Goethe gegen Chaos und Nacht an. Gegen die Weltsicht des Mephistopheles, die in dessen Worten zum Ausdruck kommt: *»Denn alles, was entsteht, ist wert, dass es zugrunde geht.«*[5]

So darf auch der Held von Goethes größtem Drama, *Faust*, nicht zugrunde gehen. Seine Seele muss gerettet werden.

Faust ist ein Sinn-Sucher. So wie Wilhelm Meister, Goethes zweite große literarische Gestalt. Und die Suche nach dem Sinn, dem Wesen, dem Grund und der Bestimmung des Seienden sieht auch Goethe selbst als seine lebenslange Aufgabe an. Wie sein Geschöpf Faust will er *»erkennen, was die Welt im Innersten zusammenhält«*.[6]

Die Wahrheit Goethes ist keine streng wissenschaftliche, keine rein logische, sondern ein Ideal. So wie Vollkommenheit, das *»Schöne«*, wie er es auch nennt. Niemals ist der bloße Stoff, das »Was«, wichtiger als das »Wie« der Form und Bedeutung. Formvollendung, Wahrheit, Schönheit, sie zeigen für ihn »das Wesen« in den Erscheinungen.

Tatsächlich sah Goethe es als Lebensaufgabe an, seinen Geist zu bilden. Sie galt ihm als die eigentliche menschliche Aufgabe. Denn von allen Lebewesen ist nur der Mensch fähig, sich zu steigern und seine Erkenntnisse, seine Vorstellungskraft, seinen Charakter zu entwickeln. Bildung ist für Goethe aber nicht nur Bücherwissen, sondern vor allem sinnliche Wahrnehmung, Schauen, Forschen, Entdecken, Denken und Tun. Als des Menschen Höchstes bezeichnet er das Staunen – die Ehrfurcht vor der Schöpfung.

Naturwissenschaften, Philosophie, bildende Kunst, Musik – kaum ein Gebiet, mit dem Goethe sich nicht intensiv befasst; immer auf der Suche nach Grunderscheinungen, »Urformen«,

Entwicklungsgesetzen, Zusammenhängen. »Wie alles sich zum Ganzen webt,/Eins in dem andern wirkt und lebt!«[7]

Goethes eigenwillige, bewusst subjektive Art des Forschens, sein Vertrauen in die Sinneswahrnehmung, seine Abgrenzung von den exakten Naturwissenschaften und ihren mathematischen Methoden führten ihn letztlich in die Irre. Als Naturforscher blieb und bleibt Goethe ein Exzentriker, eine Randerscheinung. Auch der Weg in die Realpolitik, auf den er sich begab, um Ergebnisse hervorzubringen statt nur Worte, mündete in einer Sackgasse. Der Dichter als Lehrer und Berater des Fürsten war ein Auslaufmodell.

Goethe, der schreibend Erkennende, begriff – und es ist deshalb das Fazit seiner beiden »Lebenswerke« *Faust* und *Wilhelm Meister* –, dass der Mensch, der *»irrt, solang er strebt«*[8], dennoch seinen Sinn finden kann und seine Bestimmung. Weil es vielleicht der Sinn seines Lebens ist, zu irren; sich strebend zu bemühen, im Streben zu scheitern und dennoch gerettet zu werden.

Mit der Heimkehr des Zweiundzwanzigjährigen aus Straßburg nach Frankfurt beginnt diese Biografie. Der soeben promovierte Lizentiat der Rechte hat zum ersten Mal in seinem Leben eine Antwort gefunden auf die Grundfragen seiner Existenz: Wie und wozu zu leben sei. Erstmals sieht Goethe seine Aufgabe klar vor sich: seiner Generation eine neue Sprache zu geben; eine junge Sprache, eine natürliche Sprache, eine genuin deutsche Sprache; die Dichtung zu befreien aus den Fesseln fremder Vorbilder, Regeln und Konventionen.

Die Zeit davor, mit all ihrer Orientierungslosigkeit, ihren pubertären Gefühlsschwankungen und Krisen, sieht Goethe rückblickend in keinem guten Licht. Als er in vorgerückten

Jahren Briefe von damals in Händen hält, ist er schockiert darüber, »*in welch sittlich kümmerlichen Beschränktheiten man die schönsten Jugendjahre verbracht hat*«.⁹ Zugleich aber wird dem alten, berühmten Dichter bewusst, dass Historiografen in aller Welt bald beginnen werden, sein Leben von der Wiege an zu beschreiben. Also geht er vorsorglich daran, diese Biografie lieber selbst zu gestalten. In *Dichtung und Wahrheit* zeichnet er eine sinnvolle Entwicklung des Heranwachsenden auf das spätere Leben als Dichter, Gelehrter und Staatsmann hin.

Dieses hochstilisierte Bild der Kindheit und Jugend ist somit quasi ein »Alterswerk« Goethes und als solches an das Ende der vorliegenden Biografie gestellt; an das Ende von Goethes Lebenskreis, ehe dieser sich mit *Faust II* und *Wilhelm Meisters Wanderjahre* vollends schließt.

Wie kein anderer verstand Goethe es, sich selbst immer wieder neu zu erschaffen, sich dichterisch zu wandeln, noch nie Gedachtes zu gestalten. Seine Innovationen überraschten und irritierten und wurden als Provokation empfunden. Ebenso wie an seinen fortwährenden (Er-)Neuerungen stieß das Publikum sich an seiner Unmoral (oder was damals dafür gehalten wurde), seiner Ironie, seiner Kompromisslosigkeit. Goethe widerfuhr, was seine »*Schöne Helena*« im Faust-Drama als ihr Schicksal beschreibt: »*bewundert viel und viel gescholten*« zu werden.¹⁰

Das größte Unverständnis rief bei den Zeitgenossen Goethes strikte Weigerung hervor, deutschnational zu denken und zu schreiben. Gerade er, der die deutsche Dichtung befreite und sie zu vorher nie gekannter Kunst erhob, war Mehrsprachiger und Weltbürger. Goethe übersetzte aus dem Französischen, Italienischen und Englischen. Er ließ sich von der gesamten europäischen, aber auch von persischer, indischer und chinesischer Dichtung inspirieren. Er forderte eine »Weltliteratur« als gemeinsames Schaffen und lebendigen Austausch. In der Fusion der Kulturen – nicht als Vermischung, sondern als wechselseitige Befruchtung – sah er die Zukunft.

1. Ein Genie entfaltet sich

»... all die Glut, welche keine Unterscheidung zwischen dem Dichterischen und dem Wirklichen zulässt.«

Wie beginnen? Mit dem Genie? Der Freiheit? Natur? Kunst? Oder mit den eigenen Empfindungen angesichts solcher Größe?

Nein, begonnen sei mit dem, was wohl jeder Zuhörer fühlt: Hoffnung auf Ruhm, auf Unsterblichkeit!

Und so hebt Goethes Rede auf William Shakespeare an mit den Worten: »*Dieses Leben, meine Herren, ist für unsre Seele viel zu kurz.*« Der Zweiundzwanzigjährige will die Ansprache bei einem Festakt zu Ehren des großen englischen Dichters im Frankfurter Vaterhaus halten. Am 14. Oktober 1771, Williams Namenstag. Herder hat angekündigt, eine Abhandlung über Shakespeares Werke zu schicken. Gewiss wird sie sehr gelehrt, durchdacht und tiefgründig ausfallen.

Aber in meiner Rede wird Leidenschaft sein! Sie wird die Zuhörer mitreißen! »*Ruhe der Seele ist kein Festtagskleid*«, schreibt Goethe weiter. »*Und noch zur Zeit habe ich wenig über Shakespeare gedacht. Geahnt, empfunden, ist das Höchste, wohin ich's habe bringen können. Die erste Seite, die ich in ihm las, machte mich auf Zeitleben ihm eigen. Und wie ich mit dem ersten Stück fertig war, stand ich wie ein Blindgeborener, dem eine Wunderhand das Sehvermögen in einem Augenblick schenkt. Ich erkannte, ich fühlte aufs Lebhafteste meine Existenz um eine Unendlichkeit erweitert, alles war mir neu, unbekannt, und das ungewohnte Licht machte mir Augenschmerzen.*«

Nun die Absage an das herkömmliche, das durch Regeln gefesselte Drama: »*Ich sprang in die freie Luft*« – Goethe spürt sein Herz klopfen, während er seiner inneren Stimme folgt –, »*ich sprang in die freie Luft und fühlte erst, dass ich Hände und Füße hatte. Und jetzt, da ich sah, wie viel Unrecht mir die Herren der Regeln in ihrem Loch angetan haben, wie viel freie Seelen noch drinnen sich krümmen, so wäre mir das Herz geborsten, wenn ich ihnen nicht Fehde angekündigt hätte und nicht täglich suchte, ihre Türme zusammenzuschlagen.*«*

Goethe denkt an seine frühen Stücke für das Theater: *Die Laune des Verliebten* – untadelig, was die Form angeht, doch nur ein Schäferspiel, eine Nichtigkeit! *Die Mitschuldigen* – kunstvoll gebaut, doch nur ein Schwank, beileibe kein Molière! Und weit unter dem Anspruch des klassischen französischen Trauerspiels! Beim Drama blickt nun einmal alles auf die großen französischen Vorbilder. Einen Corneille! Einen Voltaire!

Nein, nichts mehr von den Franzosen und ihren musterhaften Dramen! Das ähnelt sich wie ein Schuh dem anderen! Auf einen Shakespeare aber wagt man herabzuschauen!

Goethes Feder fliegt über das Papier. »*Und ich rufe: Natur! Nichts ist so Natur wie Shakespeares Menschen!*

Da fallen sie alle über mich her und würgen mich.

Lasst mir Luft, dass ich reden kann!«[1]

Goethe lächelt. Schade, dass Herder nicht dabei sein wird,

---

* In Frankreich entstand im 17. Jahrhundert die Dichtungslehre der Klassik, nach den Geboten der Vernunft und den Gesetzen der aristotelischen Logik. Demnach soll die Tragödie »drei Einheiten« wahren: die Einheit des Ortes, der Zeit und der Handlung. Das Drama spiele an einem Ort, an einem Tag und zeige nur einen Handlungsablauf (wie man damals sagte: eine Intrige).

wenn er seine Rede hält! Obwohl er daran herummäkeln würde. Herder mäkelt immer.

Die Beziehung zum Freund ist nicht einfach. Johann Gottfried Herder hat ihm eine Welt eröffnet. Eine Gegenwelt zu den französischen Schattenreichen, in denen die Natur gleichsam poliert und maniküert ist. An Herders Hand ist er ins Licht getreten: Dichtung als Ausdruck des Eigenen! Echtes Erleben! Echte Empfindungen! Originalität!

Goethe weiß, was er Herder verdankt; auch dessen Unerbittlichkeit, mit der er jede Seichtheit, jede Verspieltheit, jeden Übermut geißelt.

Und doch: War da nicht auch eine gewisse Genugtuung zu spüren, den anderen verstimmt, gar verletzt zu haben? Goethe hat Herders Übellaunigkeit immer entschuldigt: ein quälendes Augenleiden, eine bedrängte, unsichere Existenz, die so gar nicht seiner geistigen Größe und seinem Ehrgeiz entspricht.

Goethe ahnt, dass Herder ihm seine glücklichere Lage neidet. Er selbst hat einen wohlhabenden Vater, der sich die Karriere und Förderung seines einzigen Sohns stets angelegen sein lässt und der ihm trotz Pedanterie und Strenge doch alle Wünsche erfüllt. Neben den juristischen Kollegien konnte er Poetik-Vorlesungen besuchen und Zeichenunterricht nehmen. Nach beendetem Studium wartet eine Laufbahn als Anwalt auf ihn, vielleicht sogar ein öffentliches Amt in Frankfurt; der Vater wird ihn dabei unterstützen. Goethe kann in allen möglichen Künsten und Wissenschaften dilettieren – Dichten, Zeichnen, Radieren, Chemie, Anatomie. Er kann die Schriften von Theokrit und Sophokles studieren, sich reihenweise Bücher ins Regal stellen, die er oft gar nicht liest. Immer ist Geld genug vorhanden. Und als wäre das nicht genug, ist er zudem noch ein hübscher Kerl, kann reden wie der Teufel und bezaubert die Frauen. Dieses Bild wird Herder wohl von ihm haben.

Ein Jahr zuvor ist er ihm in Straßburg begegnet. Herder, studierter Theologe und Philosoph, hat eine Kunsttheorie entwickelt, die neue Werte einfordert: Natürlichkeit, Einfachheit, Gefühl. Als beispielhaft gelten ihm deutsche und nordische Volkslieder, die Gesänge des gälischen Barden Ossian, die Epen Homers, die Dramen Shakespeares.

Obwohl Goethe weiß und auch in Zukunft nicht vergessen wird, wie viel er Johann Gottfried Herder verdankt, zieht er sich sachte von ihm zurück. Ein neuer wichtiger Freund ist in sein Leben getreten – auch er um einiges älter, überaus gebildet und geistreich: Johann Heinrich Merck, Sekretär der Geheimen Hofkanzlei in Darmstadt.

Diese Freundschaft ist unbeschwerter, heiterer, und was das Beste ist: Durch Merck ergibt sich die Gelegenheit, für eine Zeitschrift zu schreiben. Für die Öffentlichkeit! Und das inmitten der größten Umwälzung der deutschen Dichtkunst, die es jemals gab! Was gestern Geltung hatte, gilt heute nichts mehr. Ein Gleim, ein Gellert, ein Wieland – allesamt Imitatoren! Über Gottsched, der die Franzosen an Pedanterie noch übertrifft, darf gelacht werden!

Dagegen ein Lessing! Ein Klopstock!

Von den Franzosen kann man nur Rousseau gelten lassen, der eigentlich ein Schweizer ist. Jean-Jacques Rousseau erklärte der Kultur den Krieg und verherrlichte die Natur. Vom deutschstämmigen Baron d'Holbach hat man sich eine ähnliche Würdigung der Natur erwartet. Doch dessen *Système de la Nature*, mit großen Erwartungen zur Hand genommen, wurde zur schwersten Enttäuschung. Da ist keine Natur zu finden, keine Lebendigkeit, nichts, was das Herz versteht! D'Holbachs dürre mechanistische Herleitungen – greisenhaft!

»*Wir lachten ihn aus, denn wir glaubten bemerkt zu haben, dass von alten Leuten eigentlich an der Welt nichts geschätzt werde, was liebenswürdig und gut an ihr ist*«, erinnert sich Goethe im Lebensrückblick. »»*Wie Kirschen und Beeren schmecken, muss man Kinder und Sperlinge fragen!*‹, *dies waren unsere Lust- und Leibworte.*«[2]

Neue Töne. Neues Selbstbewusstsein einer neuen Jugend.

1772 übernimmt Merck gemeinsam mit Johann Georg Schlosser, einem Studienfreund Goethes noch aus Leipziger Tagen, die *Frankfurter Allgemeine Gelehrte Anzeigen*, eine Zeitschrift, in der wissenschaftliche und literarische Werke besprochen werden. Auch Herder ist als Rezensent dabei. Nun hat man das geeignete Projekt, um loszureiten und gegen die »Türme«, also die Autoritäten und Vorschriften, zu kämpfen. Goethe hat dabei keine Hemmungen, keine Skrupel. Auch nicht bei den Spottversen, die er gern in Umlauf bringt. Zum einen, weil er die von ihm Geschmähten nicht persönlich kennt (später wird er einige von ihnen kennenlernen und ihnen Abbitte tun); zum zweiten, weil er ahnt – nein: weiß, um wie vieles neuartiger und besser die eigene Dichtung ist. Noch sind die in Straßburg entstandenen Lieder nicht zum Druck gebracht; auch seine kühnen Hymnen kennt einstweilen nur der Freundeskreis. Doch der junge Dichter fühlt ihre Besonderheit und Einzigartigkeit. Da ist nichts Nachgeahmtes, Ausgedachtes mehr. Nichts zur Erhabenheit Aufgeblasenes. Keine gekünstelten Gefühle. Goethes Verse sind pures Erlebnis. So wie der Anfang des Gedichts *Maifest*:

*»Wie herrlich leuchtet
Mir die Natur!
Wie glänzt die Sonne!
Wie lacht die Flur!«*

Erst durch Goethe wird man begreifen, dass Jugend eine eigene Sprache hat. Die vorherrschende höfisch-galante Dichtung ist nicht gewillt und auch nicht imstande, die Jugend darzustellen, ihr einen eigenen Rang und eine eigene Welt zuzuschreiben. Die nun anhebende literarische Revolte aber ist eine Jugendbewegung. Und früher, persönlicher und poetischer als jeder andere trifft Goethe ihren Ton.

*Es dringen Blüten
Aus jedem Zweig
Und tausend Stimmen
Aus dem Gesträuch*

*Und Freud und Wonne
Aus jeder Brust.
O Erd', o Sonne,
O Glück, o Lust.*[3]

Er will sich beweisen, dass er auch auf dem Gebiet des Trauerspiels etwas durch und durch Neues erschaffen kann. Seine Rede am »Shakespeare-Tag« ist vor allem als Programm zu verstehen. Es geht um eigene Hamlets, Othellos, Falstaffe – Goethe sucht einen Dramen-Stoff. Bei der Lebensbeschreibung eines historischen deutschen Ritters hat er Feuer gefangen. Aus diesem Mann, Gottfried von Berlichingen, könnte man etwas machen!

Zu seiner um ein Jahr jüngeren Schwester Cornelia, seit der Kindheit engste Vertraute, spricht er über das geplante Drama.

Lebhaft, begeistert, sogleich den Raum mit Gestalten bevölkernd. Für den Leser dieses Stücks, schwärmt er, soll es sein, als blicke er in einen wunderbaren Raritätenkasten. Das bunte Treiben vergangener Zeiten zieht an ihm vorüber. Eine Verschwörung wird ausgeheckt, ein Krieg braut sich zusammen, die Ereignisse überschlagen sich. Dann wieder lässt das Schicksal die Menschen zu Atem kommen, lässt sie Frieden ahnen und Herzensruhe erhoffen. Doch abermals wendet sich das Geschick. Und neues Unheil bricht herein.

Das Deutsche Reich im frühen 16. Jahrhundert: Zeitenwende, alte Traditionen gelten nicht mehr, die neue Ordnung ist noch nicht gefestigt. Und zwischen den widerstreitenden Gewalten und Parteien steht der aufrechte Ritter Gottfried von Berlichingen. Ihm hat man einst in der Schlacht die Hand abgeschossen, seither trägt er eine eiserne Faust.

Goethe beschreibt Cornelia die erste Szene. Eine Versammlung rebellischer Bauern stelle man sich vor, die mit wüster Rede über die gottgewollte Obrigkeit herziehen: über den Pfaffen, der betrügt, den Fürsten, der das Volk unterdrückt.

»Dürften wir nur so einmal an die Fürsten, die uns die Haut über die Ohren ziehen!«

»Das wagst du nicht zu schreiben!«, unterbricht ihn Cornelia.

»Doch! Genau so redet der Bauer!«

»Ach, hör auf, dich nur mit Worten in der Luft zu ergehen, und beginne, es zu Papier zu bringen!«, stachelt Cornelia ihn an. In seiner Autobiografie *Dichtung und Wahrheit* erinnert Goethe sich des entscheidenden Antriebs durch die Schwester.[4]

Er fängt also an, reiht Szene an Szene, ohne Konzept. Wenn er Cornelia das Geschriebene vorliest, nein: vorspielt, so ist sie vom Geschehen mitgerissen. Beklommen, bestürzt, bewegt. Adelbert von Weislingen – was für ein Charakter! Schwach, korrupt und wankelmütig! Und doch findet der Weislingen ergreifende Worte, wenn er von seiner Liebsten spricht:

»Meine sanfte Marie wird das Glück meines Lebens bewirken. Ihre süße Seele bildet sich in ihren blauen Augen. Und weiß wie ein Engel des Himmels, gebildet aus Unschuld und Liebe, leitet sie mein Herz zur Ruhe und Glückseligkeit.«[5]

Cornelia erinnert sich: Genauso schrieb der Bruder ihr von Friederike Brion, seiner großen Liebe. Und doch: Kaum war sein Studium in Straßburg absolviert, hat er Friederike ohne Zögern verlassen. Hat all die Liebe, von der er vorher sprach, verraten. Auch Adelbert von Weislingen, man ahnt es, wird an der sanften Marie zum Verräter werden.

»Ich fürchte nur, du schreibst das Stück nicht zu Ende! Nein, das wirst du wohl nicht«, neckt und stichelt Cornelia. Der Bruder will ihr das Gegenteil beweisen. In nicht einmal sechs Wochen stellt er das Trauerspiel fertig.

Goethe hat sich sein Studium der Jurisprudenz zunutze gemacht und die alten Rechtskodices gelesen. Und er liest eine jüngst erschienene Abhandlung des Historikers Justus Möser über das Faustrecht. Das berüchtigte, sagenumwobene Privileg mittelalterlicher Ritter, Privatkriege gegeneinander zu führen. Gottfried von Berlichingen ist für Goethe in erster Linie eine machtvolle Persönlichkeit mit Kraft, Mut und Tatendrang. Eine »Natur«. Er wird den Ritter zum Leben erwecken. Und mit ihm Kaiser und Bischof, Edelmann, Bürger und Bettelmann. Er wird jedem von ihnen eine eigene Stimme geben, wie man es noch in keinem deutschen Stück gehört hat. Dem schlangenzüngigen Höfling wie dem verliebten Pagen. Den aufständischen Bauern lässt er von Mordtaten prahlen:

»Den Spieß ihm zwischen die Rippen! Da lag er, streckte alle viere über seine Gesellen. Wie die Hasen beim Treibjagen zuckten die Kerls übereinander.«[6]

Goethe setzt Lutherdeutsch ein, alte Redeweisen, volkstümliche Wendungen, verschmilzt alles zur Kunstsprache einer imaginären Vergangenheit. Seine Soldaten und Bauern reden in der Mundart – etwas, das im Drama gegen alle guten Sitten verstößt und höchstens in der Stegreifkomödie erlaubt ist. »Götz« nennt er seinen Helden, das klingt schon einmal ganz anders als »Gottfried«.

»Mich ergeben?«, ruft Götz den Schergen zu. *»Auf Gnad und Ungnad?! Mit wem redet ihr? Bin ich ein Räuber? Sag deinem Hauptmann: Vor Ihro Kaiserliche Majestät hab ich, wie immer, schuldigen Respekt. Er aber, sag's ihm, er kann mich am Arsch lecken!«*[7]

Wie gewinnt eine Theaterfigur – eine literarische Figur überhaupt – Leben? Indem der Autor ihr Züge vertrauter Menschen verleiht? Die eigenen Züge? Eine vielschichtige Persönlichkeit schafft? Dadurch, dass er sein Geschöpf mit einer charakteristischen Sprache ausstattet, ihm mitreißende Worte in den Mund legt? Oder bedarf es all dessen zusammen?

Irgendwann kommt dann der magische Moment, in dem die Kunstfigur Selbstständigkeit gewinnt, sogar ihren eigenen Schöpfer überrascht. Mit einem Mal scheint sie ihn zu führen, statt von ihm geführt zu werden. Von einer seiner frei erfundenen Gestalten, der schönen Intrigantin Adelheid, ist Goethe so fasziniert, dass er ihr viel zu viel Text schreibt, den er beim Überarbeiten wieder zusammenstreichen muss.

Aus der Lebensbeschreibung des Gottfried von Berlichingen, einem alten, mäßig spannenden Buch, wird eine packende Folge von Szenen. Es gibt einen unablässigen Wechsel der Schauplätze: Wirtsstube – Berlichingens Burg Jaxthausen – Bischofssitz Bamberg – Rathaus – tiefer Wald – Zigeunerlager. Zuletzt wird das Stück 59 Schauplätze haben, auf der Bühne unspielbar sein und – wie geplant – etwas Beispielloses darstellen. Der tapfere, unbezähmbare Götz von Berlichingen, der zur Zeit der Einführung des Römischen Rechts im Kaiserreich um seine alten Werte, um seine ritterliche Freiheit kämpft, ist ein echter deutscher Held: geradeheraus, redlich, treu. Dennoch setzen seine Taten ihn ins Unrecht. Seine Zeit ist vorüber. Er muss in den Kerker, stirbt. Seine letzten Worte sind: »*Freiheit, Freiheit!*«

Goethe schickt das Drama an Herder, dessen Meinung ihm immer noch viel bedeutet. Er erhält keine Antwort.

Nicht nur mit seinen Dichtungen beweist Goethe, dass er imstande ist, Neues zu schaffen, auch theoretisch setzt er wortgewandt den Kampf gegen die Autoritäten fort. In der Zeitschrift *Frankfurter Allgemeine Gelehrte Anzeigen* zerpflückt er genüsslich Johann Georg Sulzers Theorie der Schönen Künste. Sulzer fasst, ganz im Sinne der Aufklärung, Kunst als eine Kulturerscheinung auf. Künstler ist einer, der umfassend gebildet ist, einer, der sein poetisches Talent verfeinert und seinen Geschmack an den besten Mustern vervollkommnet hat. Einer, der seinem Publikum den höchsten Genuss zu verschaffen vermag. Und genau so ein Künstler wollte der sechzehnjährige, achtzehnjährige, zwanzigjährige Goethe ja auch werden. Er schulte seinen Blick an modernen Gemälden und antiken Statuen, paukte Fremdsprachen und die Sprachen der Alten, verfasste Gedichte im Stil des Rokoko: wortgewandt, gedrechselt, ein bisschen gewagt und sehr altklug.

Doch die neue deutsche, die »genialische« Kunstauffassung betrachtet Kunst nicht mehr vom Standpunkt dessen, der sie genießt, sondern beurteilt sie nach demjenigen, der sie erschafft. Und so besteht der Wert eines Kunstwerks in der Wahrhaftigkeit, der Empfindsamkeit, der Gestaltungskraft, der Menschlichkeit seines Schöpfers. Sie ist Ausdruck seines ganzen Wesens.

Aus dem Ganzen des Menschen kommt sein Genie, sagt Herder. Aus der Totalität desjenigen, der die Welt in sich aufnimmt. Mit Sinnlichkeit, Gefühl, Fantasie, Verstand. Kunst ist Erleben durch ein Genie.

Wie wird man so eine Totalität?, fragt Goethe sich. Was macht den kämpfenden, leidenden, strebenden Menschen letztlich zum Genie? Es ist nicht die bloße Begabung, nicht der Fleiß, schon gar nicht das Befolgen der poetischen Gesetze. Man lernt die Regeln, um sie zu brechen. Das Genie gibt sich eigene Gesetze, doch woher kommen ihm die? Werden sie ihm geoffenbart? Warum gerade ihm und anderen Künstlern nicht?

So gehen Goethes Fragen über Probleme künstlerischen Schaffens hinaus zu Grundfragen der Existenz, führen ihn zu unablässiger Selbstsuche und Selbstbeobachtung: Was sind meine Möglichkeiten? Was schulde ich mir selbst? Was sind die Forderungen der Welt an mich?

Goethes Entwicklung vom talentierten Schriftsteller zum schöpferischen und innerlich getriebenen Künstler fällt zusammen mit der Entstehung eines neuen Geniebegriffs. Früher sagte man, »er hat Genie«, und meinte damit, dass jemand genug Klugheit, Einfälle und Geschick habe, um ein Werk nach dem Stilprinzip des »Witzes«, also des geistreichen Einfalls, hervorzubringen. Um 1770 herum sagt man, »er *ist* ein Genie«, und meint damit, dass jemand aus sich heraus eine Welt formt. Und dass seine Welt eine innere Notwendigkeit in sich trägt, so wie auch die von der Natur geschaffene. Das »Genie« wird zu einem Leitbild der europäischen Kultur.

Für die »Gemeinschaft der Heiligen« in Darmstadt gilt Goethe als das Jung-Genie schlechthin. Durch Merck ist er in diesen Literaturzirkel eingeführt worden, der sich unter der Obhut von Landgräfin Karoline gebildet hat und einen kleinen Kreis »empfindsamer« Gemüter umfasst: Hofdamen, Hofräte, Töchter aus gutem Haus, darunter Herders Verlobte Karoline Flachsland. Man ergeht sich in den gräflichen Gartenanlagen und nahen Wäldern, man liest einander vor, rezitiert Klopstocks Oden und vergießt darüber Tränen der Ergriffenheit.

Die »Gemeinschaft der Heiligen« ist von ihrem Novizen Goethe überaus angetan. Begeistert berichtet Karoline Flachsland ihrem Verlobten Herder von der neuen Bekanntschaft: »Unser Freund Goethe ist zu Fuß von Frankfurt gekommen und hat Merck besucht.[...] Er hat uns einige der besten Szenen aus seinem *Gottfried von Berlichingen* vorgelesen. Goethe steckt voller Lieder. Eins von einer Hütte – ist vortrefflich.«[8] Mit dem Lied »von einer Hütte« meint Karoline ein kleines Drama, betitelt *Der Wandrer*. Für Goethe (der selbst auch gern lange Fußmärsche unternimmt) ist die Gestalt des »Wanderers« das Gleichnis für einen Dichter, der neue Wege geht und sich ins Ungewisse wagt. So auch in seinem Hymnus *Wandrers Sturmlied*.

»*Wen du nicht verlässest, Genius,*
Nicht der Regen, nicht der Sturm

Haucht ihm Schauer übers Herz.
Wen du nicht verlässest, Genius,
Wird der Regenwolke
Wird dem Schlossensturm
Entgegensingen
Wie die Lerche
Du da droben […]«[9]

Gegen den »*Sturm*« innerer Zweifel und Zerrissenheit seine Schutzgottheit, den Genius, anrufend, schreitet der Wanderer tapfer voran. Hoffend, dass am Ende seines Weges die Ruhe des Herzens, die Geborgenheit einer »*Hütte*« auf ihn wartet.

Das Wanderer-Motiv steht am Beginn von Goethes Ideen-Dichtung, in der er seiner Weltanschauung Form verleiht, und wird sie begleiten bis zu ihrem Ende.

Herder reagiert auf Karolines Bericht mit Gereiztheit: »Goethe ist ein guter Junge und wird euch mit seinen Wanderschaften wenigstens ein Bild vortragen, das Lust zu leben hat und närrisch Zeug zu machen, in Felsen zu hauen, zu hüpfen und bei einem kleinen Vorfall sehr laut zu krähen.«[10]

Seit nunmehr einem halben Jahr hat Herder Goethes *Götz von Berlichingen* in Händen, ohne sich darüber zu äußern.

Noch ein anderer bemerkt Goethes etwas zu schwärmerisches Benehmen jungen Damen gegenüber. In Wetzlar, wo Goethe im Sommer 1772 ein juridisches Praktikum absolviert, fasst der hannoversche Legationssekretär Johann Christian Kestner seine Eindrücke von ihm im Schreiben an einen Freund zusammen: »Er besitzt, was man Genie nennt und eine ganz außerordentlich lebhafte Einbildungskraft. Er ist in seinen Affekten heftig. Er hat eine edle Denkungsart. Er ist ein Mensch von Charakter.

Er liebt die Kinder und kann sich mit ihnen sehr beschäftigen. Er ist bizarr und hat in seinem Betragen, seinem Äußerlichen Verschiedenes, das ihn unangenehm machen könnte. Aber bei Kindern, bei Frauenzimmern und vielen anderen ist er doch wohl angeschrieben.

Er tut, was ihm einfällt, ohne sich darum zu bekümmern, ob es anderen gefällt, ob es Mode ist, ob es die Lebensart erlaubt. Aller Zwang ist ihm verhasst.

Für das weibliche Geschlecht hat er sehr viel Hochachtung.

In principiis ist er noch nicht fest und strebt noch erst nach einem gewissen System.«[11]

Diesem ersten Briefentwurf – so bemüht um Sachlichkeit, dass das Eigentliche wohl eher zwischen den Zeilen zu lesen ist – folgt eine zweite Skizze, in der Kestner ausführt, was es mit Goethes »Hochachtung für das weibliche Geschlecht« auf sich hat und inwiefern ihn das persönlich betrifft: »Im Frühjahr kam der Doktor Goethe von Frankfurt am Main. Er sollte hier die Praxis treiben. […] Die schönen Geister bemühten sich um seine Bekanntschaft. […] Er hasst die Juristerei und bedarf ihrer auch nicht, da sein Vater außerordentlich reich, er aber der einzige Sohn ist. […] Den 9. Juni fügte es sich, dass er mit bei einem Ball auf dem Lande war, wo mein Mädchen und ich auch waren. […] Lottchen zog gleich seine ganze Aufmerksamkeit auf sich. Sie ist noch jung; sie hat, wenn sie gleich keine ganz regelmäßige Schönheit ist, eine sehr vorteilhafte, einnehmende Gesichtsbildung; ihr Blick ist wie ein heitrer Frühlingsmorgen, zumal an diesem Tag, weil sie den Tanz liebt. Sie war lustig; sie war in ganz ungekünsteltem Putz. Er bemerkte bei ihr ein Gefühl für das Schöne der Natur und einen ungezwungenen Witz, mehr Laune als Witz.«[12]

Und noch einen dritten Entwurf von Kestner gibt es. In ihm wird Goethes Namen nicht erwähnt, die Information ist intimer:

Kestner beschreibt, wie sein Lottchen den jungen Mann »ganz eroberte«: »Er sah sie in ihrer fröhlichen Gestalt, ward aber bald gewahr, dass dieses nicht ihre vorzüglichste Seite war; er lernte sie auch in ihrer häuslichen Situation kennen und ward, mit einem Wort, ihr Verehrer. Es konnte ihm nicht lang unbekannt bleiben, dass sie ihm nichts als Freundschaft geben konnte. […] Lottchen wusste ihn so kurzzuhalten und auf eine solche Art zu behandeln, dass keine Hoffnung bei ihm aufkeimen konnte und er sie, in ihrer Art zu verfahren, noch selbst bewundern musste. Seine Ruhe litt sehr dabei. Es gab mancherlei merkwürdige Szenen, wobei Lottchen bei mir gewann und er mir als Freund auch werter werden musste, ich aber doch manchmal bei mir erstaunen musste, wie die Liebe so gar wunderliche Geschöpfe selbst aus den stärksten und sonst für sich selbstständigen Menschen machen kann.«[13]

Schließlich die Mitteilung, dass der »Freund«, nachdem er einsah, »dass er zu seiner Ruhe Gewalt brauchen musste«, überstürzt abgereist sei. »Denn er folgt seiner nächsten Idee und bekümmert sich nicht um die Folgen, und dieses fließt aus seinem Charakter, der ganz Original ist.«[14]

Es ist fast schon ein kleiner Roman, den der Legationssekretär Johann Christian Kestner hier niederschreibt. Ahnungslos, dass der »Freund« einen wirklichen Roman verfassen und veröffentlichen wird, einen Roman über seine leidenschaftliche und vergebliche Verliebtheit in »Lottchen«. Die Worte »und er mir als Freund werter werden musste« scheinen in diesem Licht wie ein Orakel. Der Freund musste »*Werther*« werden.

Wäre Goethe wirklich so unabhängig gewesen (und sein Vater so reich), wie es für Kestner den Anschein hatte, so wäre er wohl nicht aufs Reichskammergericht in Wetzlar gegangen. Es ist der letzte Versuch des Kaiserlichen Rats Johann Caspar Goethe, die juristische Karriere seines Sohnes voranzutreiben; dass es damit nichts Rechtes werden wird, ist bereits absehbar. Die Erwartungen, er möge sich eine angesehene Anwaltspraxis in Frankfurt schaffen, erfüllt Goethe nicht, er führt nur wenige, unwichtige Prozesse. Das Praktikum in Wetzlar – es geht dabei um ein Vertiefen juristischen Wissens anhand jahrzehntelang anhängiger Gerichtsverfahren – ist von so lähmender Langweiligkeit, dass die in Wetzlar gleichsam gestrandeten jungen Juristen während ihres monatelangen Aufenthalts alle möglichen Kompensationen und Abwechslungen brauchen, um nicht trübsinnig zu werden. Die Tischkollegen, mit denen Goethe im Gasthaus zu speisen pflegt, haben eine »Rittertafel« gegründet; sie ersinnen Aufnahme-Rituale und freuen sich über den Neuankömmling, den sie »Götz, der Redliche« nennen.

Goethe aber findet bald einen Ausweg aus der geistigen Öde, der seinem Charakter gemäßer ist als Ritterromantik: Er verliebt sich. Er verliebt sich umso leichter, als Charlotte Buff seinem Frauenideal vollkommen entspricht: hübsch, heiter, häuslich. Er überlässt sich dieser Verliebtheit umso bedenkenloser, als er sicher sein kann, dass Charlotte – da verlobt – niemals hoffen wird, von ihm geheiratet zu werden (so wie es die unglückliche Friederike Brion in Sesenheim bei Straßburg wohl hoffte). Und umso bittersüßer ist für ihn die Romanze, als er ständig hin- und hergerissen wird zwischen seiner Begierde nach der verbotenen Frucht und seiner aufrichtigen Freundschaft zu Johann Christian Kestner, dem die Frucht versprochen ist.

Kurz: Goethes Verliebtheit ist der kalkulierte Wahnsinn. Sie verwandelt ihn – je nach Situation und Stimmung – in einen beflügelten Engel oder in einen Jammerlappen, wofür Kestner in seinem Brief den schonungsvollen Ausdruck »wunderliches Geschöpf« verwendet.

Was veranlasst Goethe schließlich, zu seiner Ruhe, wie Kestner schreibt, Gewalt zu gebrauchen, sprich: aus Wetzlar bei Nacht und Nebel zu verschwinden? Kestner notiert dazu in seinem Tagebuch: »Er, Lottchen und ich hatten ein merkwürdiges Gespräch von dem Zustand nach diesem Leben, vom Weggehen und Wiederkommen usw., welches nicht er, sondern Lottchen anfing.«[15]

Goethe reist unter Hinterlassung zweier Abschiedsbriefe, von Wetzlar ab und wandert die Lahn und den Rhein entlang nach Ehrenbreitstein, dem Wohnsitz von Sophie von La Roche. Vergangenes Frühjahr hat Merck ihn dieser berühmten Dichterin bei einer Kurzvisite vorgestellt; nun soll es ein etwas längerer Aufenthalt werden, ein kleiner »*Gefühls-Kongress*« mit Lesungen, Unterhaltungen und Ausflügen.

Goethe ist beeindruckt von der Vornehmheit des Hauses La Roche. Die Damen sind entzückt von seinem Charme und seinem Genie. Er verliebt sich in die sechzehnjährige Maximiliane von La Roche, obwohl er erfährt, dass sie mit einem Herrn Brentano verlobt ist. Aber sich gleich wieder zu verlieben, ist ungemein tröstlich. »*Es ist eine sehr angenehme Empfindung, wenn sich eine neue Leidenschaft in uns zu regen anfängt, ehe die alte noch ganz verklungen ist. So sieht man bei untergehender Sonne gern auf der entgegengesetzten Seite den Mond aufgehen und erfreut sich an dem Doppelglanze der beiden Himmelslichter*«, schreibt Goethe in seiner Autobiografie.[16]

Weit weniger angenehm ist für ihn, dass seine Schwester Cornelia während seiner Abwesenheit entschieden hat, sich mit dem Freund Heinrich Georg Schlosser zu verloben. Goethe merkt, wie eifersüchtig ihn diese Verbindung macht, wie unentbehrlich Cornelia ihm ist, wie nahe sie ihm steht. Jedes Geheimnis vertrauten sie einander an. Während seiner Studienjahre in Leipzig und Straßburg hielt er die Schwester brieflich über alles auf dem Laufenden; selbst von den Aufenthalten bei den »Heiligen« in Darmstadt schrieb er ihr. Während der Wetzlarer Zeit mochte Cornelia sich allerdings etwas vernachlässigt vorgekommen sein.

Die Beklemmung, in die Goethe das »Verlassenwerden« durch Cornelia versetzt, lässt sich noch in den Verdrehungen und Windungen des Satzes spüren, mit dem er in seinen Lebenserinnerungen darüber berichtet: »*Ich musste mich nun wohl dareingeben und meinem Freunde sein Glück gönnen, indem ich mir jedoch heimlich mit Selbstvertrauen zu sagen nicht unterließ, dass, wenn der Bruder nicht abwesend gewesen wäre, es mit dem Freunde so weit nicht hätte gedeihen können.*«[17]

Goethe befasst sich in der folgenden Zeit intensiv mit religiösen und ethischen Fragen. Er beginnt, den Koran zu lesen, betreibt Vorstudien zu einem Drama über den Propheten Mahomet.

Die Nachricht vom Selbstmord eines jungen Mannes aus dem Wetzlarer Kreis, Karl Wilhelm Jerusalem, erschüttert alle, die ihn kannten. Jerusalem erschoss sich aus unglücklicher Liebe zu einer verheirateten Frau. Und von Kestner borgte er sich dazu die Pistole. Ein Umstand, der Goethe seltsam und bedeutungsvoll anmutet. Als wäre dieser tragische Vorfall durch Kestners Pistole auf mysteriöse Weise mit ihm selbst verknüpft.

Endlich schickt Herder den *Götz* zurück, mit einiger Kritik daran – »zu shakespearisch«. Goethe macht sich an die Überarbeitung des Schauspiels, verbessert es, will es noch ein weiteres Mal überarbeiten. Doch Merck drängt auf die Veröffentlichung. Gemeinsam bringen sie das Lesedrama im Eigenverlag heraus. Merck finanziert den Druck, Goethe bezahlt das Papier, wofür er einen Kredit aufnimmt.

Die Reaktionen auf die Veröffentlichung des *Götz von Berlichingen mit der eisernen Hand* fallen überschwänglich begeistert aus. Mit all seiner Ungebärdigkeit, der Zwiespältigkeit seiner Charaktere, der Vielfalt seiner Stimmen trifft das Drama den Nerv der Zeit. Und wie sein Held sich der Obrigkeit nicht beugt, so beugt sich der Autor keinem dichterischen Gesetz.

In Christoph Martin Wielands neuer Literaturzeitschrift *Der Teutsche Merkur* erscheint eine enthusiastische Kritik: »Wir zeigen unsern Lesern jetzo ein Drama an, bei dem unsere kritischen Linnés [hier: Systematiker] staunen und ungewiss sein werden, in welche Klasse sie es setzen sollen: ein Stück, worin alle drei Einheiten auf das Grausamste gemisshandelt werden, das weder Lust- noch Trauerspiel ist: und doch das schönste, interessanteste Monstrum, gegen welches wir hundert von unsern komisch-weinerlichen Schauspielen austauschen möchten ...«[18]

Wer das sensationelle Drama gelesen hat, schickt es an seine Freunde; der – anonym erschienene – *Götz* erobert das deutsche Publikum. Goethe und Merck macht der Erfolg des Werkes nicht reich, da sofort Raubdrucke erscheinen; Urheberrechte von Autoren sind noch unbekannt.

Der skandalumwitterte Balladendichter Gottfried August Bürger schreibt an den Herausgeber des *Musen-Almanachs*,

Heinrich Christian Boie: »Boie! Boie! Der Ritter mit der eisernen Hand, welch ein Stück! Ich weiß mich vor Enthusiasmus kaum zu lassen. Womit soll ich dem Verfasser mein Entzücken entdecken? Den kann man doch noch den deutschen Shakespeare nennen, wenn man einen so nennen will! [...] Welch ein durchaus deutscher Stoff! Welch kühne Verarbeitung! [...] Glück zu dem edlen freien Mann, der der Natur gehorsamer als der tyrannischen Kunst war!«[19]

Die deutsche Sprache, die deutsche Dichtung »befreit« zu haben – Goethe wird es sich einmal rückblickend als sein größtes Verdienst zuschreiben. Der *Götz* bringt ihm unzählige Bewunderer; die meisten sind – zumal bei persönlicher Bekanntschaft – hingerissen vom jungen Dichter, berichten über seine Erscheinung, sein Aussehen, sein Gebaren, seine aktuellen Pläne. Goethe ist eine Berühmtheit geworden, und es schmückt jeden Briefschreiber, über ihn Wahres und Neues berichten zu können. Einer dieser Bewunderer, ein Graf von Schönborn, schreibt: »Wir sind alle Tage beisammen. Seine Miene ist ernsthaft und traurig, wo doch komische, lachende und satirische Laune durchschimmert. Er ist sehr beredt und strömt von Einfällen, die sehr witzig sind. Er scheint mit ausnehmender Leichtigkeit zu arbeiten.«[20]

Niemals mehr wird Goethe schöpferischer sein als in dieser kurzen Frankfurter Periode zwischen 1771 und 1775. Er ist in einem Rausch des Schaffens. Übt sich in neuen und alten Versformen. Im Knittelvers des Nürnbergers Hans Sachs zu schreiben, gelingt ihm so leicht und gut, dass er den alten Meister darin gleich übertrifft. Immer wieder versucht er sich in einer anderen literarischen Form, schreibt Lyrik und Balladen, Schwänke und Singspiele, Satiren und Farcen. Goethes

Pläne umfassen in dieser Zeit neben einem »*Faust*« die größten Gestalten der Menschheit – seien sie historisch oder nur ein Mythos: Prometheus, Mahomet, Sokrates, Caesar, Christus, den ewigen Juden Ahasver. »*Meine Lust am Hervorbringen war grenzenlos*«, schreibt er in seiner Autobiografie *Dichtung und Wahrheit*.[21]

Im dritten Teil seines Lebensrückblicks, vierzig Jahre nach den Ereignissen geschrieben, stellt Goethe es so dar, als haben Plan und Konzept des *Werther* mit einem Schlag vor ihm gestanden, als er im Oktober 1772 vom Selbstmord Karl Wilhelm Jerusalems erfuhr. Doch zwischen diesem Zeitpunkt und der Niederschrift des Romans liegen eineinviertel Jahre. Und seltsam verflüchtigt scheint Goethes Erinnerung daran, dass in jenem Zeitraum doch so einiges geschah, das ihn aus seinem – stets sehr labilen – Gleichgewicht brachte: Cornelia und Schlosser treten in Frankfurt als verliebtes Paar auf. Man verbringt viele Stunden miteinander und mit dem Bruder: spazierend, musizierend. Stunden, in denen Goethe von Eifersucht gequält wird und dem Freund die Schwester keinen Augenblick lang gönnt. Niemandem hätte er sie gegönnt.

Charlotte Buff und Johann Christian Kestner heiraten im Frühjahr 1773. Goethe hat ihnen die Ringe besorgt, ist jedoch nicht zur Hochzeit geladen. Zartgefühl Kestners, der Goethes Gemütsverfassung ahnt? Bald darauf halten auch Karoline Flachsland und Herder Hochzeit in Darmstadt.

Und nicht zuletzt ist Maximiliane von La Roche – Maxe, mit der so weißen Haut und den so schwarzen Augen – nunmehr mit Peter Anton Brentano verheiratet und nach Frankfurt gezogen. Sophie von La Roche, ihre Mutter, hat Goethe gebeten, sich um das junge Ehepaar zu kümmern, was er nur allzu gern tut, weil er nach wie vor in Maxe verliebt ist.

Nun aber ist die doppelte Gebundenheit – von Lotte immer noch nicht losgekommen, von Maxe magisch angezogen – nicht mehr so, als stünden Sonne und Mond zugleich am Himmel. Nun ist es wie dunkle Wolken und dräuendes Gewitter. So viel aussichtslose Verliebtheit erfüllt Goethe mit Trauer, Bitterkeit, Neid und Trübsinn.

Es geht nicht lange gut mit den Hausbesuchen bei den Brentanos. Der Ehemann ist kein verständnisvoller und duldsamer Rivale wie Kestner. Goethe sieht sich abgewiesen und ausgestoßen.

Im Februar 1774 schreibt Merck über Goethe an seine Frau: »Der große Erfolg, den sein Drama gehabt hat, hat ihm ein wenig den Kopf verdreht. Er löst sich von allen seinen Freunden ab und lebt nur in seinen Werken, die er für das Publikum vorbereitet. Erfolg haben muss er in allem, was er unternimmt, und ich sehe voraus, dass ein Roman von ihm, der zu Ostern erscheinen wird, ebenso gut aufgenommen werden wird wie sein Schauspiel.«[22]

Seit Januar steht – mit einem Mal – der Aufbau des *Werther* fertig in Goethes Kopf. Es geschah, was er später in *Dichtung und Wahrheit* so eindrucksvoll beschreiben wird: *»Das Ganze schoss von allen Seiten zusammen und ward eine solide Masse. Wie das Wasser im Gefäß, das eben auf dem Punkt des Gefrierens steht, durch die geringste Erschütterung sogleich in ein festes Eis verwandelt wird.«*[23]

Was für ein Bild! Nur war diese *»geringste Erschütterung«* offensichtlich nicht der Tod Jerusalems, der weit über ein Jahr zurücklag. Zwar ahnte Goethe wohl, dass er diesen Selbstmord einmal »verwenden« würde, und erbat sich deshalb von Kestner eine detaillierte Schilderung des Ereignisses. Doch ein wesentliches Element des Romans fehlte noch: Werthers Leiden, die der Geschichte ja später auch den Titel geben. Werthers immer hoffnungslosere Gemütsverfinsterung, seine »Krankheit zum Tode«.

Ein unbedeutender Vorfall mag für Goethe genügt haben – ein Streit mit Brentano vielleicht, der ihn hinauswirft – und »*das Ganze schoss von allen Seiten zusammen*«; »*Ich fasste alles zusammen, was einigen Bezug auf meinen Vorsatz* [das Werther-Thema] *hatte, und wiederholte mir mein nächstes* [gegenwärtiges] *Leben, von dessen Inhalt ich noch keinen dichterischen Gebrauch gemacht hatte.*«[24]

Nun schreibt Goethe in einem Zug und in kürzester Zeit *Die Leiden des jungen Werther*. Einen Roman in Briefen. Im ersten Teil schildert er die trotz allem so schöne, erfüllte Zeit mit Charlotte Buff und Johann Christian Kestner (im Roman nennt er ihn »Albert«, während sie »Lotte« bleibt). Bild für Bild malt er die unvergessliche Sommerzeit in Wetzlar: Die erste Begegnung mit Lotte – die erste Berührung – der Tanz – ein Handkuss – ein erster Überschwang des Glücks. »*[…] verließ ich sie mit der Bitte, sie selbigen Tags noch sehen zu dürfen; sie gestand mir's zu, und ich bin gekommen – und seit der Zeit können Sonne, Mond und Sterne ruhig ihre Wirtschaft treiben, ich weiß weder dass Tag noch dass Nacht ist, und die ganze Welt verliert sich um mich her.*«[25]

All das Schöne, auch alles Schwere wird genau erzählt, um es zugleich heraufzubeschwören und zu bannen, also um seine Macht zu brechen. Bis zum letzten, dem schmerzlichsten Moment, als Werther/Goethe jäh begreift, wie treu und unerschütterlich Lotte und Albert einander lieben:

Es ist einer der schönen Abende zu dritt. Man spaziert durch den silbrig beschienenen Garten, das Gespräch kommt auf Tod und Abschied. Dies deckt sich mit Kestners Tagebucheintragung über den Abend vor Goethes überstürzter Abreise. Lotte erinnert Albert daran, wie sie ihrer Mutter damals auf dem Sterbebett versprechen musste, sich um die jüngeren Geschwister zu kümmern. »›*Und wie sie dich ansah und mich! Mit dem getrösteten, ruhigen Blicke! Dass wir glücklich sein, zusammen glücklich sein würden ...*‹

Albert fiel ihr um den Hals und küsste sie und rief: ›Wir sind es! Wir werden es sein!‹«

»*Der ruhige Albert war ganz aus seiner Fassung*«, heißt es in Werthers Brief, »*und ich wusste nichts von mir selbst.*«²⁶

Als Goethe in späten Jahren seine Biografie schreibt, ist diese schmerzliche Begebenheit nicht in seinem Gedächtnis haften geblieben. Die Wetzlarer Episode ist in *Dichtung und Wahrheit* eine einigermaßen zusammenhanglose Erzählung, an der vor allem Goethes fixe Idee auffällt, Lottes Verlobung mit Kestner würde sie vor einer unglücklichen Liebe zu ihm bewahren. Dass er selbst sich sterbensunglücklich verlieben könnte, scheint ihm wider besseres Wissen (von Kindheit an hatte er einen Hang zum Sterbensunglücklich-Verliebtsein) nicht in den Sinn zu kommen.

Dies ist also, in *Dichtung und Wahrheit*, Version Nr. 3 von Goethes Zeit in Wetzlar: »*Der neue Ankömmling, völlig frei von allen Banden, sorglos in der Gegenwart eines Mädchens, das, schon versagt, den gefälligsten Dienst nicht als Bewerbung auslegen und sich desto eher daran erfreuen konnte, ließ sich ruhig gehen, war aber bald dergestalt eingesponnen und gefesselt und zugleich von dem jun-*

gen Paare so zutraulich und freundlich behandelt, dass er sich selbst nicht mehr kannte. [...]so lebten sie, den herrlichen Sommer hin, eine echt deutsche Idylle, wozu das fruchtbare Land die Prosa und eine reine Neigung die Poesie hergab.«[27] Unvermittelt folgt ein Bericht über Jerusalems Erscheinung und Betragen sowie über Goethes Bemühung, einen Vers von Oliver Goldsmith aus dem Englischen zu übersetzen. Dann kehrt er zu seiner »Idylle« zurück.

»Ruht nun, wie man sagt, in der Sehnsucht das größte Glück und darf die wahre Sehnsucht nur auf ein Unerreichbares gerichtet sein, so traf wohl alles zusammen, um den Jüngling, den wir gegenwärtig auf seinen Irrwegen begleiten, zum glücklichsten Sterblichen zu machen. Die Neigung zu einer versagten Braut, das Bestreben, Meisterstücke fremder Literatur der unsrigen zu erwerben und anzuzeigen, die Bemühung, Naturgegenstände nicht nur mit Worten, sondern auch mit Griffel und Pinsel [...] nachzuahmen; jedes einzeln wäre schon hinreichend gewesen, das Herz zu schwellen und die Brust zu beklemmen.«[28]

Folgt die Erwähnung, dass sowohl Freund Schlosser als auch Freund Merck Goethes rasche Abreise aus Wetzlar betrieben; daran schließt sich die seitenlange Beschreibung seiner Freundschaft zu Ludwig Julius Friedrich Höpfner, einem Juristen, ebenfalls Rezensent für die *Frankfurter Allgemeine Gelehrte Anzeigen*. Dann geht es wieder zurück zu Merck und Schlosser. Es gelingt den Freunden schließlich, Goethes Abreise, gegen die er sich offenbar sträubte, zu beschleunigen. Die Autobiografie kommt endlich wieder auf den Punkt:

»Nun trennte ich mich von Charlotten, zwar mit reinerem Gewissen als von Friederiken, aber doch nicht ohne Schmerz.« Die Beförderung Kestners ist in greifbare Nähe gerückt und damit seine Heirat mit der Verlobten. *»Und da der Mensch, wenn er einiger-*

maßen resolut ist, auch das Notwendige selbst zu wollen übernimmt, so fasste ich den Entschluss, mich freiwillig zu entfernen, ehe ich durch das Unerträgliche vertrieben würde.«[29]

So leicht, so sorglos war Goethe seine Liebelei erschienen – gerade wegen Lottes treuer Zuneigung zu ihrem Verlobten! Doch als er dann die Größe und den Ernst dieser Zuneigung begriff, da brach er unter dieser Erkenntnis fast zusammen.

Im zweiten Teil des Romans kehrt Werther, schon ganz krank an seiner Seele, ins Städtchen zurück. Für den Dichter gilt es nun, das ihm »Nächste«, also sein gegenwärtiges Leben, zu verarbeiten. Und dieses Leben erscheint ihm nunmehr so kalt und freudlos, wie es in der Wetzlarer Zeit warm und sonnig war.

Die eigene Gestalt wird mit der Gestalt Karl Wilhelm Jerusalems verknüpft. Eine Meisterleistung dichterischen Instinkts: Das Scheitern in der Liebe wird erweitert zum Scheitern des aufstrebenden Bürgers und Künstlers. Zum Zerbrechen einer stolzen, empfindsamen Seele an den Schranken der Klassengesellschaft.

Kestner hat Goethe seinerzeit ein Bild von der unglücklichen Lage Jerusalems gegeben, hat ihm erzählt, »dass ihm gleich anfangs der Zutritt in den großen Gesellschaften auf eine unangenehme Art versagt worden«.[30]

So wie Jerusalem ist nun Werther – auch durch das eigene, unselige Naturell – in seiner Berufslaufbahn gescheitert, ist beleidigt und gekränkt worden durch die Standesdünkel des Provinzadels. Doch diesmal ist er nicht mehr imstande, anderswo in der Welt sein Glück zu suchen, da ihm die Welt nichts mehr bieten kann und er keine Hoffnung, keinen Trost hat als Lotte.

Er wird Zeuge des jungen Eheglücks von Albert und Lotte, und die Vorstellung, dass die von ihm Geliebte und Begehrte von ihrem rechtmäßigen Mann ebenso begehrt und geliebt (und begattet) wird, ist ihm ganz unerträglich. »*Sie meine Frau! Wenn ich das liebste Geschöpf unter der Sonne in meine Arme geschlossen hätte – Es geht mir ein Schauder durch den ganzen Körper, wenn Albert sie um den schlanken Leib fasst.*«³¹

Nun, im zweiten Teil, steht Maximilianes verführerisches Bild hinter der Lotte des Romans. Albert, ihr Gatte, ist nicht mehr der sanfte, verständnisvolle Kestner, sondern der kalte, unsensible, unmusische Brentano. »*O er ist nicht der Mensch, die Wünsche dieses Herzens alle zu füllen.*«³²

Nacht für Nacht quälen Werther Fantasien von der Geliebten. »*Hier in meiner Stirne, wo die innere Sehkraft sich vereinigt, stehen ihre schwarzen Augen. […] wie ein Meer, wie ein Abgrund ruhen sie vor mir, in mir, füllen die Sinne …*«³³

Er entschließt sich zum Selbstmord. Nicht ohne Furcht und Hamlet'sche Gedankenblässe: »*Den Vorhang aufzuheben und dahinterzutreten! Das ist alles! Und warum das Zaudern und Zagen? Weil man nicht weiß, wie es dahinten aussieht? Und man nicht wiederkehrt? Und dass das nun die Eigenschaft unseres Geistes ist, dort Verwirrung und Finsternis zu ahnen, wovon wir nicht Bestimmtes wissen.*«³⁴

Lotte bittet Werther, ihrem Haus einige Zeit fernzubleiben und sie wenigstens bis zum Weihnachtsabend nicht mehr aufzusuchen. Doch Werther (er hat sich schon die Pistole besorgt, hat sie sich von Albert geliehen) hält es nicht so lang aus ohne Lotte und eilt bereits vor dem Heiligen Abend zu ihr. Um mit der Geliebten einmal noch das zu zelebrieren, was sie beide am tiefsten verbindet: Poesie!

Werther liest Lotte aus seinem geliebten Ossian vor: *Die Gesänge von Selma*. Er hat einen sterbenstraurigen, todesbangen

Text gewählt. »*Wühlet das Grab, ihr Freunde der Toten, aber schließt es nicht, bis ich komme.*«[35]

Als Werther und Lotte, tief erschüttert von Selmas Gesängen, zusammenbrechen, küsst er ihre heiße, tränennasse Wange. Lotte verweist ihn des Hauses. Werther geht, ordnet letzte Angelegenheiten und erschießt sich.

Goethe nimmt, was ihm vorliegt: Charlotte – Kestner – Jerusalem – Maximiliane – Brentano. Er verwendet seine eigene Übersetzung des Ossian aus dem Englischen, die er allerdings überarbeitet. Aus Briefen Kestners übernimmt Goethe fast wörtlich die Beschreibung von Werthers Tod und Begräbnis. So die berühmten letzten Worte des Romans: »*Handwerker trugen ihn. Kein Geistlicher hat ihn begleitet.*« Kestner schrieb allerdings »Barbiergesellen« – ein Bild, das Goethe wohl als zu stark und unfreiwillig komisch empfand, also machte er »Handwerker« aus den Friseuren.

Der Vorwurf der Zusammenklitterung des *Werther* aus Vorgefundenem, Gelebtem, Erdachtem hat nicht gefehlt. Ein Vorwurf, der am Dichter vorbeigeht. Jerusalems Tod, schreibt er, »*schüttelte mich aus einem Traum, und weil […] das Ähnliche, was mir im Augenblicke selbst widerfuhr, mich in leidenschaftliche Bewegung setzte, so konnte es nicht fehlen, dass ich jener Produktion […] all die Glut einhauchte, welche keine Unterscheidung zwischen dem Dichterischen und dem Wirklichen zulässt*«.[36]

Die Leiden des jungen Werther, ein Kunstwerk, ist entstanden. Der Werther im jungen Autor ist gebannt.

2. Götter, Helden Liebende

»Nun kam aber noch hinzu, dass ich vor Lili flüchten musste.«

Für die Anhänger der neuen, »genialischen« Dichtung wird eine mythische Gestalt zum Symbol ihrer Auflehnung: Prometheus. In seiner *Rede zum Shakespeare-Tag* hat Goethe den großen Dichter mit Prometheus verglichen. Nun sieht er sich selbst in der Rolle des von Gott abgefallenen Titanen.

Dass Gott der Allmächtige nicht zugleich der Allgütige ist, hatte sich mit der Katastrophe von Lissabon in die Seele des Knaben eingebrannt. Dass Gott fern und gleichgültig ist, meinte der Heranwachsende zu erleben, wenn ihn tiefe Unsicherheit und Zweifel quälten. Und für den jungen Dichter Goethe wird seine unerschöpfliche gestalterische Kraft, sein *»produktives Talent«*, wie er es nennt, zum einzig sicheren Grund seiner Existenz. Der Mythos von Prometheus ist ein Gleichnis für den ganz allein auf sich gestellten Dichter, für den Künstler, der seine Werke um ihrer selbst willen erschafft, nicht zur höheren Ehre Gottes.

Der Sage nach waren die Geschöpfe des Prometheus die ersten Menschen. Gegen den Willen des Zeus formte der Titan sie aus Lehm und Wasser. Er liebte und beseelte sie, während den Göttervater im Olymp ihr Schicksal nicht kümmerte. Die von Zeus geschleuderten Blitze bedrohten die Nackten, Schwachen, Unwissenden. Prometheus lehrte die Menschen, Hütten zu bauen, und brachte ihnen das Feuer. Das Bündnis mit dem kostbaren Element, das Schutz vor Kälte und wilden

Tieren bot, schuf erste Sicherheit, erstes Behagen – Grundlagen für die Entfaltung aller höheren Fähigkeiten des Menschengeschlechts.

Prometheus, ein Göttersohn, der sich gegen Zeus empört, der sich gegenüber dem himmlischen Despoten auf die Göttlichkeit der eigenen Seele beruft, gehört zu jenen Gestalten Goethes, die ein Leben lang in ihm bleiben, die sich mit ihm entwickeln. Goethe wird berüchtigt dafür werden, Themen aufzugreifen und manchmal Jahrzehnte hindurch an ihnen zu arbeiten. Von seiner ersten Befassung mit dem trotzigen Titanen bleibt vor allem ein unsterblicher Hymnus. Keine Lobpreisung, wie Hymnen es sonst sind, sondern eine Anklage. Es ist ein Gewitter der Verachtung, das Prometheus den Blitzen des Zeus entgegenschleudert.

»Bedecke deinen Himmel, Zeus,
Mit Wolkendunst!
Und übe, Knaben gleich,
Der Disteln köpft,
An Eichen dich und Bergeshöhn!
Musst mir meine Erde
Doch lassen stehn,
Und meine Hütte,
Die du nicht gebaut,
Und meinen Herd,
Um dessen Glut
Du mich beneidest.«[1]

Nicht einmal vor der Selbstvergöttlichung schreckt Prometheus zurück. Seine Anklage endet mit den Worten:

»Hier sitz' ich, forme Menschen
Nach meinem Bilde,
Ein Geschlecht, das mir gleich sei,

Zu leiden, weinen,
Genießen und zu freuen sich,
Und dein nicht zu achten,
Wie ich.«[2]

Es ist ein sehr Goethe'scher Prometheus, der hier spricht, aber es ist nicht der ganze Goethe. Ein anderer Teil von ihm sucht sich einen Gott, den er lieben kann, eine Gotteserfahrung, in der er sich in glücklicher Selbstvergessenheit verlieren kann. Zur Symbolfigur dafür wird ihm der griechische Jüngling Ganymed, der seiner Schönheit wegen in den Olymp entführt wird. Emporgetragen, jubelt er:

»Aufwärts
Umfangend umfangen!
Aufwärts
An deinen Busen,
All-liebender Vater!«[3]

In diesem »umfangend umfangen« ist zugleich der doppelte Geniebegriff enthalten. Genie besteht aus einer unerhörten Kraft, sich der Welt zu bemächtigen – sie zu umfangen –, und aus der Bereitschaft, von ihr ergriffen zu werden.

In seinen Werkausgaben wird Goethe die Gedichte *Ganymed* und *Prometheus* stets nebeneinanderstellen. Nicht das einzelne Gedicht, nur alles zusammen – auch Gegensätzliches nebeneinander – gilt. Trotziger Widerspruch gegen den alten Vatergott und selige Hingabe an die neue Gottheit: Natur. Eine Gottheit, die nicht abwesend und unsichtbar ist. Die sich in allem Lebendigen, das uns umgibt, offenbart.

Weniger bekannt als der Prometheus-Hymnus ist ein zur gleichen Zeit geschriebenes Prometheus-Drama, das Fragment bleibt: Der Titan hat seine Geschöpfe geformt, kann sie jedoch nicht zum Leben erwecken. Jupiters Hilfe schlägt er stolz aus. Doch als Minerva ihm ihre Hilfe anbietet, sie, deren Worte für Prometheus »*Himmelslicht*« sind, nimmt er sie dankend an. Er fühlt sich eins mit der Göttin.

»*So war ich selbst nicht selbst,*
Und eine Gottheit sprach,
Wenn ich zu reden wähnte,
Und wähnt ich, eine Gottheit spreche,
Sprach ich selbst.«[4]

Wie viele Dichter und Philosophen des »aufgeklärten« 18. Jahrhunderts verachtet Goethe die Dogmen des Christentums: die Erbsünde, die Offenbarung, die Menschwerdung und Kreuzigung Christi. Und er tut es offener und unverblümter als die meisten Denker seiner Zeit. Den ihm gemäßen Gottesbegriff findet er bei Baruch Spinoza, einem Philosophen, der ein Jahrhundert zuvor in Amsterdam lebte. Spinoza war tiefgläubig, führte ein heiligenmäßiges Leben und war gleichwohl als »Atheist« verfemt. Denn für Spinoza war Gott allüberall. Nicht in Gesetzestafeln und Wundern hat Gott sich einst den Menschen offenbart, sondern er offenbart sich immer noch und unablässig, in allem Seienden.

»Alles, was ist, ist Gott, und nichts kann ohne Gott sein oder begriffen werden« – dieser 15. Lehrsatz von Spinozas Ethik wird zu Goethes Glaubensüberzeugung. Mit Goethe wird die pantheistische Aufwertung von Mensch und Natur zur Weltanschauung.

Goethe trägt nicht nur manche seiner Stoffe lang mit sich herum, er ist auch ein nimmermüder Gelegenheitsdichter. Alles, was ihn anregt und aufregt, jeder Eindruck, jedes Gefühl muss zum Gedicht oder zum Drama werden. Die Farce »*Götter, Helden und Wieland*« schreibt er in einer Nacht. Christoph Martin Wieland, der berühmte Dichter am Hof zu Weimar, erscheint den rebellischen jungen Literaten nicht mehr zeitgemäß; er ist ihnen zu rokokohaft verspielt. Obendrein nutzte er seine Literaturzeitschrift »Der Teutsche Merkur« dazu, einen eigenen Text, das Opernlibretto *Alceste,* in den Himmel zu loben und es sogar über das gleichnamige Drama des großen griechischen Dichters Euripides zu stellen.

Goethe – beschwingt von gerechter Empörung und einer Flasche Rotwein – befördert in einem frechen Dramolett Christoph Martin Wieland in die Unterwelt, wo die »echten« griechischen Helden sowie ein zorniger Euripides auf ihn warten und ihm den Kopf waschen.

Goethe verteilt und versendet die Farce an seine Freunde und erntet Begeisterung. Sein Dichterfreund aus Straßburger Tagen, Jakob Michael Reinhold Lenz, drängt ihn, *Götter, Helden und Wieland* drucken zu lassen. Prompt erfolgt eine Besprechung im *Teutschen Merkur.* Wieland empfiehlt das Dramolett seinen Lesern als »Meisterstück von Persiflage und sophistischem Witz«[6] und Goethe ist ziemlich beschämt.

Noch eine Gelegenheitsarbeit: Ein geselliger Abend in Goethes Vaterhaus Am Großen Hirschgraben. Wie stets wird aus einer literarischen Neuerscheinung gelesen, diesmal sind es die Memoiren von Pierre Augustin de Beaumarchais. Das tragische Schicksal der Schwester des Autors fesselt die Zuhörer: Marie Beaumarchais liebt einen gewissen Clavijo, der ihr die Ehe versprochen hat, sie jedoch fallen lässt, als ihm eine ruhmvolle Karriere winkt. Nun ist Marie ihm nicht mehr gut genug. Ihr Bruder zwingt den Treulosen zu einer Ehrenerklärung. Als Clavijo erneut wortbrüchig wird, erwirkt Beaumarchais, dass der Nichtswürdige aus seiner Stellung gejagt wird.

Goethe wettet, er kann aus dieser Geschichte bis zum nächsten geselligen Beisammensein – also binnen einer Woche – ein Drama dichten.

Es ist nicht nur spielerische Laune, nicht nur der Wunsch zu beweisen, dass er auch ein ganz konventionelles Stück schreiben kann (»*ein Drama fürs Aufführen, damit die Kerls sehen, dass es nur an mir liegt, Regeln zu beobachten*«[6], schreibt er an Kestner); in die Figur des »*Clavigo*« legt Goethe viel Eigenes: sein Schwanken zwischen der Liebe und dem Traum von Größe und Ruhm, zwischen Treue und der Angst, von der Geliebten gefangen und gefesselt zu sein. Schon Adelbert von Weislingen im *Götz* war so ein Schwankender, Zerrissener. Nun macht Goethe den Schwächling zum Haupthelden des Dramas.

Clavigo ist eine gelungene Fingerübung, man applaudiert. Nur Merck (»*Mephistopheles Merck*« nennt Goethe den Freund) zeigt sich enttäuscht: »So einen Quark musst du mir künftig nicht mehr schreiben. Das können die anderen auch.«

»*Und doch hatt' er hierin unrecht*«, schreibt Goethe in seinen Lebenserinnerungen, um schmollend hinzuzusetzen: »*Noch ein Dutzend Stücke dieser Art hätte ich geschrieben, wenn man mich dazu ermuntert hätte!*«[7]

Die Abwertung des *Clavigo* durch Merck hat ihn empfindlich irritiert. Kann man sich auf dessen Urteil wirklich verlassen? Doch Johann Heinrich Merck erkennt Goethes Genie klarer als die anderen. Er ist alles andere als ein »Mephistopheles« – weit entfernt davon, den Freund vom rechten Weg abzubringen. Von Merck stammt ein Ausspruch, den Goethe bis ins Alter bewahrt: »*Dein Bestreben, deine unablenkbare Richtung ist, dem Wirklichen eine poetische Gestalt zu geben; die anderen suchen das sogenannte Poetische, das Imaginative zu verwirklichen, und das gibt nichts als dummes Zeug.*«[8]

Eben noch sah Goethe sich mit Merck und Schlosser, mit Herder und Lenz an der Spitze einer rebellischen Bewegung, die man »die Frankfurter« nannte und einige Jahre später »Sturm und Drang« nennen wird; zwischen ihnen bildete sich ein Netz aus Freundschaft, Gedankenaustausch und gemeinsamen Projekten. Doch nun beginnt das Jung-Genie, sich bevormundet und benutzt zu fühlen. Drängte Lenz nicht allzu sehr darauf, *Götter, Helden und Wieland* drucken zu lassen? Fast hat es den Anschein, als ob Lenz ihm hatte schaden wollen! Und Heinrich Leopold Wagner, dem Goethe seine Manuskripte schenkte und um dessen Unterhalt er sich kümmerte? Ihm hatte er seinen Plan anvertraut, die Geschichte einer Kindesmörderin dramatisieren zu wollen. Nun kündigte Wagner an, ein Drama mit dem Titel *Die Kindsmörderin* zu verfassen. Goethe denkt, dass er den dichtenden Freunden gegenüber zu offen und vertrauensselig ist. Den *Clavigo* lässt er sicherheitshalber unter seinem Namen drucken. Die Gewohnheit, anonym zu veröffentlichen, hat ja dazu geführt, dass jedes ihrer Stücke jedem von ihnen zugeschrieben wird: bei Lenzens Drama *Hofmeister* heißt es, es sei von Goethe; dessen Bearbeitungen von Plautus-Komödien werden vom Verleger als »von Goethe und Lenz« angekündigt. Auch das ist ihm nicht recht. Doch seit dem *Götz* ist Goethe zum Inbegriff der dichterischen Jugendbewegung geworden. Er ist – was er in seinem späteren Leben niemals wieder sein wird – das Vorbild einer ganzen Generation. Sein Name steht für Aufbegehren gegen abstrakte Vernunft, gegen Regelzwang und »Unnatur«. Man setzt Originalität gegen Konformismus, unmittelbare Erfahrung gegen Bücherwissen, man übt sich im ungestümen Ausdruck jedes Gefühls – Zorn und Seelenpein zumeist. Der Ruf nach Erneuerung von Staatswesen, Erziehung, Rechtspflege, Dichtkunst mischt sich seltsamerweise mit der Verherrlichung des Alten und Ältesten: Volkspoesie – Mythos – Ursprung.

Alles in allem stellt man gewaltige Ansprüche, auch an sich selbst. Goethe wird seine Jugendzeit später, in *Dichtung und Wahrheit*, als *»fordernde Epoche«* bezeichnen. *»Denn man machte, an sich und andere, Forderungen auf das, was noch kein Mensch geleistet hatte.«*[9]

Goethes Vaterhaus am Großen Hirschgraben in Frankfurt wird zum Wallfahrtsort. Kollegen, Brieffreunde, Kunstfreunde und Neugierige melden ihren Besuch an. Die große Zeit der Rätin Anna Elisabeth Goethe beginnt. Goethes Mutter ist um die vierzig und lässt sich von ihrem wesentlich älteren Gatten nicht mehr bevormunden. Ihre Tochter Cornelia, die Intellektuelle, die enge Vertraute des Sohnes, ist verheiratet und lebt weit fort in Emmendingen. Bleiben nur der geliebte Sohn und sie. Und jede Menge Schöngeister, die Anna Elisabeth Goethe alle bemuttert und bewirtet.

Zwei Originale, trotz ihrer Verschiedenheit typisch für diese Epoche des Strebens und Suchens und Forderns, finden sich im Frühjahr 1774 in Frankfurt ein. Der Schweizer Theologe Johann Caspar Lavater, der sich dank seiner »Physiognomik« (der Lehre von der Gesichtsbildung des Menschen durch seinen Charakter) einiger Berühmtheit erfreuen darf, taucht im Hause Goethe auf und ist gern gesehener Gast. Lavater glaubt fest an die göttliche Offenbarung und hat die Hoffnung, den bewunderten jungen Dichter, von dessen »Heidentum« er Kenntnis hat, zu »bekehren«. Der zweite Besucher dieser Tage ist der Reformpädagoge Johann Basedow, der eben darangeht, in Dessau eine neuartige Musterschule, das »Philantrophinum«, zu eröffnen.

Der Plan einer kleinen gemeinsamen Reise die Lahn und den Rhein entlang ist rasch gefasst und wird gleich durchgeführt. Goethe erlebt sich in der wunderlichen Gesellschaft zweier Missionare, die nicht nur durchdrungen sind von ihrer jeweiligen Wahrheit, sondern auch eifrig bestrebt, Anhänger und Gönner zu gewinnen. Die Reise führt nach Düsseldorf, wo Goethe sich schon wieder durch eine frühere Spottschrift in Verlegenheit gebracht sieht. Es ist eine Satire auf den übertriebenen Gefühlskult der Dichterbrüder Johann Georg und Friedrich Heinrich Jacobi, die Goethe vor einiger Zeit unter seinen Freunden kursieren ließ, die er allerdings nicht in Druck gab. Dennoch geriet eine Abschrift in die Hände der Jacobis, die sich über den »infamen Artikel« empört zeigten. Nun kommt es, von gemeinsamen Bekannten arrangiert, zu einer Begegnung auf dem Landgut Pempelfort nahe Düsseldorf. Und – man ist auf das Angenehmste überrascht voneinander. Insbesondere Friedrich Heinrich (»Fritz«) ist von Goethe begeistert.

Goethe ist ihm ebenfalls vom ersten Augenblick an zugetan. In Friedrich Heinrich Jacobi glaubt er jemanden gefunden zu haben, der so offen und vertrauensvoll ist wie er selbst. Der leidenschaftlich ist, ohne sein Gegenüber fortwährend belehren und überreden zu wollen. Die ganze Nacht sitzen sie beisammen und diskutieren. Goethe erzählt Jacobi, wie tief ihn Spinoza beeindruckt. Im Mondschein, vor einem ergriffenen

Zuhörerkreis, liest er seine neueste Ballade vor: *Der König von Thule.*

Ein lebhafter Briefwechsel setzt ein, in dem Goethe dem Freund auch das Wesen seiner Dichtkunst zu beschreiben versucht – wie so manche Versuche, die noch folgen, ist es eine Erklärung, die gar nichts erklärt: »*Sieh, Lieber, was doch alles Schreibens Anfang und Ende ist: die Reproduktion der Welt um mich durch die innere Welt, die alles packt, verbindet, neu schafft, knetet und in eigener Form, Manier wieder hinstellt, das bleibt ewig Geheimnis, Gott sei Dank, das ich auch nicht offenbaren will den Gaffern und Schwätzern.*«[10]

Später wird Fritz Jacobi über Goethes »Spinozismus« herumtratschen. Er wird dem berühmten Lessing aufgrund einer Äußerung zu Goethes Hymnus *Prometheus* unterstellen, ebenfalls Pantheist zu sein, und dadurch einen Riesenwirbel verursachen, der das Geistesleben der deutschen Aufklärung erschüttert. Später wird sich Goethe nicht enthalten können, Jacobis Roman *Woldemar* zur Strafe für schlechten Geschmack an einen Baum zu nageln. Aber im Sommer 1774 in Pempelfort ist von alldem noch nicht die Rede und man lässt die Herzen sprechen.

Der Besuch in Pempelfort hat ein tragisches Nachspiel.

Auf der Heimreise, bei einem Aufenthalt in Ems, wird Goethe Zeuge der Aufbahrung von vier Knaben, die beim Krebsfischen ertrunken sind. In einem Brief, den Goethe unmittelbar nach der traurigen Begebenheit an Sophie von La Roche schreibt, heißt es: »*In solchen Augenblicken fühlt der Mensch, wie wenig er ist und [dass er] mit heißem Atem und Schweiß und Tränen nichts wirkt.*« Niemand ist gottgleich. Niemand kann Leben einhauchen. Tod ist Tod. Und dann folgt in diesem Brief ein denkwürdiger Satz: *»Was ist das Herz des Menschen? Sind der wirklichen Übel nicht genug? Muss es sich auch noch aus sich selbst fantastische schaffen?«*[11]

Ist die tragische Episode Auslöser jener Selbstschutzmaßnahme, Eindrücke und Bilder zu vermeiden, die seine Einbildungskraft verstören könnten? Goethe wird nicht mehr, wie er es während der Studienzeit in Straßburg tat, nachts auf Friedhöfe gehen, um sich »abzuhärten« gegen die Schrecken und Übel der Fantasie. Es gibt für seine Empfänglichkeit, die er jetzt nicht nur als Gabe sieht, sondern auch als seelische Bedrohung, keine Abhärtung.

In Frankfurt meldet sich hoher Besuch. Der zukünftige Landesherr von Sachsen-Weimar, Prinz Carl August, bittet durch seinen Hofmarschall von Knebel, Goethes Bekanntschaft machen zu dürfen. Goethe spricht mit dem siebzehnjährigen Prinzen über Geschichte und Politik und hinterlässt in seiner Offenheit und Natürlichkeit einen ganz ausgezeichneten Eindruck bei der Durchlaucht. Man kommt auf Christoph Martin Wieland zu sprechen, der – so erfährt Goethe – Lehrer des Prinzen in Philosophie und Ethik war. Nun, da sich gute Beziehungen zum Weimarer Hof anbahnen, scheint es an der Zeit, sich mit dem Lieblingsfeind auszusöhnen. Wieland hat sich stets großmütig verhalten – ob es um die Rezension des *Götz* ging oder um die Erwiderung auf die Satire *Götter, Helden und Wieland*. Hofmarschall Carl Ludwig von Knebel rät Goethe, einen Entschuldigungsbrief zu schreiben.

Gegen Ende des Jahres 1774 spricht auf einmal alle Welt vom *Werther*. Jeder hat das Buch gelesen. Es ist die literarische Sensation, ein Fieber, das alle ansteckt, eine Modewelle, die alles ergreift. Junge Männer kleiden sich à la Werther: blauer Rock, gelbe Hosen, Stulpenstiefel. Über die »wahre Geschichte« hinter dem Roman weiß ebenfalls jeder Bescheid: Es handelt sich um Goethe in Wetzlar, um den Legationssekretär Kestner und seine Verlobte – inzwischen angetraute Ehefrau – Charlotte und dann noch um den armen Karl Wilhelm Jerusalem.

Goethe hat auf einen Erfolg gehofft. Ihm ist ein überaus kunstvoll komponierter Briefroman gelungen, der zugleich leidenschaftlicher und lebendiger ist als – bei allem Respekt – der vielgerühmte Briefroman *Das Fräulein von Sternheim* der Sophie von La Roche. Goethe weiß, wie rundum geglückt sein *Werther* ist. Doch man erkundigt sich nur voll Neugier, ob er denn die Verlobte des Legationssekretärs Kestner wirklich so fest beim Tanzen umfasst, so leidenschaftlich geküsst habe. Goethe ist verblüfft – verstimmt – enttäuscht. *»Anstatt dass mir jemand über mein Büchlein, wie es lag, etwas Verbindliches gesagt hätte, so wollten sie sämtlich ein für alle Mal wissen, was denn eigentlich an der Sache wahr sei.«*[12]

Nicht gedacht hätte er auch, dass man in Wetzlar fassungslos sein würde über die Indiskretionen und »Verleumdungen« des Romans. Kestner dementiert die Geschichte in langen Briefen an seine Freunde, schreibt Richtigstellungen.

Die Kirche ist empört über »die Anleitung zum Selbstmord« – ja die Verführung zum Selbstmord –, die das Buch darstelle. Schon wird über die ersten jungen Menschen berichtet, die, angesteckt vom Werther-Fieber, sich erschießen oder ins Wasser gehen. Man findet allgemein, Goethe hätte ein Vorwort einsetzen müssen, in dem er vor den Folgen der Lektüre warnt. Gotthold Ephraim Lessing (schockiert darüber, dass auf dem

Schreibpult des sterbenden Werther eine Ausgabe seiner *Emilia Galotti* liegt) meint, der Autor hätte ein Nachwort schreiben sollen, in dem er den Gefühlsüberschwang seines Helden und dessen Selbstmord entschieden verurteilt.

Schon im Herbst des Erscheinens muss der *Werther* vom Verleger nachgedruckt werden. Bis Ende 1775 erscheinen noch elf Ausgaben, zumeist Raubdrucke. Ein zeitweiliges Verkaufsverbot durch die Kirche bleibt erfolglos.

Als ein aufgebrachter Geistlicher ihn während eines Banketts öffentlich wegen seiner »ruchlosen Schrift« tadelt und ihm ins Gesicht schleudert: »Gott wolle Ihr verkehrtes Herz bessern!«, entwaffnet Goethe ihn mit den sanften Worten: »Beten Sie für mich.«[13]

Der Roman *Die Leiden des jungen Werther* erlangt Weltruhm. In Frankreich, England, Italien, ja selbst in China liest man das Buch. Was hat diese Erfolgslawine ausgelöst? Der Skandal allein kann es nicht sein.

Das Schlüsselwort heißt »Jugend«! Noch nie zuvor sprach jemand der Jugend so aus dem Herzen und zu ihrem Herzen wie *Werther*. Noch nie zuvor fasste jemand ihre unbestimmte, stets enttäuschte Sehnsucht in solche Worte: »*O es ist mit der Ferne wie mit der Zukunft! Ein großes, dämmerndes Ganzes ruht vor unserer Seele, unsere Empfindung verschwimmt darin wie unser Auge, und wir sehnen uns, ach! unser ganzes Wesen hinzugeben, uns mit aller Wonne eines einzigen, großen, herrlichen Gefühls ausfüllen zu lassen […]*«[14]

Die übersteigerte Empfindsamkeit, für die *Werther* zur Galionsfigur wird, ist eine Abgrenzung von der kalten Welt der Aristokratie; zugleich ist sie aber auch Absage an den Rationalismus und Ökonomismus des satten, platten Bürgers – des Philisters.

In seinen Lebenserinnerungen sucht Goethe die Hintergründe der ungeheuren Wirkung des Romans, die tatsächlich zu einer Selbstmordserie führte, zu analysieren. Er beschreibt eine melancholische Zeitstimmung, die er mit der politisch-sozialen Situation Deutschlands in Verbindung bringt, in der junge Menschen keinen Raum für Daseinsentwürfe und Aktivitäten fanden. *»In der einzigen Aussicht, uns in einem schleppenden, geistlosen bürgerlichen Leben hinhalten zu müssen, befreundete man sich, in unmutigem Übermut,* [mit dem Gedanken,] *das Leben, wenn es einem nicht mehr ansteht, nach eigenem Belieben allenfalls verlassen zu können, und half sich damit über die Unbilden und Langeweile der Tage notdürftig genug hin.«*[15]

Das überwiegend in kleine Fürstentümer aufgesplittete Deutschland ist nicht der Boden für große politische Bewegungen. In der provinziellen Gesellschaft fehlt die bürgerliche Mittelschicht, an den Universitäten herrscht völlige Abhängigkeit von den Landesherren, die sie finanzieren und erhalten. Bürgerliche können höchstens auf materiellen Aufstieg hinarbeiten oder – bei geistigen Ambitionen – in kleinem Kreis ihre Talente pflegen. Daraus erwächst auf politischer und sozialer Ebene ein Gefühl der Ohnmacht, oftmals kompensiert durch Flucht in die Innerlichkeit. Statt den Kampf gegen die Institutionen zu führen, wird Kultiviertheit und Bildung angestrebt.

Die Visionen gehen bestenfalls so weit, auf die Vernunft und Reformfreudigkeit eines »aufgeklärten Herrschers« zu setzen. Auch Goethe ist Anhänger einer solchen Reform »von oben«; nicht von ungefähr hat er dem Prinzen von Weimar bei ihrer Begegnung die politischen Ideen eines Justus Möser mit großem Eifer vorgetragen: Nach Maßstäben der Vernunft und Wirtschaftlichkeit sollen die politischen Erneuerungen sich vollziehen, zugleich aber auch »bürgernah«, unter Beteiligung der Stände und unter Wahrung lokaler Tradition und Kultur. Das Vergangene mit dem Gegenwärtigen und Zukünftigen behutsam zu verknüpfen, ist Justus Mösers leitende Idee.

Goethe hat beschlossen, sich Freundlichkeit und Interesse des Weimarer Hofes zu erhalten. Umso unangenehmer, dass auf einmal eine Satire im Umlauf ist, die, obwohl anonym veröffentlicht, doch sogleich wieder ihm zugeschrieben wird und in der sich auch eine Karikatur Wielands findet! Goethe lässt in Zeitschriften die Erklärung abdrucken, dass die Satire nicht von ihm sei. Sein Dichterkollege und Freund Wagner bekennt sich zur Autorenschaft, was aber kaum jemand glaubt.

Ein anderer Effekt des Werther-Fiebers bereitet Goethe mehr Vergnügen: Er erhält den enthusiastischen Brief einer ungenannten Verehrerin, antwortet und geht ganz auf ihren exaltierten Ton ein. Es ist, als hätte er in diesem Briefwechsel ein Ventil für all die Erregung gefunden, die sich in den letzten Monaten in ihm aufgestaut hat. Die Schreiberin gibt bald ihre Identität preis: Es ist die Schwester der dichtenden Grafen Christian und Friedrich Leopold zu Stolberg: Auguste.

Mehr als herzlich ist bereits Goethes Antwort auf Augustes ersten Brief: »*Meine Teure, ich will Ihnen keinen Namen geben, denn was sind die Namen Freundin, Schwester, Geliebte, Braut, Gattin oder ein Wort, das einen Komplex von all denen Namen begriffe, gegen das unmittelbare Gefühl – ach, ich kann nicht weiterschreiben! Ihr Brief hat mich in einer wunderlichen Stunde gepackt.*« Nach einigem schriftlichen Gestammel, das für seine Briefe an Auguste zu Stolberg typisch ist, erkennt Goethe überwältigt, was ihn zur unbekannten Briefschreiberin so machtvoll hinzieht: *»Und was ist das* [anderes] *als Liebe! Musste Er Menschen machen nach Seinem Bild, ein Geschlecht, das Ihm ähnlich sei, was müssen wir fühlen, wenn wir Brüder finden, unser Gleichnis, uns selbst verdoppelt!«*[16]

Bruder oder Schwester. Hier ist endlich ein Ersatz für Cornelia, die ihm durch ihre Heirat Entrissene! Hier ist eine verständnisvolle Frau, der Goethe jedes Ereignis, jede Anwandlung sofort und voll Überschwang mitteilen kann. Seine Stimmungen und Launen – alles wird mit größter (und hoch stilisierter) Spontaneität Auguste berichtet, die von so viel Vertraulichkeit begeistert ist. *»Ich bin das Ausgraben und Sezieren meines armen Werthers so satt!«*, klagt er ihr. *»Der eine schilt drauf, der andre lobt's, der dritte sagt, es geht doch an, und so hetzt mich einer wie der andere.«*

Gehetzt, gleichsam atemlos geht der Brief weiter – *»Beste, wie können wir einander, was von unserem Zustand melden, da der von Stund zu Stund wechselt!«* und endet mit Worten rührendster Zuneigung: *»Adieu. Halten Sie einen armen Jungen am Herzen. Geb Ihnen der gute Vater im Himmel viel mutige frohe Stunden, wie ich deren oft habe, und dann lass die Dämmerung kommen tränenvoll und selig – Amen. Ade, Liebe, Ade. Goethe.«*[17] Goethe liebt Rollenspiele. Er versucht, sich in seine Briefpartner hineinzufühlen und auf die erwartete und gewünschte Weise zu schreiben. Hier erwartet man »Werther-Briefe«.

Auguste zu Stolberg, der Goethe niemals persönlich begegnen wird, ist auch die Vertraute seiner Gefühle für Lili Schönemann. Der berühmte Dichter, für den sich alle Salons in Frankfurt und Umgebung gern öffnen, wird von einem Bekannten zu einer Soirée im Haus der Bankiersfamilie Schönemann mitgenommen. Goethe geht hin – kurzentschlossen, unvorbereitet, doch, wie er in seinen Lebenserinnerungen schreibt, *»anständig angezogen«*. Das anzumerken erscheint ihm wohl deshalb wichtig, weil er recht gut weiß, wie auffallend er auf vornehmen Gesellschaften wirkte. Durch seine Lebhaftigkeit, sein ausdrucksstarkes Gesicht, seine volltönende Stimme, durch die Intensität, die er ausstrahlte.

Als Goethe eintritt, setzt sich ein sehr junges, sehr schönes Mädchen ans Klavier. Die Tochter des Hauses, Anna Elisabeth, Lili gerufen. Goethe betrachtet sie. Sie beendet ihr Spiel, sieht seinen Blick auf sich ruhen und betrachtet ihn ebenfalls freimütig. Lili ist erst 16 Jahre alt, zehn Jahre jünger als er. Aber sie schlägt nicht die Augen nieder. Weder verschämt noch kokett. Das fesselt Goethe noch mehr als ihre Anmut und Schönheit. *»Indessen blickten wir einander an, und ich will nicht leugnen, dass ich eine Anziehungskraft von der sanftesten Art zu empfinden glaubte.«*[18]

Sie sprechen miteinander – viel zu kurz nur an diesem Abend, doch lang und ausführlich in den folgenden Tagen. Sie vertrauen einander an, was sie denken und empfinden und was ihnen etwas bedeutet. Lili flirtet nicht, das gehört nicht zu ihrem Charakter. Doch das Außergewöhnliche ist: Auch Goethe flirtet nicht mit ihr. Er, der das Spiel von Ansturm und Bezauberung, von Übermut und Schwermut so traumwandlerisch beherrscht, er verzichtet auf alle Koketterie. Goethe erlebt Lili und sich staunend, verwundert, glücklich und beängstigt zugleich. Was geschieht hier eigentlich, ganz ohne sein Zutun?

»Herz, mein Herz, was soll das geben,
Was bedränget dich so sehr?
Welch ein fremdes, neues Leben –
Ich erkenne dich nicht mehr.

Weg ist alles, was du liebtest,
Weg, worum du dich betrübtest,
Weg dein Fleiß und deine Ruh –
Ach, wie kamst du nur dazu?

Fesselt dich die Jugendblüte,
Diese liebliche Gestalt,
Dieser Blick voll Treu und Güte
Mit unendlicher Gewalt?
Will ich rasch mich ihr entziehen,
Mich ermannen, ihr entfliehen,
Führet mich im Augenblick
– Ach – mein Weg zu ihr zurück.

Und an diesem Zauberfädchen,
Das sich nicht zerreißen lässt,
Hält das liebe, lose Mädchen
Mich so wider Willen fest.
Muss in ihrem Zauberkreise
Leben nun auf ihre Weise;
Die Verändrung, ach, wie groß!
Liebe, Liebe, lass mich los!«[19]

Die Liebe zu Lili zwingt ihn zu Ballbesuchen, zu abendlichen Kartenpartien und Opernaufführungen. Es ist vielleicht nicht *»ihre Weise«*, so zu leben, in unaufhörlicher Geselligkeit, doch es ist die Weise ihrer Familie – Mutter und Brüder –, deren innigstes Anliegen es ist, das schöne, kultivierte Mädchen möglichst reich und vornehm zu verheiraten. Es ist nicht Lilis *»Weise«*, aber es ist ihre Welt, und Goethe fühlt, er passt nicht hinein.

Das Ende der Ballsaison bringt eine Atempause. Goethe verkehrt im Haus von Lilis Großeltern in Offenbach, wo reiche Frankfurter ihre Sommervillen haben. Es ist Frühling, man gibt sich unkonventionell, man liebt die Liebenden. Über seine Gefühle in diesem kurzen, denkwürdigen Zeitraum sagt er: »*Es war ein Zustand, von welchem geschrieben steht: ›Ich schlafe, aber mein Herz wacht‹; die hellen wie die dunklen Stunden waren einander gleich, das Licht des Tages konnte das Licht der Liebe nicht überscheinen und die Nacht wurde durch den Glanz der Neigung zum hellsten Tag.*«[20]

Eine Freundin der Familie Schönemann, Demoiselle Delph, übernimmt es, die Verbindung des größten Genies und der gefeiertsten Schönheit zu befestigen und eine Ehe zu stiften. Da zeigt der »*Glanz der Neigung*« schon den Hauch einer Trübung. Lili leidet unter Goethes Eifersuchtsanfällen, er leidet unter ihrer Freundlichkeit zu anderen. Im Kreis von Lilis Verehrern kommt er sich fehl am Platz, ja grotesk vor. Bei der Verlobung können beide ihre ahnungsvolle Unsicherheit nicht verbergen. »*Ich stand Lili gegenüber und reichte meine Hand dar, sie legte die ihre, zwar nicht zaudernd, aber doch langsam, hinein, nach einem tiefen Atemholen fielen wir einander lebhaft in die Arme.*«[21]

In gewisser Hinsicht genießt Goethe es, ein Bräutigam zu sein. Er sieht Lili mit neuen Augen: »*Sie war eine doppelte Person, ihre Anmut und Liebenswürdigkeit gehörten mein, das fühlt ich wie sonst, aber der Wert ihres Charakters, die Sicherheit in sich selbst, ihre Zuverlässigkeit in allem, das blieb ihr eigen.*«[22]

Lili vergisst nicht ihre gesellschaftlichen und familiären Pflichten. Und Goethe vergisst niemals die Verpflichtung sich selbst gegenüber, schreibt beileibe nicht nur Liebesgedichte, sondern auch an seinem neuen Drama über den Doktor Faust.

Wieder ist es ein genialer Griff in Vorgefundenes. Eine Volkssage aus dem 16. Jahrhundert; von einem Gelehrten und Schwarzkünstler, der einen Pakt mit dem Teufel schließt; nicht nur, um Macht und Reichtum zu gewinnen, sondern auch und vor allem, um zu höheren Erkenntnissen und Einsichten in die Weltzusammenhänge zu gelangen.

Die Faust-Sage übt auf die Dichter der Zeit eine magische Anziehungskraft aus. Gotthold Ephraim Lessing, Friedrich Müller, Maximilian Klinger bearbeiten den Stoff. Der »Titanismus« der Sturm-und-Drang-Epoche – die Auflehnung gegen den despotischen (Gott-)Herrscher – verbindet sich mit der Zerrissenheit zwischen Weltleidenschaft und Weltschmerz, mit dem Gefühl eines tiefen Ungenügens an der Begrenztheit und Endlichkeit menschlicher Möglichkeiten.

Im ersten Goethe'schen Entwurf – später *Urfaust* genannt – ist Faust ein noch junger Universitätsgelehrter, doch schon ist er des Lebens überdrüssig.

> *»Zwar bin ich gescheiter als alle die Laffen,*
> *Doktors, Professors, Schreiber und Pfaffen,*
> *Mich plagen keine Skrupel noch Zweifel,*
> *Fürcht mich weder vor Höll noch Teufel.*
> *Dafür ist mir auch all Freud entrissen,*
> *Bild mir nicht ein, was Rechts zu wissen,*
> *Bild mir nicht ein, ich könnt was lehren,*
> *Die Menschen zu bessern und zu bekehren;*
> *Auch hab ich weder Gut noch Geld,*
> *Noch Ehr und Herrlichkeit der Welt.*
> *Es möcht kein Hund so länger leben!*
> *Drum hab ich mich der Magie ergeben.«*[23]

Faust beschwört den »Erdgeist«, doch ist er dieser furchtbaren Erscheinung nicht gewachsen. Auch die Magie scheint keine Lösung seiner Misere! Das, was seinem Autor als Erstes eingefallen wäre, fällt dem Doktor Faust als Letztes ein: Die Liebe eines Mädchens soll ihm die ersehnte Entgrenzung, den Rausch, das Glück verschaffen. Mit Hilfe des Höllengesandten Mephistopheles verführt Faust Margarete.

Goethe geht in seinen Gestalten völlig auf. Verwandelt sich in sie. Er ist der ruhelose, heftige Faust, schwankend zwischen Selbsterhöhung und Verzweiflung; er ist ein abgefeimter, abgründiger Mephistopheles. Und er ist Margarete. Ein unschuldiges, sechzehnjähriges Mädchen, verliebt in einen unwiderstehlichen Mann. Margarete ahnt, wie das irdische Glück sein könnte, und hat es schon verloren.

»Meine Ruh ist hin,
Mein Herz ist schwer;
Ich finde sie nimmer
Und nimmermehr.

Mein Schoß, Gott! drängt
Sich nach ihm hin.
Ach, dürft ich fassen
Und halten ihn

Und küssen ihn,
So wie ich wollt,
An seinen Küssen
Vergehen sollt!«[62]

Es ist unmöglich, auf Dauer so zu leben, wie Goethe lebt. Am Morgen schreibend und ganz in der Welt seiner Einbildungs- und Gestaltungskraft aufgehend, am Abend als »Künstlergenie« und Bräutigam vorgeführt. Er versucht, die seelisch bedrohliche Situation mit Sarkasmus zu bewältigen: Im Gedicht *Lilis Park* zeichnet er ihre Gästeschar als Menagerie und sich selbst als wilden Bären, den Lili krault und dem sie Honig ums Maul schmiert. Ein bitteres, ungerechtes Gedicht und doch aufrichtig verzweifelt.

Goethe verfasst Libretti zu zwei Singspielen, *Erwin und Elmire*, *Claudia von Villa Bella*, in denen er Lili huldigt und zugleich ihrer beider Rollen überzeichnet. Es treten auf: Die *Schöne* und der *Einsiedler*, die *Vornehme* und der *Vagabund*. Er verfasst ein Drama, das zum Skandalstück wird, weil sein Held Fernando zwei Frauen liebt – Cäcilie und Stella – und alles in einer Ehe zu dritt endet.

In Briefen an Auguste beschreibt Goethe die Unerträglichkeit seiner Situation: »*Mir war's in all dem wie einer Ratte, die Gift gefressen hat, sie läuft in alle Löcher, schlürft alle Feuchtigkeit, verschlingt alles Essbare, das ihr in [den] Weg kommt, und ihr Innerstes glüht von unauslöschlich verderblichem Feuer. […] Gute Nacht, Engel. Einzigstes einzigstes Mädchen – und ich kenne ihrer viele …*«[25]

Es liegt auf der Hand, dass Auguste zu Stolberg nicht Goethes »*einzigstes Mädchen*« ist. Vielmehr ist sie die »Zweite«, die er braucht, fast lebensnotwendig braucht, um die Liebe zur »Ersten«, seine Eifersucht und Unsicherheit überhaupt auszuhalten. Er braucht die Zweitfrau, um sich zu beruhigen, und idealisiert sie als die alles Verstehende, alles Duldende. Und so hat er in seinem Dreiecksdrama eine Cäcilie geschaffen, eine Ehefrau, die Fernando seine Liebe zu Stella verzeiht und eine Ehe zu dritt vorschlägt.

Die geplante Ehe mit Lili steht jedenfalls unter keinem guten Stern. Nicht nur die Familie Schönemann missbilligt die Verbindung, auch im Haus Goethe ist man nicht glücklich darüber. Die Heirat ist unpassend, man ist von ungleichem Stand und Vermögen. Auch die Konfessionen sind verschieden. Eine solche Ehe hat keine Basis und keine Zukunft.

Immer schwerer fällt es Goethe, sich selbst zu versichern, dass

Lili ihn liebt und er sie liebt und dass ihre innigen Gefühle alles gutmachen und wettmachen werden. Sie kann und wird ihre Welt nicht aufgeben und er kann darin auf Dauer nicht leben. Lilis Welt engt ihn ein.

Statt eine Lösung des Konflikts anzugehen, flüchtet er aus Frankfurt. Ohne mit Lili über seine Absichten oder über den Sinn dieser Reise zu sprechen. Andeutungen hätte er ihr gemacht, glaubt er sich später zu erinnern. Goethe will ausprobieren, ob er ohne Lili leben kann. Als die dichtenden Grafen Stolberg, die sich auf einer Reise in die Schweiz befinden, ihm in Frankfurt einen Besuch abstatten, schließt er sich ihnen an. Vielleicht – vorausgesetzt, er hält es ohne Lili aus – wird er sogar nach Italien weiterreisen. Der Vater, der über die eigene in der Jugend unternommene Italienfahrt immer noch ins Schwärmen gerät, drängt ihn schon seit Längerem dazu.

Zunächst geht es nach Darmstadt, wo Goethe gemeinsam mit den Grafen seinen Freund Merck besucht und dieser ihm prophezeit, dass er von den munteren, aber mittelmäßigen Reisegefährten bald genug haben wird. (Nicht lange, und Goethe muss dem lästigen Besserwisser wieder einmal recht geben.)

In Karlsruhe, auf einem Empfang bei Hof, trifft Goethe Carl August, nunmehr regierender Herzog von Sachsen-Weimar, und seine junge Braut Luise von Hessen-Darmstadt.

Weiter geht es nach Straßburg, wo er Reinhold Michael Lenz besucht. Lenz ist glücklich, den geliebten und bewunderten Freund wiederzusehen. Goethes Gefühle sind zwiespältig. Die Anhänglichkeit des um zwei Jahre Jüngeren rührt ihn, doch dessen lebhafte Anteilnahme an seinem Leben empfindet er als Einmischung, die ihn irritiert.

Lenz, so stellt sich heraus, hat die von Goethe so schmählich verlassene Friederike Brion wiederholt in Sesenheim besucht und sich erwartungsgemäß heftig in sie verliebt. Leider vergeblich, da Friederike Goethe nicht vergessen kann. Eine gespenstische Vorstellung: zwei in Goethe Verliebte, die einander kein Trost zu sein vermögen. Lenz hat sogar ein Gedicht darüber verfasst, das er Goethe schickte:

»*Denn immer immer immer noch*
Schwebt ihr das Bild an Wänden noch
Von einem Menschen, welcher kam
Und ihr als Kind das Herze nahm.«[26]

Was geht Lenz die Geschichte mit Friederike an?!

Nach dem Erscheinen des *Götz* beglückte der Freund ihn mit einer umfangreichen Schrift, betitelt *Über unsere Ehe*. Eine spirituelle Verbindung zwischen ihnen malt er sich aus. Goethe lässt sich auf einen wechselseitigen Austausch von Manuskripten ein und ist bemüht, dem Freund Verleger zu verschaffen. Er hält ihn für sehr talentiert, will ihm in seiner finanziell prekären Lage helfen, kann aber nicht umhin, sich zunehmend belästigt zu fühlen. Dennoch: Als er nach Emmendingen fährt, um seine Schwester und seinen Schwager zu besuchen, nimmt er Lenz mit. Es graut ihm ein wenig vor der Begegnung mit Cornelia, die, wie er ja aus ihren Briefen weiß, in der Ehe unglücklich ist und sich nach dem Wiedersehen mit dem Bruder sehnt wie eine Verdurstende.

Er selbst sehnt sich nach Lili. Zu Anfang der Reise hatte er ihr Bild verscheuchen wollen, hat gedichtet: »*Weg, du Traum, so gold du bist!*«[27] Nun träumt er ihn wieder.

Auguste zu Stolberg hat von der Heirat mit Lili abgeraten. Lili sei ihm geistig nicht gewachsen, behauptete sie. Der Abstand zwischen ihnen sei zu groß. Doch das Argument der besorgten Gräfin hat drei Schwachpunkte: Sie kennt Lili nicht, sie kennt im Grunde auch Goethe nicht. Und sie kennt vermutlich auch die Liebe überhaupt nicht.

Goethe hat ihr zurückgeschrieben: »*Unglücklicherweise macht der Abstand von mir das Band nur fester, das mich an sie zaubert.*«[28] Was Goethe meint, ist das »Eigene« an Lili, die eine wirkliche, selbstständige Persönlichkeit ist. Keine Projektion, keine Idealisierung wie alle die anderen Lieben bisher.

Auch Cornelia – nicht weniger eifersüchtig als Auguste – rät Goethe eindringlich davon ab, Lili zu heiraten. Cornelia aber hat der Gräfin etwas voraus: Sie kennt ihren Bruder in- und auswendig. Es fällt ihr daher nicht ein, Lili herabzusetzen. Stattdessen setzt sie das Haus Goethe herab. Und damit trifft sie den Stolz ihres Bruders, der mit Unsicherheit gepaart ist. Im Grunde wiederholt Cornelia nur die Bedenken der Eltern: Das Goethe'sche Haus kann sich mit dem Schönemann'schen nicht messen. Ihr Bruder wird der verwöhnten Dame (»Staatsdame« nennt sie der Vater) den Luxus nicht bieten können, den sie gewohnt ist. Wovon wollen sie leben? Wo überhaupt wollen sie leben? Im Haus am Großen Hirschgraben bewohnt Goethe eine Dachstube, angefüllt mit Staffeleien.

Der Welterfolg des *Werther* spielt bei all den Überlegungen beider Familien keine Rolle, da das Werk wegen der Raubdrucke keine nennenswerten Einkünfte bringt. Die von Goethe vernachlässigte Anwaltspraxis hat schon gar keine Zukunft. Ein geeignetes Amt könnte er wohl anstreben, doch die Anfangszeit wäre eingeschränkt und sorgenvoll. Kein Dichter kann von seinen Werken leben. Der berühmte Lessing arbeitete bis noch vor wenigen Jahren als Bibliothekar in Wolffenbüttel, Herder wirkt als schlecht bezahlter Prediger in Bückeberg, Gottfried August Bürger lehrt für einen Hungerlohn als Dozent in Göttingen, Matthias Claudius fristet seine Existenz von Spenden und Zuwendungen.

Die Schwester weiß ihre Pfeile gut zu setzen: Lili, sagt sie, würde durch eine Heirat aus ihrer gewohnten Umgebung gerissen und entwurzelt. Sie müsste alles entbehren. Sie würde einsam und unglücklich werden und ihr Schicksal beklagen. Und – Cornelia spricht es nicht aus, doch Goethe versteht es auch so: Lili würde allmählich anfangen, dich zu hassen, so wie ich begonnen habe, Schlosser zu hassen.

Weiter geht die Reise, in die Schweiz. Goethe zeichnet viel, sucht das Leiden an der Liebe in der Schönheit der Natur und der Landschaft zu vergessen. Er besteigt die Berge – blickt nach Italien. Schon hat er begonnen, von Italiens Sonne zu träumen. Doch er fühlt, dass es ihm dieses Mal unmöglich ist, noch weiter zu reisen. Ende Juli kehrt er nach Frankfurt zurück. Seit seiner Abreise im Mai hat er keine Nachricht von Lili. Und doch ist er wieder zuversichtlich.

Aber man gibt ihm zu verstehen, dass Lili die Verlobung zu lösen wünscht. Seine seltsame Reise – unangekündigt, unbegründet, verletzend – mochte dazu beigetragen haben, Lili von der Unangemessenheit einer solchen Verbindung zu überzeugen. Lili ist kühler, reservierter. Ungesagtes steht auf einmal zwischen ihnen. Eine Wand, die er nicht durchdringt.

Goethe zweifelt an Lili. Hat sie nicht zu leicht aufgegeben? Er stellt aber auch seine eigenen Ansprüche an sie in Frage. *»Sollt's nicht übermäßiger Stolz sein zu verlangen, dass dich ganz das Mädchen erkenne und so erkennend liebt? Erkenne ich sie vielleicht auch nicht? Und da sie anders ist als ich, ist sie nicht vielleicht besser?«*[29]

Sogar eine gewisse Erleichterung fühlt er. Darüber, dass die so schwere Entscheidung über sein und ihr Leben ihm unversehens aus den Händen genommen wurde. Zugleich kann er es nicht fassen, dass Lili und er nicht mehr zusammengehören. Denn sie gehören doch zusammen!

Carl August, auf der Durchreise nach Karlsruhe zu seiner Hochzeit mit Luise von Hessen-Darmstadt, lädt Goethe an den Weimarer Hof ein. Bietet man ihm eine Laufbahn in fürstlichen Diensten an? Goethe sagt seinen Besuch in Weimar unverbindlich zu. Er arbeitet, er trifft sich mit Freunden, er trifft bei Gesellschaften Lili. Es kommt ihm vor, als durchlebe er einen gespenstischen Traum, der täuschend der früheren Wirklichkeit ähnelt: Man ist in Frankfurt, man bewegt sich an denselben Stätten, man sieht die gleichen Menschen. Doch alle Farbe ist erloschen. Lili wirkt beklommen und traurig, wenn sie seinem Blick begegnet. Aber so bekümmert erschien sie auch früher manchmal, wenn er an ihrer Liebe zweifelte und einen Streit vom Zaun brach.

Und Lilis Heiterkeit? Ihre Unbefangenheit? Die vertrauensvolle Zuwendung? Wird er das niemals mehr erleben? Goethe ist erst 26 und kommt sich vor wie gestorben und im Totenreich. *»Es war ein verwünschter Zustand, der sich in einem gewissen Sinn dem Hades, dem Zusammensein jener glücklich-unglücklichen Abgeschiedenen, verglich.«*[30]

In dieser Situation, die er auch mit einem *»Vorhof der Hölle«* vergleicht, schreibt er die Gretchen-Tragödie, das tragische Ende seines Faust-Dramas.

Margarete hat ihr neugeborenes Kind ertränkt und ist ins

Gefängnis geworfen worden. Mit Mephistopheles' Hilfe ist Faust zur Geliebten in den Kerker gedrungen, um sie vor der Hinrichtung zu bewahren. Doch über all dem Schrecklichen, das Margarete widerfahren ist, über den grausigen Verbrechen, die sie selbst beging – Muttermord, Kindstötung –, hat sie den Verstand verloren. Die geplante Rettung wird zum Albtraum für beide: die Leidenschaft, die sie für einander fühlen, wechselt mit Sinnesverwirrung. In Margaretes Sehnsucht nach dem Tod flackert noch ihre tiefe Sehnsucht nach dem Leben ...

»MARGARETE: Ach, Heinrich, könnt ich mit dir in alle Welt!
FAUST: Der Kerker ist offen, säume nicht!
MARGARETE: Sie lauern auf mich an der Straße am Wald.
FAUST: Hinaus! Hinaus!
MARGARETE: Ums Leben nicht! – Siehst du's zappeln? Rette den armen Wurm, er zappelt noch! – Fort! Geschwind! Nur übern Steg, gerad in Wald hinein, links am Teich, wo die Planke steht! Fort! Rette! Rette!
FAUST: Rette! Rette dich!
MARGARETE: Wären wir nur den Berg vorbei, da sitzt meine Mutter auf einem Stein und wackelt mit dem Kopf! Sie winkt nicht, sie nickt nicht, ihr Kopf ist ihr schwer. Sie sollt schlafen, dass wir könnten wachen und uns freuen beisammen.
FAUST (ergreift sie und will sie wegtragen.)
MARGARETE: Ich schreie laut, laut, dass alles erwacht!
FAUST: Der Tag graut. O Liebchen! Liebchen!
MARGARETE: Tag! Es wird Tag! Der letzte Tag! Der Hochzeitstag! – Sag's niemand, dass du die Nacht vorher bei Gretchen warst. – Mein Kränzchen! – Wir sehn uns wieder! – Hörst du, die Bürger schlüpfen nur über die Gassen! Hörst du? Kein lautes Wort. Die Glo-

cke ruft! – Krack, das Stäbchen bricht! – Es zuckt in jedem Nacken die Schärfe, die nach meinem zuckt! – Die Glocke! – Hör!«[31]

Goethe weiß, er kann in Frankfurt nicht länger bleiben. Der schleichende, nicht zu begreifende Tod seiner Liebe zehrt ihn aus. Selbst sein Bestes, seine unerschöpfliche Produktivität, scheint ihn zu verzehren. Es ist eine Fügung des Schicksals, dass der Herzog seine Einladung nach Weimar erneut und in aller Aufrichtigkeit wiederholt.

»Meine Anhänglichkeit an den Herzog von dem ersten Augenblicke an, meine Verehrung gegen die Prinzessin [...], mein Wunsch, Wielanden, der sich so liberal gegen mich betragen hatte, persönlich etwas Freundliches zu erzeigen und an Ort und Stelle meine halb mutwilligen, halb zufälligen Unarten wiedergutzumachen, waren Beweggründe genug [...] Nun kam aber noch hinzu, dass ich, auf welchem Wege es wolle, vor Lili flüchten musste [...]«[32]

Eine Flucht, gewiss. Doch auch erstmals der Versuch einer Selbstheilung durch die Bewährung in einem neuen Tätigkeitsfeld. Was immer in Weimar für Aufgaben auf ihn warten, er wird versuchen, sie zu erfüllen.

Der Vater will ihm Weimar ausreden, will ihn stattdessen dazu bewegen, nach Italien zu reisen, argwöhnt, diese Einladung sei nichts als eine Intrige, angezettelt vom mehrfach gekränkten Wieland, um sich an Goethe zu rächen. Man werde ihm am Weimarer Hof übel mitspielen! Der Kaiserliche Rat hält nichts von der Adelsgesellschaft und vom Glanz der Höfe.

Und es scheint, der Vater hat recht mit seinem sonderbaren Verdacht. Die Kutsche aus Weimar, die Goethe abholen soll, kommt nicht. Um sich abzulenken, arbeitet er an einem neuen Drama: *Egmont*. Ein Held des Freiheitskampfes der Niederlande gegen die Spanier. Ein Ausnahmemensch. Und ein Liebender.

Nach mehrtägigem Warten kommt auch Goethe zu dem Schluss, dass die Einladung an den Weimarer Hof wohl ein schlechter Scherz war, und macht sich auf den Weg nach Italien. Der Vater hat für ihn einen Reiseplan ausgearbeitet und stattet ihn sogar mit einer kleinen Bibliothek von Führern und Kunstbänden aus.

Goethe ist bereits in Heidelberg, da erreicht ihn die Nachricht, ein Unfall habe die herzogliche Kutsche aufgehalten, die nunmehr in Frankfurt eingetroffen sei. Kurzentschlossen kehrt er um. Italien war ihm auch diesmal nicht bestimmt. Es geht nach Weimar.

3. Minister in Weimar
»… bleibe ich mir geheimnisvoll selbst getreu.«

Gemessen an Frankfurt, ist Weimar winzig. Das Herzogtum Sachsen-Weimar ist einer der zahlreichen Klein- und Kleinststaaten im Flickenteppich des Heiligen Römischen Reiches Deutscher Nation; seine Residenzstadt zählt 1775 nur etwa 6000 Bewohner, von denen mehr als ein Viertel in irgendeiner Form dem Hof angehört. Jeder kennt jeden, man beobachtet einander, der Tratsch blüht.

Düster ragt in der Stadtmitte die geschwärzte Ruine des Weimarer Schlosses empor; seit einem Brand vor zehn Jahren konnte es aus Geldmangel noch nicht wieder aufgebaut werden. Der Herzog und die Herzogin-Mutter wohnen jeweils in Behelfsresidenzen. Die Straßen sind in erbärmlichem Zustand. Nur wenige Geschäfte beleben den Marktplatz. Alles in allem macht Weimar einen armseligen Eindruck. Und doch wird es in den nächsten Jahrzehnten zu einem geistigen Zentrum Deutschlands aufblühen. Das »Athen des Nordens« wird man es nennen.

Anna Amalia, die Mutter Carl Augusts, führte bis zu dessen Volljährigkeit die Regierungsgeschäfte. Schon mit 18 Jahren verwitwet, war sie redlich, aber vergeblich bemüht, den Schuldenberg abzubauen, der durch etliche Kriege und die Bauwut früherer Herrscher aufgehäuft worden war. Carl Augusts Großvater ließ allein 20 Jagdschlösser errichten. Ihren beiden Söhnen – der jüngere, Konstantin, kam erst nach dem Tod seines

Vaters zur Welt – ließ sie eine Ausbildung durch die ihrer Ansicht nach kompetentesten Prinzenerzieher zukommen. Aufgeschlossen, liberal, gebildet, pflegt Anna Amalia zudem eine Reihe künstlerischer Neigungen, komponiert, malt, zeichnet und liebt die Gesellschaft von Künstlern und Dichtern.

Der erste Dichter, den sie an ihren Hof holte, war Christoph Martin Wieland. Ihn ernannte sie zum Lehrer ihres Sohnes Carl August. Seitdem lebt Wieland dank herzoglicher Pension als freier Poet in Weimar. Zu Konstantins Lehrer wählte Anna Amalia Karl Ludwig von Knebel, auch er dichtet. Und nun hat Carl August, kaum ist er an der Regierung, den berühmten Johann Wolfgang Goethe eingeladen. Nicht um sich nur mit ihm zu schmücken; vielmehr um von ihm zu lernen und an der Seite des Älteren zu wachsen und stark zu werden. Goethe ist für Carl August der Inbegriff des »ganzen Kerls«, ein Mann, der anpackt und die Dinge beim Namen nennt. Obwohl ein Dichter, interessiert er sich offenbar sehr für Staatsgeschäfte.

Goethe mag den jungen Regenten: seine Natürlichkeit, seinen wachen Geist, seinen Tatendrang. Und Goethe möchte ein radikal neues Tätigkeitsfeld; *»direkt nutzbringend«* will er sein, Verantwortung übernehmen. Er will nicht mehr nur für sich, sondern für eine große Aufgabe leben.

Weimar wartet neugierig auf den Dichter des hinreißenden, skandalösen *Werther*, auf den Verfasser berüchtigter Spottschriften. Man ist vorbereitet, auf alles gefasst.

Die Hofdame Charlotte von Stein hat von ihrem Brieffreund Johann Georg von Zimmermann sogar eine Art »Warnung« vor Goethe erhalten: »Eine Frau von Welt [...] hat mir gesagt, dass Goethe der schönste, lebhafteste, ursprünglichste, feurigste, stürmischste, sanfteste, verführerischste und für ein Frauenherz gefährlichste Mann sei, den sie in ihrem Leben gesehen hat.«¹ Die Damenwelt bei Hofe ist gewappnet.

Gewappnet ist nicht zuletzt Christoph Martin Wieland. Trotz Knebels Eintreten für Goethe ist er immer noch unsicher, ob der Frechdachs aus Frankfurt ihn mit seinem Entschuldigungsbrief nicht verspotten wollte. Doch schon wenige Tage nach Goethes Ankunft in Weimar schreibt Wieland an Fritz Jacobi: »Alles, was ich Ihnen (nach mehr als einer Krisis, die in mir dieser Tage über vorging) jetzt von der Sache sagen kann, ist dies: Seit dem heutigen Morgen ist meine Seele so voll von Goethe wie ein Tautropfen von der Morgensonne.«² Goethe hat Wieland gewonnen und wird seine liebenswürdige Freundschaft (ungeachtet noch manch weiterer »Krisis«) nicht mehr verlieren.

Charlotte von Stein, am Weimarer Hof die Hüterin von Anstand und Sitte, scheint zunächst vor allem beeindruckt von Goethes ungehobelten Manieren. Zimmermann hat sie nicht darauf vorbereitet, dass die »Ursprünglichkeit« der Stürmer und Dränger auch und vor allem in einer gewissen Hemmungslosigkeit und Ungeschliffenheit ihres Benehmens besteht. Goethe und der Herzog samt einem Gefolge junger Männer stürmen durch die Wälder wie die Wilde Jagd, wobei der Herzog mehrmals vom Pferd fällt und Goethe sich mit der Spitze seiner Peitsche beinah ein Auge ausschlägt.

Frau von Stein, ahnend, dass die Wildheit Goethes zu einem Gutteil Pose ist – Theater, Spiel, um dem Herzog Gelegenheit zu geben, sich »die Hörner abzuwetzen« –, schreibt an Zimmermann: »Ich wünschte selbst, er möchte etwas von seinem wilden Wesen, darum ihn die Leute hier so schief beurteilen, ablegen,

Postkarte nach einem Ölgemälde von Georg Oswald May, 1779

das im Grund zwar nichts ist, als dass er jagt, scharf reitet, mit der großen Peitsche klatscht, alles in Gesellschaft des Herzogs. Gewiss, dies sind seine Neigungen nicht; aber eine Weile muss er's so treiben, um den Herzog zu gewinnen und dann Gutes zu stiften. So denk ich davon [...]«[3]

»Goethe kommt nicht wieder von hier los«, schreibt Wieland an Johann Heinrich Merck. »Carl August kann nicht mehr ohne ihn schwimmen noch waten. Es ist aber noch nichts Entschiednes.«[4]

Von Goethe wird Merck ebenfalls über den Lauf der Dinge in Weimar unterrichtet: »*Ich bin nun ganz in alle Hof- und politische Händel verwickelt und werde fast nicht wieder wegkönnen. Meine Lage ist vorteilhaft genug und die Herzogtümer Weimar und Eisenach immer ein Schauplatz, um zu versuchen, wie einem die Weltrolle zu Gesicht stünde.*«[5]

Hinter dieser ironischen Übertreibung steckt der ernsthafte Wunsch, sich zu bewähren, Verbesserungen zu erreichen, der Wunsch nach »Resultaten«, die nach Goethes Auffassung nur die Politik zuwege bringen könne, nicht die Poesie.

Goethe setzt sich dafür ein, Johann Gottfried Herder nach Weimar zu berufen. Als Generalsuperintendenten und Oberhofprediger, ins höchste geistliche Amt also. Für die Goethe-Partei inner- und außerhalb Weimars ein Rosenschimmer am Horizont: Herder hat einen guten Ruf und ist als Oberhofprediger eine ausgezeichnete Wahl. Goethe zeigt damit, dass er gesonnen ist, sich um Verwaltungsangelegenheiten zu kümmern, Initiative zu ergreifen.

Die Anti-Goethe-Partei überbietet sich in Berichten, wonach Goethe und Carl August sich aufführten wie Vandalen, söffen und herumhurten. Neulich hätten sie abends auf der

Straße einer armen Frau den Rock über den Kopf gezogen und zusammengebunden!

Ein anderes unstatthaftes Benehmen wird diskreter behandelt. Von Anfang an macht Goethe ganz unverhohlen Charlotte von Stein den Hof, schreibt ihr leidenschaftliche Liebesbriefe.

»*Lieber Engel. Ich ließ meine Briefe holen, und es verdross mich, dass kein Wort drin war von dir, kein Wort mit Bleistift, kein ›Guter Abend‹. Liebe Frau, leide [dulde], dass ich dich so lieb habe. Wenn ich jemand lieber haben kann, will ich dir's sagen. Will dich ungeplagt lassen. Adieu, Gold, du begreifst nicht, wie ich dich lieb habe.*«[6]

Charlotte von Stein ist um einige Jahre älter als Goethe und verheiratet, sie hat ihrem Mann sieben Kinder geboren, von denen drei noch am Leben sind. Von Sexualität, von Erotik will sie nichts wissen. Doch eine reine, seelische Liebe wäre in Betracht zu ziehen. Goethes Manieren müssten sich allerdings bessern. An Zimmermann schreibt sie: »Und nun sein unanständiges Betragen mit Flüchen, mit pöbelhaften, niedrigen Ausdrücken. Auf sein moralisches, sobald es aufs Handeln ankommt, wird's vielleicht keinen Einfluss haben; aber er verdirbt andre. Der Herzog hat sich wunderbar [meint hier: sonderbar] geändert. Gestern war er bei mir, behauptete, dass alle Leute mit Anstand, mit Manieren nicht den Namen eines ehrlichen Mannes tragen könnten! […] Das ist nun alles von Goethen, von dem Menschen, der für Tausende Kopf und Herz hat, der alle Sachen so klar, ohne Vorurteile sieht, sobald er nur will, der über alles kann Herr werden, was er will! Ich fühl's, Goethe und ich werden niemals Freunde. Auch seine Art, mit unserm Geschlecht umzugehen, gefällt mir nicht. Er ist eigentlich, was man coquet nennt. Es ist nicht Achtung genug in seinem Umgang.«[7]

Goethes Liebesbriefe und Gedichte an sie werden von ihr wohlweislich verschwiegen.

Es ist günstig für Goethes Strategie der ersten Weimarer Zeit, dass er sich auf Kinder versteht. Der achtzehnjährige Carl August ist noch ein halbes Kind, das sich in seiner neugewonnenen Freiheit erst einmal austoben will. Es trifft sich auch gut, dass Goethe gern andere belehrt und erzieht. Als ihm vor vielen Jahren ein kleiner Bruder starb, zeigte er seinen Eltern Hefte, die er zur späteren Unterrichtung des Brüderchens bereits heimlich angelegt hatte. Nun ist ihm wieder ein jüngerer Bruder erstanden. Und er ist ein richtiger Fürst! Von der Öffentlichkeit unbemerkt, führen die beiden jungen Männer nächtelang ernsthafte Gespräche, auch zu politischen Themen.

Nach Goethes Auffassung, die er vor allem dem Traktat *Patriotische Fantasien* von Justus Möser verdankt, besteht die wahre staatsmäßige Weisheit in der Vermittlung des Zeitgemäßen, Fortschrittlichen mit den traditionellen Rechtsgütern und Einrichtungen, also in einem »konservativen Reformismus«. Zu den notwendigen Reformen gehört in erster Linie eine systematische Verbesserung der Lage der Bauern. Dazu gehört – ebenso unabdingbar – eine Verringerung der Ausgaben für die Hofhaltung.

Die Sauhatz, mit der Carl August sich am liebsten vergnügt, macht Goethe wenig Freude, im Gegenteil: Die enormen Schäden, die Wildschweine und Jäger auf den Feldern anrichten, bedrücken ihn. Einmal tritt er, als Bauer verkleidet, vor den Herzog und appelliert an ihn, die Existenzgrundlage seiner Untertanen zu schonen. Aber auch die Todesverachtung des jungen Fürsten, der lebt, als gäbe es kein Morgen, beunruhigt Goethe; vorsichtig gemahnt er ihn an die Verantwortung, die er trägt – für das Landeswohl und damit für sich selbst. Das Gerücht, er teile sich auf den Ausritten mit Carl August nicht nur das Lager, sondern auch die Mädchen, ist Goethe peinlich. Andererseits kommen die Schauermärchen über seinen unmoralischen Lebenswandel ihm gar nicht so ungelegen: Goethe fleht Charlotte von Stein an, ihm zu Reinheit und Ruhe zu verhelfen. Er ist kokett, das sieht sie ganz richtig.

> *»Welche Seligkeit glich jenen Wonnestunden,*
> *Da er dankbar dir zu Füßen lag,*
> *Fühlt' sein Herz an deinem Herzen schwellen,*
> *Fühlte sich in deinem Auge gut,*
> *Alle seine Sinnen sich erhellen*
> *Und beruhigen sein brausend Blut.«*[8]

Einer, den das Weimarer Lotterleben ebenfalls mit Sorge erfüllt, ist Friedrich Gottlieb Klopstock in Hamburg. Er schreibt einen strengen Brief an Goethe und fährt darin die schwersten Geschütze auf: Carl August könne sich mit diesem Lebenswandel sein frühes Grab schaufeln!

Goethe antwortet kurzangebunden und kalt: *»Verschonen Sie uns ins Künftige mit solchen Briefen, lieber Klopstock!«*[9]

Die Schärfe in Goethes Ton ist neu. Goethe ist eher konfliktscheu und vermeidet direkte Auseinandersetzungen. Sein Ventil ist der Spott, die Karikatur. Wenn er darin zu weit ging, wenn er jemandem unrecht tat – wie seinerzeit Wieland –, entschuldigt er sich dafür. Die harte Antwort an Klopstock zeigt, dass er sich hier im Recht fühlt. Klopstock hat keine Ahnung, worum es in Weimar geht, welcher Art Goethes Einfluss auf den Herzog ist. Carl August und Goethe haben nicht nur miteinander getobt und gesoffen, auf Teufel komm raus gejagt und mit der Peitsche geknallt. Sie haben sich nicht nur mit »Werther-Tracht« kostümiert und braven Bürgern Streiche gespielt. Geleitet von Goethes Einfühlungsvermögen, gesichert durch ihre gegenseitige Zuneigung, vollziehen sich in diesen Monaten Rituale der Freundschaftserprobung und -bewährung, die nicht nur in eine große Vertrautheit, sondern auch in ein tiefes Vertrauen zueinander münden. Beide wissen am Ende dieser stürmischen Periode, dass sie im anderen einen bedingungslosen Rückhalt haben. Von nun an können sie sich auf die Treue und Aufrichtigkeit des Freundes verlassen. Das aber bedeutet: Machtgewinn.

Carl August kauft ein Grundstück an den Ilmwiesen vor der Stadt mit einem Gartenhaus darauf, das er Goethe zum Geschenk macht. Im Juni 1776 gibt der Herzog seine Entscheidung bekannt, Goethe Staatsämter zu übertragen, ja ihn unter Übergehung verdienter und lang gedienter Beamter ins höchste Entscheidungsgremium, das Geheime Consilium, einzuberufen, ihn also offiziell in Regierungsentscheidungen einzubeziehen. Herder bezieht seinen Posten in Weimar, weit davon entfernt, dankbar oder zufrieden zu sein. Mit Ausnahme des literarischen Salons von Anna Amalia, wo er stets ein hochgeschätzter Gast ist, findet Herder sich nicht in die höfische Welt, in der Goethe sich so sicher bewegt und in der er der Favorit ist.

Nach und nach wird Goethe Vorsitzender der Wegebaukommission, der Kriegskommission, der Kommission für den Bergbau. Schließlich, 1782, wird Carl August ihn noch zum Leiter der Finanzverwaltung ernennen. Seine Pflichten reichen von Einzelaufgaben, wie die Ausarbeitung von Feuerverhütungsvorschriften, bis zu generellen Aufgaben, wie die Zuständigkeit für die Beziehungen zwischen den benachbarten Fürstentümern während des Bayerischen Erbfolgekrieges. Der Grund für diese Anhäufung von Ämtern liegt nicht nur im Vertrauen des Herzogs in die Fähigkeiten des Freundes, sondern auch in Goethes eigenem Wunsch. Er hat begonnen, sein Amt als sittliche Erprobung anzusehen. *Die Forderung des Tages* soll an die Stelle der genialen Eingebung treten.

Es ist instinktive Selbstrettung aus einer Lebenskrise und zugleich Teil eines großen Plans der Selbsterziehung, die ihn zu einem besseren Menschen formen soll. Goethe verordnet sich Disziplin und Zuverlässigkeit, befiehlt sich die getreuliche Durchführung auch noch der trockensten Pflichten und Aufgaben. »*Aushalten und standhaft sein im gegenwärtigen Zustand*« wird zu seiner Devise.[10] Er ordnet sich der Arbeit auf eine Weise unter, die allmählich zur Arbeitssucht wird. Als wäre rastloses Tätigsein das Mittel, seiner inneren Unrast Herr zu werden. Das »Problem des selbstherrlichen Lebens«[11], an dem die Sturm-und-Drang-Bewegung ihre Grenze findet, ist von Goethe als Erstem erkannt.

Zahlreiche Selbstinterpretationen des jungen Geheimrats zeigen, wie schwer ihm die Anpassung an die Bedingungen des so völlig anderen Lebens im Weimarer Hofdienst fällt, wie er tapfer versucht, die Schwierigkeiten und Enttäuschungen in einen Gewinn für seine Persönlichkeit umzudeuten. So schreibt er an Fritz Jacobi, ein Bild aus der Metallveredelung gebrauchend: »*Wenn du eine glühende Masse Eisen auf dem Herde siehst, so denkst du nicht, dass so viel Schlacken drin stecken [...], wenn es unter den großen Hammer kommt. Dann scheidet sich der Unrat [...] und fließt und stiebt in glühenden Tropfen und Funken davon, und das gediegene Erz bleibt dem Arbeiter in der Zange. Es scheint, als wenn es eines so gewaltigen Hammers bedurft habe, um meine Natur von den vielen Schlacken zu befreien und mein Herz gediegen zu machen.«*[12]

Nicht nur Berufene kommen nach Weimar, auch Ungerufene. Das »Kraftgenie« Friedrich Maximilian Klinger erscheint, der Wildeste aller jungen Wilden. Der Titel seines Dramas *Sturm und Drang* ist es ja, der der literarischen Bewegung ihren Namen gab. Klinger erregt mit seinen kraftmeierischen Auftritten unangenehmes Aufsehen, drängt darauf, sein alter Freund möge ihm ein Amt als Offizier in des Herzogs Armee verschaffen, und wird von Goethe schließlich energisch überredet, wieder abzufahren. Noch kein halbes Jahr ist seit Goethes Ankunft vergangen; nun ist er selbst es, dem der öffentliche Anstand am Herzen liegt und der Skandale, die man mit ihm in Zusammenhang bringt, nicht gebrauchen kann. Er trägt jetzt Verantwortung, er wird beobachtet, von allen wird sein Verhalten beurteilt, nicht zuletzt von Charlotte von Stein. Eine Frau, die er verehrt und begehrt, ohne sie von ihrer Sittsamkeit abbringen zu können.

Goethe schickt ihr mitleiderregende Seelenkampf-Berichte, die mit einem Kapitulationsversprechen enden: *»Warum soll ich dich plagen! Liebstes Geschöpf! – Warum mich betrügen und dich plagen und so fort. – Wir können einander nichts sein und sind einander zu viel. [...] Aber eben, weil ich die Sachen nur seh, wie sie sind, das macht mich rasend. Gute Nacht, Engel, und guten Morgen. Ich will dich nicht wiedersehen – Nur – du weißt alles – Ich hab mein Herz – Es ist alles dumm, was ich sagen könnte. – Ich seh dich eben künftig, wie man Sterne sieht! – Denk das durch.«*[13]

Im Gedicht ist Charlotte für ihn bereits zum Gestirn geworden.

»*Mir ist es, denk ich nur an dich,*
Als in den Mond zu sehn;
Ein stiller Friede kommt auf mich,
Weiß nicht, wie mir geschehn.«[14]

Wielands Bericht über Goethes frühe Amtszeit ist vorwiegend positiv: »Goethe lebt und regiert und wütet und gibt Regenwetter und Sonnenschein [...] und macht uns glücklich, er mache, was er will.«[15]

Weniger glücklich, vielmehr äußerst besorgt und verdrossen reagieren die adeligen Kreise in Weimar. Mit höchstem Missfallen wird beobachtet, dass es offenbar Mode wird, bedeutende Ämter an Leute zu vergeben, welche – so etwa Siegmund von Seckendorf an seinen Bruder – »bisher nur zur Unterhaltung der Herren da waren«.[16] Doch bald verwandelt sich die empörte Ablehnung gegen den mitregierenden *Werther*-Dichter, der gewissenhaft allen seinen Aufgaben nachkommt und niemals einen Termin versäumt, auch bei Hofe in vorsichtiges Abwarten. »Goethe, seit kurzem Geheimer Legationsrat mit Zutritt zum Consilium, ist der erklärte Günstling des Herzogs und der Schützling der beiden Herzoginnen. [...] Trotz der Neigung, die er ehemals für die Satire, die an die Schmähschrift grenzt, bewiesen hat, scheint er ein rechtschaffener Mann zu sein und zeigt ehrenhafte Gesinnungen.«[17]

Auch Johann Michael Reinhold Lenz landet in Weimar. »Der lahme Kranich ist angekommen«, steht auf einem Zettel, den er vom Gasthof aus schickt. Lenz erwartet sich Wunder von »seinem Goethe«, der ihn auch dem Herzog vorstellt, ihn bei Hof einführt und ihn Charlotte von Stein ans Herz legt. »*Sie werden das kleine, wunderliche Ding sehen. Und ihm gut werden.*«[18] Der

Ton ist gönnerhaft. Früher hat Goethe sich und den Freund als *»zwei tolle Dichterherzen«* bezeichnet. Jetzt, da er bestrebt ist, eigene Tollheiten vergessen zu machen, stoßen ihm die Tollheiten des Freundes unangenehm auf. Lenz benimmt sich daneben. Er kaspert. Er erscheint im Dominokostüm bei einem Ball der Hofgesellschaft, auf dem nur der Adel Zutritt hat, und fordert eine der Damen zum Tanz auf. Der Herzog amüsiert sich, Goethe findet die *»Eselei«* weniger lustig. Es irritiert ihn auch, dass Lenz hochfliegende politische Pläne hat und hofft, bei Carl August Gehör dafür zu finden. Lenzens Ideen für eine Heeresreform hält er für *»bizarr«*.

Im Juni, als Goethe Regierungsämter übertragen werden, zieht Lenz sich aus Weimar zurück, wo alles ihn enttäuscht hat, und sucht Ruhe in der Einsamkeit. Im drei Kilometer entfernten Berka findet er eine notdürftige Unterkunft. Goethe kümmert sich um den Freund, unterstützt ihn mit Lebensmitteln, Kleidung und Geld. Auch andere, die *»das kleine wunderliche Ding«* rührt, sorgen sich um Lenz. Charlotte von Stein lädt ihn sogar zum Sommeraufenthalt auf ihr Landgut Groß-Kochberg ein. Goethe, der ahnt, dass Lenz sich in Charlotte verlieben wird, ist so verstimmt, dass er sich weigert, die beiden dort zu besuchen. Lenz ist für ihn zum *»Splitter im Fleisch«* geworden wie vor ihm Klinger. Doch wird es diesmal schwieriger sein, den Splitter herauszuziehen, Lenz dazu zu überreden, aus dem Herzogtum zu verschwinden. Klinger ist eine starke Natur, er weiß sich zu helfen. Lenz ist schwach und verzweifelt.

Goethe hat für die Weimarer Liebhaberbühne ein kleines Drama gedichtet, *Die Geschwister* – eine mehr als deutliche Anspielung auf seine »geschwisterliche« und doch so leidenschaftliche Beziehung zu Charlotte von Stein. Bei der Aufführung des Stücks am 21. November 1776 spielt er selbst die männliche Hauptrolle. Wenige Tage danach kommt es zu einem Vorfall, der bis heute Rätsel aufgibt. Lenz hat wieder eine »*Eselei*« begangen, wie Goethe in seinem Tagebuch notiert. Etwas ist geschehen, das Goethe nicht erläutert, das ihm jedoch schwerwiegend genug erscheint, bei Carl August die Ausweisung des Freundes aus Weimar zu erwirken. Eine Maßnahme, die anderen als zu hart für den mittellosen, labilen Menschen erscheint. Einige Leute, darunter Charlotte, setzen sich für Lenz ein. Doch Goethe bleibt fest und ungerührt. Und damit ist die Sache für den Herzog entschieden.

Mutmaßungen gehen dahin, dass Lenz sich in einer Spottschrift über Goethes Beziehung zu Frau von Stein lustig machte. Angesichts seiner eigenen Verehrung für sie ist das eher unwahrscheinlich. In eine andere Richtung geht die Annahme, Lenz hätte Goethe als Dichter angegriffen. Doch da wäre er nicht der Einzige gewesen. Kritik von Freunden gab es immer – von Herder, von Merck. Äußerungen fielen, die Goethe kränkten, ja entmutigten, doch deshalb kündigte er nicht gleich die Freundschaft auf. Lenz' Drama *Der Waldbruder*, jüngst geschrieben und Goethe gleich gezeigt, befasst sich allerdings nicht mit dessen Dichtung, sondern mit seinem Charakter und ist voll beleidigender Unterstellungen.

Mehr noch als diese offene Feindseligkeit beunruhigt Goethe, dass Lenz einen unstillbaren Drang zur Intrige hat. Dass man nicht weiß, was er als Nächstes anrichten wird. Mit seinen stürmischen Gefühlen – ein explosives Gemisch aus Schwärmerei und Wut – ist er für Goethe unerträglich geworden.

»*Lenzens Eselei*«, ein geringfügiger Vorfall – vermutlich eine dumme Bemerkung, die der Hofgesellschaft eilfertig zugetragen wurde – ist für Goethe der Anlass, den Freund ein für alle Mal aus seinem Leben zu entfernen.

Denn da steht noch etwas Dunkles zwischen ihnen. Ein Verdacht, den Goethe seit einiger Zeit hegt und den er nicht auszusprechen vermag, da die Gefühle dahinter zu tief sind: Könnte Lenz jener »Wohlmeinende« sein, der die Familie Schönemann über Friederike Brion informierte? Längst ist Goethe davon unterrichtet, dass dies der wahre Grund für Lili war, die Verlobung zu lösen. Jene Entscheidung traf sie erst, als sie von ihrer Mutter hörte, dass er ein Mädchen in Sesenheim treulos verließ. Von wem konnte die Mutter es erfahren haben, wenn nicht von Lenz! Er muss an die Schönemanns geschrieben und Andeutungen gemacht haben, dass Goethe Friederike das Herz brach. Angestiftet vielleicht durch Cornelia, die diese Heirat verhindern wollte. Hat sie Lenz vorgeschlagen, Lili über die Treulosigkeit ihres Verlobten aufzuklären – ihr zuliebe? Lenz war Cornelia ergeben! Er muss seinen Brief im Sommer 1775 abgeschickt haben, während Goethe mit den Grafen Stolberg durch die Schweiz reiste. Als er zurückkam, war Lili wie verwandelt.

Von der Unterredung, die er mit Lenz nach dessen *»Eselei«* führt, ist nichts überliefert, nur dass Goethe alle seine Briefe von ihm zurückforderte, denn am nächsten Tag schickt er seinen Diener, um sie zu holen. Lenz bittet inständig darum, sich rechtfertigen zu dürfen. Goethe lehnt es ab, nochmals mit ihm zu sprechen oder einen Brief von ihm anzunehmen. Und noch einer ist ungerührt: Herder. Er weigert sich, zwischen Lenz und Goethe zu vermitteln, stellt Lenz aber in Aussicht, ein gemeinsamer Freund würde ihn mit in die Schweiz nehmen, er solle in Erfurt darauf warten, abgeholt zu werden. »Sudle und lauere aber nicht, sondern geh!« So endet Herders Brief.[19] Lenz verlässt Weimar.

Im Jahr darauf erbittet Goethe vom Herzog eine kurze Beurlaubung. Goethe macht keine Angabe über sein Ziel. Er reist unter falschem Namen, verschwindet.

Goethe hat sich entschlossen, mitten in der unwirtlichen Jahreszeit ins Harzgebirge zu reiten und die Besteigung des höchsten Berges Norddeutschlands, des Brocken, zu wagen. Eine Mutprobe? Eine Wette auf seinen weiteren Verbleib in Weimar? Gelingt mir der Aufstieg und komme ich glücklich wieder herunter, so bleibe ich?

Geht es um die Frage nach seiner wirklichen Berufung? Einige Zeilen des Gedichtes *Harzreise im Winter* deuten darauf hin, dass Goethe sich damals einem »Schicksalsspruch« anvertraute.

*»Denn ein Gott hat
Jedem seine Bahn
Vorgezeichnet.«*[20]

Die Besteigung des verschneiten Brocken, auf den sich um diese Jahreszeit selbst erfahrene Bergführer nicht wagen, gelingt. Somit gilt es, in Weimar zu bleiben. Doch Goethe erhält noch einen anderen Fingerzeig für »*seine Bahn*«: Beim glücklichen Abstieg, überwältigt vom Naturschauspiel und halbtot von der körperlichen Anstrengung, meint er auf einmal, die Welt um sich her auf neue, ganz ungeahnte Weise zu sehen. Die Schatten im Schnee erscheinen in leuchtendem Grün, alles sieht er buchstäblich in neuem Licht. Sollte er – ergriffen und ergreifend – die Natur erkennen können, wie keiner sie erkennt? Im Schauen sie ergründen können? Später wird sich diese Ahnung zur Gewissheit verdichten. 1786 heißt es in einem Brief an Jacobi: »*Wenn du sagst, man könne an Gott nur glauben, so sage ich dir, ich halte viel aufs Schauen.*« Gerade die Philosophie Spinozas gebe ihm Mut, schreibt Goethe, »*mein ganzes Leben der Betrachtung der Dinge zu widmen, die ich reichen* [erfassen] *und von deren essentia formali* [Formgesetzen] *ich mir eine adäquate Idee zu bilden hoffen kann*«.[21]

Goethes Liebe zur Natur hat sich in Weimar zu einer aufmerksameren, geduldigeren, zärtlicheren und zugleich pragmatischeren Beziehung gewandelt. Angefangen beim Garten, den der Herzog ihm geschenkt hat und dessen Bebauung und Pflege ihm Erlebnisse ganz anderer Art vermitteln als die »empfindsamen« Wanderungen seiner Jugend.

Seine Beteiligung an der Parkgestaltung des Ilmtales, seine Tätigkeit in der Wegebaukommission, ja selbst die Jagden mit dem Herzog vermitteln ihm willkommene Einsichten über Waldungen und Gehölze.

Ein stillgelegtes Silberbergwerk bei Ilmenau soll wiederhergestellt werden. Exkursionen und Untersuchungen, die das Unternehmen erfordert und an denen Goethe sich eifrig beteiligt, wecken ein weiteres neues Interesse in ihm: Mineralogie. Minerale jeder Art faszinieren ihn. Vor allem aber jenes ursprünglichste Gestein, auf dem ihm alles zu beruhen scheint, das Härteste, Unzerstörbarste: Granit.

Die Unerschütterlichkeit dieses Minerals erscheint Goethe als Symbol der allumfassenden Geborgenheit in der Natur und somit in Gott. Als Garant einer höheren Ordnung und Harmonie, zu der auch der nach Erkenntnis strebende Mensch einst finden kann.

1777 stirbt Cornelia Goethe, verheiratete Schlosser, nach der Geburt einer Tochter. Die Geschwister haben einander in den letzten zwei Jahren nicht mehr gesehen. Goethe schreibt an Charlotte von Stein: »*Um achte war ich in meinem Garten, fand alles gut und wohl und ging mit mir selbst, mitunter lesend, auf und ab. Um neun kriegte ich [einen] Brief, dass meine Schwester tot sei. – Ich kann nun weiter nichts sagen.*«[22]

So sehr Goethe die Natur liebt, ihre Wasser, ihre Wolken, ihren festen, steinernen Urgrund, so gern er den still und treu wachsenden Garten pflegt und bepflanzt, so lästig ist ihm das Hofleben in den großen Residenzen. Am kleinen Weimarer Hof hat er alles im Griff, hier kann er wirken und bewirken. Zwischen der Herzogin-Witwe Anna Amalia und ihm herrscht herzliches Einvernehmen; die in ihrer Ehe recht unglückliche Herzogin Luise verehrt er aufrichtig und versteht sich als Mittler zwischen ihr und Carl August. Tatsächlich bringt Goethe es mit viel Intuition fertig, die beträchtlichen Spannungen innerhalb der herzoglichen Familie auszugleichen.

Zu Knebel, Wieland, Herder unterhält er gute, zumindest solide Freundschaftsbeziehungen. Im Geologen Carl Wilhelm Voigt ist ihm ein neuer geschätzter Freund erwachsen.

Werden ihm die Geselligkeiten zu viel, so zieht er sich für einige Abende in sein Gartenhaus zurück und schließt Türen und Tore ab. Mit dieser kleinen Freiheit lebt es sich durchaus gut in Weimar.

Widerwärtig dagegen die Zustände an den größeren Höfen, an denen Goethe ebenfalls zu verkehren und zu verhandeln hat. Dort herrschen Falschheit und Intrige, Missgunst und Neid. Schockiert ist Goethe von den Zuständen am Hof Friedrichs des Großen. Den König hat er beim Besuch in Potsdam zwar nicht zu Gesicht bekommen, doch seine Umgebung hat er erlebt, seine Militärs und Höflinge. *»Dem alten Fritz bin ich recht nah geworden, da ich hab sein Wesen gesehen, sein Gold, Silber, Marmor, Affen, Papageien und zerrissene Vorhänge, und hab über den großen Menschen seine eignen Lumpenhunde räsonnieren hören«*, schreibt er an Merck.[23] Der kalten, falschen Welt des Hofes hat Goethe schon immer kritisch gegenübergestanden; im *Götz*, im *Werther* hat er sie bloßgestellt. Und doch hatte er bis zu seiner Reise nach Preußen noch Illusionen über die Großen und ihre Macht. *»So viel kann ich sagen: Je größer die Welt, desto garstiger wird die Farce«*, schreibt er an Charlotte.[24]

Die wirtschaftliche Lage des Herzogtums Sachsen-Weimar verbessert sich nur langsam; zu sehr heruntergewirtschaftet ist es durch die Ausbeutung vorangegangener Fürsten, zu unterentwickelt sind Handel und Industrie; die Besserung des Straßen- und Wegebaues geht nur zäh voran. Doch das Residenzstädtchen, zusammen mit der nahe gelegenen Universitätsstadt Jena, wird immer deutlicher zum geistigen und künstlerischen Zentrum. Goethe, ohne ein ausdrückliches Amt hierfür innezuhaben, ist auch zuständig für Kunst und Kultur des Landes, vor allem für das Weimarer Liebhabertheater, für das er jährlich zwei bis drei Stücke schreibt. Nun, da er eine Bühne hat, frönt er seiner Lust am Inszenieren und Ausstatten, wird er zum »Theatermacher«. Was bei einem Lesedrama wie dem *Götz* der Fantasie überlassen bleiben musste, wird nun Realität.

Zumindest Bühnenrealität. Goethe ist zuständig nicht nur für die Dramaturgie, sondern auch für die Regie, die Kulissen, die Farben- und Lichteffekte. Alles will er gestalten.

Neben Weimar werden auch die benachbarten Schlösser Ettersburg, Tiefurt, Belvedere zu Aufführungsorten. Gern wird im Freien inszeniert; Landschaft, Himmel, Gewässer werden ins Spiel mit einbezogen. Goethe leitet die Einstudierung der Stücke und die Proben, er tritt in humoristischen und ernsten Rollen auf. Auch die Herzogin-Witwe, auch der Herzog und sein Bruder übernehmen Rollen, die übrigen Darsteller sind Hofbeamte, Militärs, Hofdamen und Pagen. Wasserspiele und Flammenzauber, Feen und Geistererscheinungen werden effektvoll in Szene gesetzt. Im Singspiel *Die Fischerin* erlebt im nächtlichen, durch Fackeln erhellten Garten des Schlosses Belvedere Goethes schaurige Ballade vom *Erlkönig* ihre Premiere:

»*Mein Vater, mein Vater, und hörest du nicht,*
Was Erlenkönig mir leise verspricht? –
Sei ruhig, bleibe ruhig, mein Kind!
In dürren Blättern säuselt der Wind. –

»*Willst, feiner Knabe, du mit mir gehn?*
Meine Töchter sollen dich warten schön;
Meine Töchter führen den nächtlichen Reihn
Und wiegen und tanzen und singen dich ein.«[25]

Goethe hat einen Roman begonnen, der starke Bezüge zum eigenen Leben aufweist, ohne jedoch autobiografisch zu sein: *Wilhelm Meisters theatralische Sendung*. *Wilhelm Meister* gleicht der Anordnung eines Experiments, von dem der Versuchsleiter nicht weiß, wie Verlauf und Ergebnis aussehen werden: Was geschieht, wenn einer wie Wilhelm als junger Mann der vorgesehenen bürgerlichen Laufbahn abschwört und zum Theater geht? Ist das Theater seine wahre Bestimmung? Seine Lebensaufgabe? Seine »Sendung«? Wird er vielleicht sogar ein deutsches Nationaltheater begründen? Als deutscher Nationaldichter gefeiert werden? *»Welche köstliche Empfindung müsste es sein, wenn man der Menge das Mitgefühl alles Menschlichen geben, wenn man sie mit der Vorstellung des Glücks und Unglücks, der Weisheit und Torheit, ja des Unsinns und der Albernheit entzünden, erschüttern und ihr stockendes Innere in freie, lebhafte und reine Bewegung setzen könnte!«*[26], lässt Goethe Wilhelm schwärmen. Wie aber steht es mit ihm selbst?

Was für ein gewaltiges Versprechen der *Götz* war! Und danach? Ein *Clavigo*, eine *Stella*, eine *Claudine*! Zu einem gefälligen Hofdichter ist er herabgesunken! Er, der einst ein zweiter Shakespeare, ein zweiter Molière sein wollte!

Wie Shakespeare, wie Molière, ist auch Goethe der geborene Schauspieler. Zwar kein professioneller, jedoch ein überaus begabter Laie. Wenn er aus dem *Faust* vorliest, wenn er seine Balladen vorträgt, reißt er die Zuhörer mit.

Das eigentlich Wunderbare an Goethes Gedichten ist, dass sie die Kunst ihres Vortrags gleichsam schon in sich enthalten. Man könne sie nicht beliebig schnell oder langsam lesen, da sie »ihr ganz eigenes rhythmisches Profil und klangliches Wesen« haben[28], schreibt der Literaturhistoriker Korff. Und an anderer Stelle heißt es bei ihm über Goethes Verse: »Sie schmiegen sich dem jeweiligen Gedanken- oder Gefühlsstrom so vollständig an wie ein nasses Gewand dem Körper.«[29]

Nicht nur Laien spielen auf den Weimarer Liebhaberbühnen. Schon kurz nach Beginn seiner Amtszeit ist es Goethe gelungen, die berühmte Corona Schröter für sein Theater zu verpflichten. Vor mehr als einem Jahrzehnt, als sechzehnjähriger Student in Leipzig, hat er die damals ebenfalls blutjunge Schauspielerin bewundert. Corona Schröter ist schön und gebildet, überdies eine begabte Komponistin. Sowohl Goethe als auch der Herzog verlieben sich in sie. Man picknickt gemeinsam in der herzoglichen Parkanlage an der Ilm. Corona in ein freizügiges, halbdurchsichtiges Schleierkleid gehüllt, allerdings stets behütet von ihrer Anstandsdame. Ein paradiesischer Anblick, der den Tratsch sprudeln und die Gerüchteküche brodeln lässt. Was die Ehe Carl Augusts nicht gerade glücklicher macht.

Für Goethe ist seine Verliebtheit in Corona das hocherwünschte Gegengewicht zu seiner schwierigen Beziehung zu Charlotte. Corona Schröter aber ist – trotz ihres berüchtigten Berufs, trotz des großzügigen Zurschaustellens ihrer Schönheit – nicht weniger keusch als die Hofdame. Und Goethes Wünsche gehen über einen Flirt ja auch nicht hinaus. Im Gegenteil: Eine Affäre zwischen einem Theaterprinzipal und einer Schauspielerin hätte er als ungehörig empfunden.

Carl August kennt solche Skrupel nicht. Seiner hartnäckigen Werbung muss Corona so charmant und diplomatisch wie möglich widerstehen. Goethe platzt in ein Tête-à-Tête zwischen dem Herzog und der Schauspielerin, erleidet einen seiner berüchtigten Eifersuchtsanfälle und macht Corona Schröter eine Szene, die er danach zutiefst bereut. Eine Unbeherrschtheit, die ihn fast Coronas Freundschaft kostet, die den Herzog heftig verärgert und die dem Hornissenschwarm des Hofklatsches wieder etwas zu summen gibt.

Mehr denn je ist Goethe nach dieser peinlichen Entgleisung bestrebt, sich seinem Ideal der Mäßigung und Sittlichkeit anzunähern. Sich der strengen Selbstkontrolle zu unterwerfen, die Charlotte ihm vorgibt und vorlebt. Er tut dies nicht nur ihr zuliebe, sondern weil ein solcher Prozess der Besserung und Läuterung bis zu einem gewissen Grad seinem eigenen Ideal entspricht. Selbstvervollkommnung war von jeher sein Ziel, Reinheit (was immer man darunter verstehen mag) ihre anscheinend notwendige Bedingung. Die unerbittliche Forderung Charlottes nach völliger Vergeistigung ihrer Liebesbeziehung kommt also einem Teil seines Wesens durchaus entgegen. Der andere Teil leidet Qualen.

Aus Goethes Verherrlichung des Tugendideals, seiner Idee eines »*besseren Selbst*«, befreit von Leidenschaften und Trieben, entspringt das Stück *Iphigenie auf Tauris*, eine Umformung des klassischen Dramas von Euripides.

Iphigenie, die Tochter des Agamemnon, aus dem fluchbeladenen Geschlecht der Tantaliden, wird vom Vater den Göttern geopfert, um die Allmächtigen für seine Fahrt nach Troja gnädig zu stimmen. Diana (die Göttin der Keuschheit) aber rettet Iphigenie und bringt sie auf die Insel Tauris. Agamemnon wird nach seiner Rückkehr aus dem Trojanischen Krieg von seiner Frau Klytämnestra ermordet. Die Götter befehlen ihrem Sohn Orest, den Vater zu rächen und die Mutter zu töten. Orest vollstreckt den Befehl der Götter und wird seitdem von den Rachegeistern, den Erinnyen, verfolgt.

Die Figur der *Iphigenie* ist eine Huldigung an Charlotte von Stein. Zugleich fällt es Goethe leicht, sich seinerseits mit Orest zu identifizieren. Ist es ihm nicht selbst manchmal vorgekommen, als sei er ein von den Furien Gehetzter?

Der Muttermörder Orest flüchtet sich nach Tauris, weil

das Orakel ihm geweissagt hat, seine Qualen würden dort ein Ende finden. Orest ahnt nicht, dass seine Schwester Iphigenie auf Tauris lebt und Priesterin der Göttin Diana ist. Fremdlinge, die es an diese Küste verschlägt, sollen dem Brauch nach getötet und der Göttin geopfert werden. Doch zu der schrecklichen Tat kommt es nicht. Die Geschwister erkennen einander und Iphigenie rettet Orest und seinen Gefährten Pylades vor dem Opfertod. Nicht jedoch – wie im klassischen griechischen Drama – durch Lüge und List, sondern durch Wahrhaftigkeit und Würde. Thoas, der König der Taurer, ist in Liebe zu Iphigenie entbrannt und will sie heiraten. Gerührt von ihrer Tugend, verzichtet er und lässt die Griechen ziehen.

Der Augenblick, in dem Iphigenie unter Risiko ihres Lebens Thoas die Wahrheit enthüllt, sich also scheinbar dem Ratschluss der Götter unterwirft, wird bei Goethe zu etwas ganz Entgegengesetztem, zu einer Erprobung der Götter. Auch für die Himmlischen soll die menschliche Sittenordnung gelten, wollen sie nicht ihre Existenzberechtigung verlieren.

Dem Hilfeschrei Iphigenies an die Götter »*Rettet mich*« folgt der kühne Zusatz: »*Und rettet euer Bild in meiner Seele.*«[30]

Goethes Ziel ist die Darstellung »reiner Menschlichkeit« – die eigentlich Göttlichkeit ist.

»*Edel sei der Mensch,*
Hilfreich und gut!
Denn das allein
Unterscheidet ihn
Von allen Wesen,
Die wir kennen.«[31]

Iphigenie auf Tauris wird 1781 in einer Prosafassung am Hof von Weimar aufgeführt. Corona Schröter spielt die Titelrolle, Goethe den Orest. Man bewundert das schöne Paar.

Während der folgenden Jahre zieht Corona Schröter sich von der Bühne zurück und gibt nur noch Schauspielunterricht. Als sie 1802 stirbt, ist sie von den Weimarern längst vergessen.

Im Herbst 1779 erfolgt Goethes offizielle Ernennung zum »Geheimen Rat«. Danach treten Carl August und er eine große Reise an, die über den Süden Deutschlands in die Schweiz führt. In Frankfurt logieren sie im Goethe-Haus am Großen Hirschgraben, die Mutter ist glücklich, der Vater nörgelt über die Kosten des Besuchs. In Straßburg sucht Goethe Friederike Brion auf. Eine Begegnung, die er später als ruhig und harmonisch beschreibt. Anschließend stattet er auch Lili einen Besuch ab – inzwischen in Straßburg ansässige Gräfin von Türckheim und seit Kurzem Mutter eines Knaben. Über den Eindruck dieser Wiederbegegnung schreibt Goethe in einem Brief an Charlotte von Stein lakonisch und etwas abwertend – besser gesagt abwehrend: »*Ich ging zu Lili und fand den schönen Grasaffen mit einer Puppe von sieben Wochen spielen.*« Doch nachdem er in gönnerhaftem Ton über Lilis augenscheinliches Eheglück berichtet hat – »*Ihr Mann, aus allem, was ich höre, scheint brav, vernünftig und beschäftigt zu sein, er ist wohlhabend, ein schönes Haus, ansehnliche Familie, einen stattlichen bürgerlichen Rang pp. alles, was sie brauchte pp.*« –, wird der Ton des Briefs doch unerwartet elegisch: »*Er war abwesend. Ich blieb zu Tische und ging in schönem Mondschein weg. Die schöne Empfindung, die mich begleitet, kann ich nicht sagen.*«[32] Das Kapitel Lili erscheint Goethe endlich abgeschlossen.

Mit allem Vergangenen, meint er, hat er nun seinen Frieden gemacht. Und so manches Mal, wenn er aufgewühlt ist und zergrübelt, scheint ihm Frieden alles zu sein, was er noch anstrebt. Der Ton ist schon in *Wandrers Nachtlied* angeschlagen:

>*»Ach, ich bin des Treibens müde,*
>*Was soll all der Schmerz und Lust?*
>*Süßer Friede,*
>*Komm, ach komm in meine Brust!«*[33]

Ein gewaltiger Gegensatz zur Hymne *Wandrers Sturmlied* von 1772. Enthusiasmus und Zuversicht sind der Erschöpfung und der Resignation gewichen.

Auch der Herzog ist – wenngleich auf andere Art und in anderer Hinsicht – friedensbewegt. Der tatendurstige Carl August, von dem Goethe sagt, dass er sein Herzogtum lieber erobert hätte als geerbt, betreibt eifrig Bündnispolitik. Durch Übereinkommen und Verträge sollen die kleinen deutschen Fürstentümer gegen die Interessen der Großen – Österreich und Preußen – einen festen Stand gewinnen. Die lebhafte Reisediplomatie Weimars dient vor allem diesem Zweck. Die Fürsten von Baden, Anhalt-Dessau und Sachsen-Weimar schließen sich im Mai 1779 zu einem Dreierbund zusammen.

Goethe ist erst dreißig Jahre alt und empfindet sich als Mann in fortgeschrittenen Jahren. »*Stiller Rückblick aufs Leben*«, notiert er an seinem Geburtstag im August 1779. Das Resumé gerät zur Selbstanklage: »*Wie kurzsinnig in menschlichen und göttlichen Dingen ich mich umgedreht habe. Wie des Tuns, auch des zweckmäßigen Denkens und Dichtens so wenig, wie in zeitverderbender Empfindung und Schatten-Leidenschaft gar viele Tage vertan, wie wenig mir davon zu Nutzen gekommen und, da die Hälfte des Lebens nun vorüber ist, wie nun kein Weg zurückgelegt, sondern vielmehr ich nur dastehe wie einer, der sich aus dem Wasser rettet und den die Sonne anfängt wohltätig abzutrocknen [...]«*[34]

Viele haben Goethes Entscheidung, Frankfurt zu verlassen und in Weimar Minister zu werden, als größten Fehler seines Lebens angesehen. Einer seiner Biografen, Nicholas Boyle, schreibt über die ersten zehn Weimarer Jahre: »Es war eine Periode der Irrtümer und Fehler – keiner vielleicht größer [...] als die intensive und überlange Beziehung zu Charlotte von Stein – und alle schmerzten im Rückblick.«[35]

Die Irrtümer und Fehler hörten nach dieser Periode allerdings nicht auf. Sie gehören ebenso zu Goethes Lebensweg und zu seinem Wesen wie – so paradox es scheinen mag – seine Unbeirrbarkeit und sein Instinkt.

Um 1780 entsteht Goethes vollkommenstes Gedicht. Natur, Seelenstimmung, Sprache sind darin eins.

»Über allen Gipfeln
Ist Ruh,
In allen Wipfeln
Spürest du
Kaum einen Hauch;
Die Vögelein schweigen im Walde.
Warte nur, balde
Ruhest du auch.«[36]

Goethe hat die Idee zu einem weiteren Theaterstück, wenngleich die Amtsgeschäfte ihm keine Zeit lassen, sie auszuführen, und er das Drama erst Jahre später niederschreiben wird. Es geht darin um das tragische Schicksal Torquato Tassos: ein italienischer Dichter des 16. Jahrhunderts, der zu Beginn seiner Laufbahn wie ein Komet alle Sterne überstrahlte, dann jedoch dem Wahnsinn verfiel. Am Hof des Herzogs von Ferrara war ihm ein kurzes Glück beschieden, ehe sein Geist sich umnachtete.

Im Mittelpunkt des Stücks steht das Missverhältnis zwischen einem Leben, das nur der Poesie geweiht ist, und den Zumutungen und Zwängen einer höfischen Welt, die das heilige Monster »Künstler« bei aller Bewunderung niemals verstehen wird. In der von Tasso geliebten, unerreichbaren Prinzessin Leonore ist wieder einmal Charlotte von Stein porträtiert. Tassos halb sehnsüchtiges, halb kokettes »*Erlaubt ist, was gefällt*« kontert die Prinzessin mit einem entschiedenen »*Erlaubt ist, was sich ziemt*«.

Der Gegenspieler des Torquato Tasso, Antonio, ist als Feindbild des Sturm-und-Drangs angelegt, als kalter Höfling und Rationalist. Tasso dagegen erscheint wie ein Schwanengesang auf Goethes eigene Jugend, auf all den Überschwang und Zauber der »Geniezeit«.

> »*Sein Auge weilt auf dieser Erde kaum;*
> *Sein Ohr vernimmt den Einklang der Natur;*
> *Was die Geschichte reicht, das Leben gibt,*
> *Sein Busen nimmt es gleich und willig auf:*
> *Das weit Zerstreute sammelt sein Gemüt,*
> *Und sein Gefühl belebt das Unbelebte.*«[37]

Doch nicht nur sein früheres Selbst hat Goethe hier erinnert und beschrieben. In der Exaltiertheit und der Verletzlichkeit des Torquato Tasso vermengt er – wie schon im *Werther* – Eigenes und Fremdes. Man kann auch das »*kleine wunderliche Ding*« Lenz erkennen, mit seiner Unsicherheit, seinem Liebesbedürfnis, seinem sich mehr und mehr verwirrenden Geist. Und Goethe fügt nicht nur mehrere Bilder zu einem zusammen, er dividiert auch das eigene Wesen auseinander; wie schon bei Faust/Mephisto oder Clavigo/Carlos zeichnet er als gegensätzliche Charaktere, was in Wahrheit gegensätzliche Züge des eigenen Charakters sind. Antonio ist ein zwar kalter und strenger, doch auch vernünftiger, pflichtbewusster Mann. Sinnbild des Tatmenschen, der sich zu Recht auf die eigene Tüchtigkeit beruft. Wenn doch beide – Tasso und Antonio – einander ergänzen könnten!

»Und wären sie zu ihrem Vorteil klug,
So würden sie als Freunde sich verbinden.
Dann stünden sie für einen Mann und gingen
Mit Macht und Glück und Lust durchs Leben hin.«[38]

Im Drama kommt es zu keiner Verbindung, nicht einmal zur Annäherung der beiden Charaktere. Tasso zerbricht.

Und wie ergeht es Goethe in Weimar? Wo er vor allem die Rolle des »Antonio« spielen muss? In die Entstehungszeit des Ur-*Tasso* fallen erste Äußerungen, wonach die Verwaltungsaufgaben Goethe aufzehren. *»Wie viel wohler wäre mir's, wenn ich, von dem Streit der politischen Elemente abgesondert, den Wissenschaften und Künsten, wozu ich geboren bin, meinen Geist zuwenden könnte«*, schreibt er bereits 1782 an Charlotte.[39]

Carl August erwirkt für Goethe bei Josef II. das Adelsdiplom. Sein Vater, Johann Kaspar Goethe, stirbt und erlebt die Adelserhebung des Sohnes nicht mehr. Sie hätte ihn, den auf sein Patriziertum stolzen Frankfurter Bürger, vermutlich kaum gefreut. Im gleichen Jahr, 1782, erhält Goethe auch noch das Finanzressort des Fürstentums übertragen. Mit allen Mitteln versucht er, den Staatshaushalt zu sanieren. So reduziert er das ohnehin schon kleine Heer auf ein absolutes Minimum, das gerade noch den Bedarf an Leibgardisten und Läufern deckt. Doch die Budgetsanierung gelingt ebenso wenig wie eine Bodenreform oder die Verminderung des Steuerdrucks auf die Bauern.

All diese ambitionierten Pläne scheitern am Widerstand des Adels. Eine Volkswirtschaft, die wie in Sachsen-Weimar nahezu ausschließlich agrarisch ausgerichtet ist, muss durch das adelige Parasitentum zwangsläufig ausgeblutet werden. Bildhaft hat Goethe es einmal beschrieben: *»So steig ich durch alle Stände aufwärts, sehe den Bauersmann der Erde das Notdürftige abfordern, das doch auch ein behaglich Auskommen wäre, wenn er nur für sich schwitzte. Du weißt aber, wenn die Blattläuse auf den Rosenzweigen sitzen und sich hübsch dick und grün gesogen haben, dann kommen die Ameisen und saugen ihnen den filtrierten Saft aus den Leibern. Und so geht's weiter, und wir haben's so weit gebracht, dass oben immer in einem Tage mehr verzehrt wird als unten in einem [Tage] organisiert/beigebracht werden kann.«*[40]

Bei der Wiederherstellung des Silberbergwerks in Ilmenau, durch dessen Ertrag die Wirtschaft der Region zum Blühen gebracht werden soll, kümmert der Minister Goethe sich um alles: um Gesteinsuntersuchungen und Schmelzversuche, um Vorrichtungen, die den immer wieder drohenden Wassereinbruch verhindern sollen, um die Arbeitsbedingungen der Bergleute …

Zur Arbeit am *Wilhelm Meister* findet er kaum noch Zeit. Der *Tasso* gelangt über einige Skizzen nicht hinaus. Während längerer Ritte über Land dichtet Goethe in Gedanken weiter, er kommt jedoch nicht dazu, es niederzuschreiben. *»Zuletzt führt' ich meine Lieblingssituation im* Wilhelm Meister *wieder aus.*

Ich ließ den ganzen Detail in mir entstehen und fing zuletzt so bitterlich zu weinen an, dass ich eben [gerade noch] *zeitig genug nach Gotha kam. Ich wollt gern Geld drum geben, wenn das Kapitel* [...] *aufgeschrieben wär* [...]«[41]

Wüssten die Kritiker, die seit Längerem an allem, was er schreibt, herummäkeln, welche Kraft es ihn kostet, immer nur »zwischendurch« zu dichten! Zwischen Besichtigungen der Bergwerksstollen in Ilmenau und Inspektionen der Strumpfwirkerei in Apolda in eine andere Welt einzutauchen! Aus Momenten höchster dichterischer Konzentration wieder zurückzukehren! »*Meine Schriftstellerei subordiniert sich dem Leben*«, hat Goethe 1780 an Kestner geschrieben[42] – eine Unterordnung, die er nun kaum noch erträgt.

Wie um sich nicht die Beschränktheit der persönlichen Möglichkeiten schmerzlich einzugestehen, thematisiert Goethe jetzt universelle, unverrückbare Schranken. Das Gedicht *Grenzen der Menschheit* klingt wie eine Absage an den Prometheus seiner Jugend.

»*Denn mit den Göttern
Soll sich nicht messen
Irgendein Mensch.
Hebt er sich aufwärts
Und berührt
Mit dem Scheitel die Sterne,
Nirgends haften dann
Die unsichern Sohlen,
Und mit ihm spielen
Wolken und Winde.*«[43]

Seinen *Wilhelm Meister* lässt er später die gleiche existenzielle Enttäuschung erfahren: »*Ach, wer mir vorausgesagt hätte, dass die*

*Arme meines Geistes so bald zerschmettert werden sollten, mit denen ich ins Unendliche griff und mit denen ich doch gewiss ein Großes zu umfassen hoffte.«*⁴⁴ Wilhelm wird sich mit seiner Selbstbeschränkung abfinden, und auch der Minister Goethe ist entschlossen, es zu tun. Nach zehn Jahren Weimar blickt er abgeklärt auf seine wilden Anfänge zurück. Er kann sich sagen, dass zumindest ein Teil seiner Pläne verwirklicht ist, vielleicht sogar der wichtigste: Sein Fürst ist zu einem vernünftigen, besonnenen Mann geworden, der von allen geschätzt und respektiert wird. Auch Carl August musste lernen, was Goethe nunmehr unabdingbar erscheint: Mäßigung, Selbstkontrolle. Dem Kult der Willkür, dem die Sturm-und-Drang-Bewegung sich hingegeben hatte, musste abgeschworen werden. Die oftmals mehr quälende als beglückende Beziehung zu Charlotte von Stein hat sich allmählich in eine unaufgeregte Herzensfreundschaft verwandelt.

»*Ich befinde mich wohl, mein lieber Schutzgeist, und freue mich deines Wohlseins«*, schreibt der Sechsunddreißigjährige. »*Wir wollen immer zusammenbleiben, meine Liebe. Darüber sei ohne Sorge. Gegen Abend komme ich zu dir und wir schwätzen uns recht aus.«*⁴⁵

Das Nebeneinander von betonter Ruhe und heimlicher Ruhelosigkeit spiegelt sich in dem Gedicht *An den Mond*. Heißt es zu Beginn:

»*Füllest wieder Busch und Tal*
Still mit Nebelglanz,
Lösest endlich auch einmal
Meine Seele ganz;«

so zeigt die letzte Strophe, dass in Wahrheit gar nichts gelöst ist:

»*Was, von Menschen nicht gewusst*
Oder nicht bedacht,

Durch das Labyrinth der Brust
Wandelt in der Nacht.«[46]

Langsam, unaufhaltsam ist Goethe in eine Art inneren Streik getreten. Schon 1782 hieß es in einem Brief an Knebel: »*Wie ich mir in meinem väterlichen Haus nicht einfallen ließ, die Erscheinungen der Geister und die juristische Praxis zu verbinden, ebenso getrennt lasse ich jetzt den Geheimrat und mein anderes Selbst [...] Nur im Innersten meiner Pläne und Vorsätze und Unternehmungen bleibe ich mir geheimnisvoll selbst getreu [...]*«[47]

Die Ruhe, nach der er sich so sehnt, findet Goethe in der Naturbetrachtung. Das Sammeln von Steinen wird zur Obsession. Fasziniert ist Goethe auch von der Botanik, von der Fülle und Vielgestaltigkeit der Pflanzen. Angesichts ihres Formenreichtums entsteht in ihm die Frage, ob sich nicht in all den Pflanzengestalten etwas Dauerndes durchhalte, eine wesentliche Form, »*mit der die Natur gleichsam nur immer spielt*«.[48] Als »*Urpflanze*« könnte man eine solche Form wohl bezeichnen. Neben Mineralogie und Botanik befasst Goethe sich auch mit Anatomie, insbesondere mit Knochenkunde. So verschiedenartig diese Interessen sind, ein Leitgedanke bildet sich doch bei seinen Studien heraus: die Vorstellung vom Zusammenhang alles Seienden. Aus einfachen Formen entwickelten sich die komplexeren, aus dem Tier schließlich der Mensch. Goethe entdeckt für sich die Phylogenese, die Stammesgeschichte des Menschen – eine Wissenschaft, die erst am Anfang steht. Und dann macht er eine Beobachtung, die ihm die schönste Bestätigung für den Wert »reiner«, unvoreingenommener Betrachtung liefert: Bei der Prüfung menschlicher Schädel im anatomischen Institut der Universität Jena entdeckt er den Beweis für das

Vorhandensein eines Zwischenkieferknochens. Ein Schädelteil, den – so die allgemeine Auffassung – nur Tiere aufweisen, der beim Menschen angeblich fehlt. Goethe aber gelingt es im Frühjahr 1784, das »os intermaxillare« zu erkennen. Einen prinzipiellen Unterschied zwischen Menschen- und Tierskelett gibt es somit nicht. Der Mensch stellt keinen Bruch in der Evolution dar, sondern nur einen weiteren Entwicklungsschritt. Für Goethe, den Anhänger der Lehre Spinozas, wonach Göttlichkeit alles Seiende umfasst, ist das Prinzip der Kontinuität im Geist schon gegenwärtig gewesen; er hat es geahnt, ehe er jene Entdeckung macht, die es bestätigt. Nun steht es für ihn fest: Auch der Mensch als Höhepunkt der Schöpfung unterliegt dem Gesetz der Natur; zugleich gehört er der gottverwandten Sphäre der Freiheit an; er bewegt sich sowohl im Bereich der Instinkte als auch im Bereich der Sittlichkeit, in dem er sich selbst die Gesetze gibt. Von der Natur bedingt, ist er zugleich zu »Höherem« verpflichtet.

»Von der Gewalt, die alle Wesen bindet,
Befreit der Mensch sich, der sich überwindet.«[49]

Und Goethe folgert: So wie das Ur-Menschliche, also Humanität an sich, bei den Menschen aller Zeiten und aller Erdkreise zu finden ist, so ist auch eine Ur-Religiosität denkbar, aus der sämtliche Religionen entstanden sind und in die sie auch wieder münden könnten. Herder widmet sich schon seit 1783 der großen Synthese. Er hat mit der Arbeit an seinem Hauptwerk begonnen, den *Ideen zur Philosophie der Geschichte der Menschheit.* Auch in der Geschichte waltet, so die Idee Herders, wie in der Natur ein göttlicher Plan. In dem Maß, in dem Goethe sich nun intensiver mit metaphysischen Grundgedanken auseinandersetzt, vertieft sich auch wieder seine und Herders Freundschaft.

Was die Entdeckung des Zwischenkieferknochens angeht, so erlebt Goethe allerdings eine bittere Enttäuschung. Man hält sie für den Irrtum – nein, die Anmaßung – eines Laien. Später wird sich ihre Richtigkeit bestätigen; es wird sich jedoch auch herausstellen, dass Goethe nicht der Erste war, dem diese Entdeckung gelang. Sein Vertrauen in die Redlichkeit der universitären Forschung ist jedoch geschwunden.

Im Herbst 1785 erschüttert ein Ereignis in Frankreich Goethe zutiefst. Es ist, als würden die Nachrichten über die sogenannte Halsbandaffäre ihm den Boden unter den Füßen wegziehen. Von einem Kriminalfall, bei dem es um Millionenbetrug geht, ist dabei die Rede. Und die Königin Marie-Antoinette, heißt es, sei in den unerhörten Skandal verstrickt. Bald stellt sich heraus, dass der Name der Königin lediglich missbraucht wurde und sie mit den Betrügern nichts zu schaffen hatte; doch es bleibt die bestürzende Tatsache, dass die französische Öffentlichkeit das Ungeheuerliche ohne Weiteres glaubte. Dass man einem gekrönten Haupt die Beteiligung an einem Verbrechen zutraute. Drastisch zeigt sich, wie zerrüttet der Ruf der leichtsinnigen und verschwenderischen Marie-Antoinette ist. Fünfzehn Jahre zuvor, beim Einzug der kindhaft jungen Österreicherin in Frankreich, hat man sie empfangen wie eine Heilige! Goethe war dabei, als man Marie-Antoinette bei ihrer Ankunft in Straßburg umjubelte. Nun wird sie von ihren Untertanen gehasst und verachtet.

Goethe hat ein außerordentliches Erlebnis von Vorahnung, von Antizipation, wie er es nennt. Er spürt die Vorbeben, die das große Erdbeben ankündigen: den Untergang des Königtums von Gottes Gnaden. Die Katastrophe, die Europa in einen zweiten Dreißigjährigen Krieg stürzen wird. Die Französische Revolution.

1786 tut Goethe einen entscheidenden Schritt: Er unterschreibt einen Vertrag mit dem Leipziger Verlag Göschen, der die erste rechtmäßige Gesamtausgabe seiner Werke herausbringen soll. Das wird ihn dazu zwingen, sich der Fertigstellung all seiner liegengebliebenen Projekte und Fragmente mit vermehrtem Eifer zu widmen. Es liegt ihm schwer auf der Seele, dass die größten Vorhaben der letzten zehn Jahre immer noch unvollendet sind: *Torquato Tasso, Wilhelm Meister*! Den Prosatext der *Iphigenie* wollte er in Verse fassen! *Faust* und *Egmont* – vor Ewigkeiten aus der Hand gelegt! Was fertiggestellt wurde, sind Operettenlibretti, Singspiele, Maskenspiele, kleine Komödien. Hofdichtung, von der literarischen Öffentlichkeit ausgeschlossen und unbemerkt. Seine Weimarer Jahre erscheinen ihm dürr und unfruchtbar. Und in zeitgenössischen Literaturanalysen hat er bereits über sich lesen können: »Ach, leider, was er gegeben hat [gemeint ist offenbar: was er geben konnte], das hat er gegeben ... Jetzt ist er fürs Publikum so unfruchtbar wie eine Sandwüste.«[50]

Und doch waren die ersten zehn Weimarer Jahre die Zeit wunderbarer, ganz neuartiger Balladen, die jene der Zeitgenossen weit übertreffen mit ihrer Abgründigkeit und Magie und dem Zauber ihres Wortklangs: *Der Erlkönig, Der Fischer, Der untreue Knabe* ... Es war die Zeit unsterblicher Gedichte. Dazu gehören etwa die Lieder der Mignon im *Wilhelm Meister*.

Mignon, ein Gauklerkind, ein rätselhaftes Zwittergeschöpf,

scheint nur von einem Gefühl durchdrungen zu sein: Sehnsucht.

> *»Kennst du das Land, wo die Zitronen blühn,*
> *Im dunkeln Laub die Gold-Orangen glühn,*
> *Ein sanfter Wind vom blauen Himmel weht,*
> *Die Myrte still und hoch der Lorbeer steht,*
> *Kennst du es wohl?*
> *Dahin! Dahin*
> *Möcht ich mit dir, o mein Geliebter, ziehn!«*[51]

Das Rad, in dem er läuft, unermüdlich läuft, kommt ins Stocken. Er weiß nicht mehr, wer er ist, was er ist. Goethe der Minister? Goethe der Naturforscher? Goethe der Hofpoet? Goethe der geniale Dichter? Alles zugleich? Doch alles zugleich geht nicht länger. Goethe bittet Carl August um einen längeren Urlaub und erhält ihn bewilligt. Den Herzog allein bereitet er auf seine Abwesenheit vor. Allen anderen sagt er kein Sterbenswort über die geplante Flucht. Denn eine Flucht soll es werden. Und sie soll nach Rom gehen.

Im Sommer 1786 fährt Goethe wie schon im Jahr zuvor mit Mitgliedern des Hofes zur Kur nach Karlsbad. Als Charlotte von Stein früher als die anderen wieder von dort abreist, begleitet er sie ein Stück. In Schneeberg besichtigt man gemeinsam ein Bergwerk. Diese Fahrt durch dunkle Labyrinthe ist der letzte Augenblick gemeinsamer Intimität. Zwei Wochen später reist Goethe heimlich aus Karlsbad ab, am frühen Morgen, ohne sich von jemandem zu verabschieden. Aus Angst, sonst *»zurückgehalten zu werden«*.

Nun bricht er endlich auf nach Italien.

4. Revolutionen
»Denn es geht, man darf wohl sagen, ein neues Leben an.«

»Über das Tiroler Gebirg bin ich gleichsam weggeflogen. Verona, Vicenz, Padua, Venedig habe ich gut, Ferrara, Cento, Bologna flüchtig und Florenz kaum gesehen. Die Begierde, nach Rom zu kommen, war so groß, wuchs so sehr mit jedem Augenblicke, dass kein Bleiben mehr war und ich mich nur drei Stunden in Florenz aufhielt. Nun bin ich hier und ruhig und, wie es scheint, auf mein ganzes Leben beruhigt. Denn es geht, man darf wohl sagen, ein neues Leben an.«[1]*

Goethe nennt die Italienreise seine Wiedergeburt. Wie eine Schlange sei er aus seiner alten Haut geschlüpft. Die Rolle des Ministers ist abgestreift. In Italien gibt er sich als deutscher Maler aus, nennt sich: Johann Philipp Möller.

Ein junger Künstler, dem Goethe seinerzeit ein Stipendium in Italien verschafft hat, ist in Rom seine Anlaufstelle: Wilhelm Tischbein. In dessen Haus in der Casa Moscatelli mietet er sich eine Stube; es gibt Bedienstete und eine Frau, die das Essen kocht, mehr braucht es nicht. Goethe fühlt sich jung und frei. Er besichtigt Kirchen, Paläste und Galerien. Wie vor vielen Jahren als Leipziger Student nimmt er wieder Zeichenunterricht. Von den neuen Freunden in der kleinen deutschen Künstlerkolonie Roms lässt er sich die Regeln ihres Handwerks erklären. Er will nicht weniger als das Wesen der Kunst erfassen. Es käme

---

* In Wirklichkeit ging es nicht ganz so schnell. Die Reise bis Rom dauerte vom 3. September bis zum 29. Oktober 1786.

darauf an, schreibt er an die Herzogin Luise, »*das Gebildete und Hervorgebrachte nicht nach dem Effekt, den es auf uns macht, sondern nach seinem innern Werte zu beurteilen*«.[2]

Während im älteren Sprachgebrauch, etwa eines Lessing oder Herder, »Kunst« im weitesten Sinn Technik, Fertigkeit bedeutete, entsteht nunmehr bei Goethe der Gedanke, dass Literatur, bildenden Künsten, Musik etwas Ideelles gemeinsam ist, das sie von technischen Fertigkeiten unterscheidet. In dieser Auffassung wird er vor allem durch seinen neuen Freund Karl Philipp Moritz bestärkt. Ein junger Mann, der sich aus ärmsten Verhältnissen hochgearbeitet hat und darüber eine bemerkenswerte Autobiografie veröffentlichte: *Anton Reiser*. Nun befasst Moritz sich damit, eine Theorie der klassischen Kunst zu entwickeln. Goethe führt mit ihm lange, intensive Gespräche.

Zunehmend beunruhigt es ihn, dass er angesichts der italienischen Kunstwerke so selten jene Beglückung fühlt, nach der er sich in Weimar gesehnt hat, dass vieles davon ihm fremd und unverständlich bleibt. Muss er, der die Kunst schon begreifen und beurteilen wollte, erst das Sehen lernen?

Eine Revolution gehe in ihm vor, schreibt er in sein Reisetagebuch, das er an Charlotte von Stein schickt: »*Die Wiedergeburt, die mich von innen heraus umarbeitet, wirkt immer fort.*«[3]

In allen Briefen versichert er Charlotte seiner Liebe. »*An dir häng ich mit allen Fasern meines Wesens.*« Zugleich gibt er ihr zu verstehen, dass ihr »*geschwisterliches Verhältnis*« für ihn eine Qual gewesen sei. »*Ach liebe Lotte, du weißt nicht, welche Gewalt ich mir angetan habe und antue und dass der Gedanke, dich nicht zu besitzen, mich doch im Grunde, ich mag's nehmen und stellen und legen, wie ich will, aufreibt und aufzehrt.*«[4] Indem Goethe über seine Leidenschaft spricht, als sei sie noch lebendig, macht er Charlotte zur Mitverantwortlichen für seine Flucht. »*Ich habe mich auf dieser Reise unsäglich kennengelernt. Ich bin mir selbst wiedergegeben und nur umso mehr dein.* [So] *Wie das Leben der letzten Jahre* [war], *wollte ich mir eher den Tod gewünscht haben, und selbst in der Entfernung bin ich dir* [jetzt] *mehr, als ich dir damals war.*«[5]

Wird Charlotte die Widersprüchlichkeit seiner Worte, diese Verflechtung von Anklage und Beschwichtigung, richtig deuten? Jedenfalls beginnt sie zu begreifen, dass Goethe wohl für längere Zeit nicht zu ihr zurückkehren wird.

Der englische Dichter Wystan Hugh Auden spricht von Goethes »erstaunlichem Instinkt, der ihn sein ganzes Leben lang zur jeweils richtigen Entscheidung leiten sollte«. Im Unterschied zu vielen anderen hält W. H. Auden auch die ersten zehn Weimarer Jahre für durchaus notwendig. »In dem Zustand, in dem er sich befand, konnte seine Rettung vor einer sinnlosen Existenz […] nur eine Einschränkung der Freiheit [sein], das heißt die Zügelung seiner subjektiven Gefühle, wie sie sich aus der Verantwortung für andere Menschen und Dinge ergeben würde«, und genau das habe Weimar ihm geboten.

Und ebenso instinktsicher sei Goethes Flucht nach Italien erfolgt: »Er entkam dem Druck der Regierungsgeschäfte, einer literarischen Atmosphäre, die ihn beengte, und schließlich gab ihm die etwas bohemienhafte Künstlerkolonie [in Rom] eine Freiheit des persönlichen Lebens, die an einem provinziellen deutschen Hof ganz ausgeschlossen war.«[6]

Eineinhalb Jahre bleibt Goethe in Italien, schaut und lernt, schreibt und übt sich im Zeichnen – 700 Skizzen entstehen während seines Aufenthalts –, immer auf der Suche nach dem Wesen der Natur, nach dem Wesen wahrer Kunst. Neuen Einsichten folgen neue Zweifel. Wird er je ans Ziel kommen? Und wo ist das Ziel? Im Reisetagebuch vergleicht er es mit dem Licht eines Leuchtturms, »*das dem von wilden Wogen auf und nieder geschaukelten Auge des Schiffers bald unten, bald oben erscheint. Halte ich die Glut des Leuchtturms nur scharf im Auge, wenn sie mir auch den Platz zu verändern scheint, so werde ich doch zuletzt am Ufer genesen.*«[7] Das Stranden, der Schiffbruch wird zur Metapher der Italienreise. Ein Drama, das Goethe hier beginnt, jedoch nicht vollendet, *Nausikaa*, hat den berühmtesten aller Schiffbrüchigen zum Helden: Odysseus.

In seinem Buch *Italienische Reise*, viele Jahre später nach Briefen und Aufzeichnungen geschrieben, übermalt Goethe seine Zweifel und Brüche, und er stellt er die eineinhalb Jahre in Italien als fortschreitende Entwicklung dar, als die fortgesetzte Wandlung eines Menschen, der in innerer Folgerichtigkeit zu Erkenntnissen über Natur, Kunst und Gesellschaft gelangte. Doch die theoretische Ausbeute dieses Bildungsprozesses – nimmt man die nach seiner Rückkehr in Weimar entstandene Schrift: *Einfache Nachahmung der Natur, Manier, Stil* als solche – ist mager. Das Wesen der Kunst, auch das Geheimnis seiner eigenen Kunst vermag er für sich selbst nicht zu entschlüsseln und anderen nicht zu erklären.

Etwa den »Versglanz« seiner *Iphigenie*. In Rom entsteht aus dem in Weimar verfassten Prosatext ein Drama von größter sprachlicher Schönheit. Im Rhythmus der Jamben, in Goethes unvergleichlicher Sprachmelodie hört man, fühlt man Iphigenies Seufzen – vernimmt man das gleichgültige Tosen des Meeres.

»Goethe in der Campagna«, Gemälde von J. H. W. Tischbein, 1786/87

»*Und an dem Ufer steh ich lange Tage,*
Das Land der Griechen mit der Seele suchend,
Und gegen meine Seufzer bringt die Welle
Nur dumpfe Töne brausend mir herüber.«[8]

Die Sprache des Dramas ist eine Folge bezwingender Metaphern und Bilder. So drängt Iphigenie ihren Bruder:

»*Sprich deutlicher, dass ich nicht länger sinne.*
Die Ungewissheit schlägt mir tausendfältig
Die dunklen Schwingen um das bange Haupt.«[9]

Alte Mythen vereinen sich mit neuen Sinneseindrücken. Diese Iphigenie steht wirklich am Ufer des Meeres, als sie das Glück beschreibt, das sie beim Erkennen ihres Bruders empfand:

»*Denn wie die Flut mit schnellen Strömen wachsend*
Die Felsen überspült, die in dem Sand
Am Ufer liegen: so bedeckte ganz
Ein Freudenstrom mein Innerstes.«[10]

Die Reaktionen auf die Versifizierung des Dramas sind nicht so enthusiastisch, wie Goethe gehofft hat. Enttäuscht schreibt er nach Weimar: »*Mich freut, dass ihr nun mit der neuen Bearbeitung der* Iphigenia *euch befreundet; noch lieber wäre mir's, wenn euch der Unterschied fühlbarer geworden wäre. Ich weiß, was ich daran getan habe* [...] *Wenn es eine Freude ist, das Gute zu genießen, so ist es eine größere, das Bessere zu empfinden, und in der Kunst ist das Beste gut genug.*«[11]

Aus der Enttäuschung mit der Kunst flüchtet Goethe sich zur Natur. »*Das geringste Produkt der Natur hat den Kreis seiner Vollkommenheit in sich, und ich darf* [muss] *nur Augen haben, um zu sehen, so kann ich die Verhältnisse entdecken* [...] *Ein Kunstwerk hingegen hat seine Vollkommenheit außer sich, das ›Beste‹ in der Idee des Künstlers, die er selten oder nie erreicht [...]«*[12]

Goethe reist nach Neapel. Dreimal besteigt er den Vesuv, selbst während eines Lava-Ausbruchs nähert er sich dem Krater. Ein lebensgefährliches Unternehmen, von dem er Charlotte ein angesengtes Taschentuch als Souvenir schickt. Und weiter zieht es ihn, nach Sizilien. »*Wir wollen sehen, was diese Königin der Inseln tun kann!*« Die Königin enttäuscht ihn nicht. »*Wie sie uns empfangen hat, habe ich keine Worte auszudrücken: Mit frischgrünenden Maulbeerbäumen, immergrünendem Oleander, Zitronenhecken etc. In einem öffentlichen Garten stehn weite Beete von Ranunkeln und Anemonen. Die Luft ist mild, warm und wohlriechend, der Wind lau.*«[13]

Immer wieder fasziniert ihn die Farben- und Formenvielfalt der Pflanzen – jede Form für sich vollkommen, vollständig, notwendig so, wie sie ist. Und doch immer neue Abwandlungen und Ausgestaltungen des Typus. Liegt in der Wandlung das Wesen des Seienden? Das Geheimnis der Natur? Ist Leben nicht stete Formwandlung, Steigerung, Vervollkommnung? Und wenn aller Gestaltungswille der Natur auf eines hinausliefe: den Menschen? Und wenn alle Wandlungen und Steigerungen im Menschen nur eines hervorzubringen trachteten: den Künstler?

Kunst, vollkommene Kunst, sei ein Werk der Natur selbst, dies wird zu Goethes paradigmatischer Einsicht. »*Indem der Mensch auf den Gipfel der Natur gestellt ist, so sieht er sich wieder als eine ganze Natur an, die in sich abermals einen Gipfel hervorzubringen hat. Dazu steigert er sich, indem er sich mit allen Vollkommenheiten und Tugenden durchdringt, Wahl, Ordnung, Harmonie und Bedeu-*

tung aufruft und sich endlich bis zur Produktion des Kunstwerks erhebt.«[14] Die größten Kunstwerke der Menschen sind somit zugleich »*die höchsten Naturwerke*«, gestaltet nach, wie Goethe es Spinoza folgend nennt, ihren inneren Formgesetzen. »*Alles Willkürliche, Eingebildete fällt zusammen. Da ist die Notwendigkeit, da ist Gott.*«[15]

Die Naturauffassung Goethes hat sich zu einem Natur-Idealismus gewandelt. Natur ist jetzt für ihn eine Schöpfermacht, die ihre Wesen nach Ideen gestaltet.

In Italien entstehen Szenen für die geplante Umarbeitung seines *Faust*, darunter die Szene *Wald und Höhle*, mit dem ergriffenen Dankgebet Fausts an den Erdgeist:

»*Gabst mir die herrliche Natur zum Königreich,
Kraft, sie zu fühlen, zu genießen. Nicht
Kalt staunenden Besuch erlaubst du nur,
Vergönnest mir, in ihre tiefe Brust
Wie in den Busen eines Freunds zu schauen.*«[16]

Zurückgekehrt nach Rom, nimmt Goethe sich die Fertigstellung des *Egmont* vor, ein Drama, dessen Entwurf ihn 1775 von Frankfurt nach Weimar begleitete. Mit Egmont schuf der damals Sechsundzwanzigjährige sich sein Idealbild eines Mannes. Egmont verfügt über unbändige Lebenslust, ein unerschütterliches Selbstvertrauen und die Gabe, andere in seinen Bann zu ziehen. »*Leb ich nur, um aufs Leben zu denken?*«, fragt Egmont und meint das »Überleben«. »*Soll ich den gegenwärtigen Augenblick nicht genießen, damit ich des folgenden gewiss sei?*«[17]

Er ist eine glückliche »Natur«, völlig im Einklang mit sich. Ein strahlendes Gegenbild zum leidenden Werther. Und ein krasser Gegensatz zum ewig strebenden Faust. (Nicht nur an einzelnen *Faust*-Szenen arbeitet Goethe nebenbei in Italien, auch seinen tragischen Helden *Torquato Tasso* hat er im Kopf und auch an seinen Romanhelden *Wilhelm Meister* denkt er. Odysseus nicht zu vergessen. Alle diese gegensätzlichen Charaktere leben zur gleichen Zeit in seinem Kopf. Es ist eines von Goethes großen Geheimnissen, wie er schafft, sich bei all diesem Gewühl von Seelen und Schicksalen in seinem Innern nicht selbst zu verlieren.)

Der flandrische Graf Egmont ist eine historische Gestalt. Während der niederländischen Freiheitskämpfe gegen die spanischen Habsburger wurde er 1568 als Führer der Aufständischen hingerichtet. Wie *Gottfried von Berlichingen* widersetzte auch Egmont sich der neuen Ordnung und musste untergehen. In Goethes Darstellung der niederländischen Politik Philipps II. steckt Kritik am Zentralismus und an der Expansionspolitik Kaiser Josephs II. Die Schlüsselszene des Dramas, das Streitgespräch zwischen Egmont und dem spanischen Statthalter Alba, wird somit zugleich eine Anklage gegen die bürokratisch-rationalistische Staatsverwaltung dieses Parade-Herrschers eines aufgeklärten Absolutismus. Merkwürdigerweise ereignen sich während Goethes Überarbeitung des *Egmont* abermals flandrische Aufstände gegen Habsburg* und verleihen dem Stück unerwartete Aktualität.

Despotismus wirft Egmont dem Spanier vor. Die Bevölkerung der besetzten Niederlande werde unterjocht und entrech-

---

* Joseph II. schuf in den Niederlanden eine neue Verwaltungsorganisation nach österreichischem Vorbild und erklärte die von ihm seinerzeit unterschriebene Garantie der belgischen Freiheiten und Sonderrechte für ungültig. 1788 kam es zur Revolution und 1789 wurden die österreichischen Truppen aus dem Land vertrieben.

tet um abstrakter Ideen willen. Doch Alba schlägt sich geschickt in diesem Duell; er setzt die Degenspitze auf den wunden Punkt in Egmonts Argumentation, indem er sarkastisch fragt, ob denn die alte Herrschaft des flandrischen Adels so wohltätig für das Volk gewesen sei.

»Und doch hat der Adel mit diesen seinen Brüdern sehr ungleich geteilt.«[18]

Die Fertigstellung des hochpolitischen und unerwartet brisanten Stücks fällt Goethe nicht leicht. Als er die Idee dazu hatte, war er ein junger Dichter, frei und ungebunden. Jetzt ist er Minister und Diener eines Fürsten. Jetzt werden die Leser des *Egmont* jedes Wort auf die Waagschale legen. (Jedoch – unerwartet für Goethe – sollen es am Ende nicht Egmonts politische Ansichten, sondern dessen Herzensangelegenheiten sein, die Weimar skandalös findet.)

Herzog Carl August wird um eine weitere Verlängerung des Urlaubs ersucht. Anders könnten die noch in die Werkausgabe eingeplanten Dramen *Tasso* und *Faust* nicht vollendet werden.

Goethe weiß jetzt, was ihm das Unverzichtbarste im Leben ist: Er muss dichten. Seinen Helden *Torquato Tasso* lässt er zum Herzog von Ferrara sagen:

> *»Ich halte diesen Drang vergebens auf,*
> *Der Tag und Nacht in meinem Busen wechselt.*
> *Wenn ich nicht sinnen oder dichten soll,*
> *So ist das Leben mir kein Leben mehr.«*[19]

Tasso – der historische wie der Goethe'sche – ist ein genialer Dichter. Zugleich aber ist er dem Wahnsinn nahe, geistig und seelisch krank. Somit steht er zu Goethes eigener, eben geborener Idee – Kunst als vollkommenstes Produkt des vollendetsten Menschen – in eklatantem Widerspruch. Und die »Objektivität«, die Goethe in seiner Theorie des Klassischen zum Wesensmerkmal höchster Kunst erklärt? Im *Torquato Tasso* steht gerade das »Subjektive« im Vordergrund, das Pathologische. Und doch findet Goethe – bewusst oder unbewusst, wer weiß das schon – eine Lösung für das Dilemma, eine Aufhebung des vermeintlichen Widerspruchs zwischen Genie und krankem Wahn. Als Tasso mit dem Lorbeer bekränzt werden soll, als er davor zurückschaudert, weil er sich dieser höchsten Dichter-Auszeichnung nicht würdig fühlt, sagt Prinzessin Leonore zu ihm:

»Wenn du bescheiden ruhig das Talent,
Das dir die Götter gaben, tragen kannst,
So lern auch diese Zweige tragen.«[20]

Somit geht es in *Tasso*, dem ersten Künstlerdrama der Literatur, nicht nur um den Dichter als autonomen Schöpfer, sondern auch und vor allem um den Dichter als einen von Gott oder dem Genius Begnadeten.

»Und wenn der Mensch in seiner Qual verstummt, / Gab mir ein Gott zu sagen, was ich leide«[21], sind die berühmten Worte Torquato Tassos am Punkt seiner tiefsten Demütigung.

Von Italien aus erbittet Goethe von Carl August seinen Rücktritt als Minister, seine Entlassung von den unzähligen Verwaltungsaufgaben, er stellt sich für die Zukunft in Weimar eine ungebundene Position vor. Carl August verspricht ihm alles, was er wünscht. Der Freund soll künftig von seinen Amtspflichten befreit sein und trotzdem sein Ministergehalt weiter beziehen. Auch der Aufschub der Heimreise wird ihm zugesagt.

Neben dem Schreiben nimmt Goethe Kunstunterricht; zum Zeichnen kommt das Modellieren. Die Künstlerfreunde in Rom, zu denen auch die berühmte Malerin Angelika Kauffmann gehört, beraten ihn gern. Und endlich hat er auch einen gefunden, der ihm alles erklärt, was an den historischen Werken fremd und unzugänglich war: den Schweizer Maler und Kunstsachverständigen Johann Heinrich Meyer. Meyer wird Goethe später nach Weimar folgen und zu einem seiner besten und lebenslangen Freunde werden.

Goethes Zurückgezogenheit ist bei diesem zweiten Rom-Aufenthalt aufgegeben. Er wird eingeladen und lädt ein, er entflammt sogar für eine schöne Mailänderin, die kurz vor ihrer Hochzeit steht. Alte Muster, alte Muster!

Und endlich – wie um die ersehnte und herbeigeschriebene italienische »Wiedergeburt« nicht zum bloßen Wunschbild verkommen zu lassen – nimmt Goethes Dämon (in diesem Fall ein guter Geist) ihn bei der Hand. Ob im Taumel des römischen Karnevals, ob in der Wärme des sizilianischen Frühlings, ob in der Sommerhitze Roms, dieser Dämon war immer nahe. Doch noch nie so nahe wie jetzt, als Goethe beim Betrachten antiker Statuen die Augen übergehen, als ihm beim Zeichnen nach lebenden Modellen die Hand zittert.

Briefe nach Hause zeugen von seiner wachsenden Begeisterung und Bewegtheit: »*Ich bin nun recht im Studio der Menschengestalt, welche das Nonplusultra alles menschlichen Wissens und Tuns ist.*«[22]

Nur zwei Gedichte entstehen in Italien; beide handeln von diesem guten Dämon, den Goethe »Amor« nennt oder »Cupido«. In einem Gedicht tritt Amor als »Zeichenlehrer« auf.

Die Landschaft mit Mädchen, die er vor dem Dichter skizziert, fängt auf einmal an zu leben:

> »Da nun alles, alles sich bewegte,
> Bäume, Fluss und Blumen und der Schleier
> Und der zarte Fuß der Allerschönsten;
> Glaubt ihr wohl, ich sei auf meinem Felsen
> Wie ein Felsen still und fest geblieben?«[23]

Goethe besiegt all seine berechtigten und unberechtigten und restlichen Ängste und Bedenken und lässt sich mit einer schönen Römerin ein: Faustina. Mit ihr erlebt er zum ersten Mal eine erfüllte sexuelle Beziehung. Befriedigung der Sinne und zugleich Seelenfrieden. Er ist seinem Schicksal zutiefst dankbar, dass es ihm auch dieses Glück endlich schenkt. In Weimar erfährt davon nur der Herzog und auch der nur »zwischen den Zeilen« eines Briefes.

> »Cupido, loser, eigensinniger Knabe!
> Du batst mich um Quartier auf einige Stunden.
> Wie viele Tag' und Nächte bist du geblieben!
> Und bist nun herrisch und Meister im Hause geworden!«[24]

So heißt es im zweiten und letzten Gedicht seines Rom-Aufenthalts. Dem »herrischen Meister« verdankt er nun weit mehr als nur Zeichenunterricht.

> »Aber die Nächte hindurch hält Amor mich anders beschäftigt;
> Werd ich auch halb nur gelehrt, bin ich doch doppelt beglückt.
> Und belehr ich mich nicht, indem ich des lieblichen Busens
> Formen spähe, die Hand leite die Hüfte hinab?
> Dann versteh ich den Marmor erst recht: ich denk und vergleiche,
> Sehe mit fühlendem Aug, fühle mit sehender Hand.«[25]

Trotz Dichtung, trotz Statuen, trotz Faustina, Goethe muss nach Weimar zurückkehren. Eine andere Zukunft als an der Seite des Herzogs gibt es für ihn nicht. Der Abschied aus dem Paradies fällt ihm sehr schwer. Doch er freut sich auch auf zu Hause. Er hat ja unendlich viel mitzuteilen.

Der Empfang bei seiner Rückkehr ist, wie er es sich erwartet hat, überschwänglich – abgesehen von Charlotte, die sich ihm gegenüber kühl und reserviert verhält. Doch kaum ist Goethe ein paar Tage in Weimar, scheint auf einmal alles von hier fortzureisen. Der Herzog, der inzwischen ein Kommando im preußischen Heer innehat, ist auf dem Sprung zu seiner Garnison in Aschersleben; die Herzogin-Witwe Anna Amalia fährt ihrerseits für längere Zeit nach Italien, und auch Herder hat den Kopf voll mit einer Italienreise, zu der ihn der Domherr von Mainz, Freiherr von Dalberg, eingeladen hat. Und Frau von Stein, das stellt sich immer deutlicher heraus, will Goethe dafür bestrafen, dass er ohne Abschied reiste und so lang fortblieb. Für einen Besuch hat sie niemals Zeit. Trifft man einander in Gesellschaft, so ist sie zu den anderen freundlich, zu ihm »ohne Herz«, wie Karoline Herder an ihren verreisten Mann schreibt.

Noch viele Jahre später erinnert sich Goethe an die enttäuschende Zeit nach seiner Rückkehr: *»Die Freunde, statt mich zu trösten, brachten mich zur Verzweiflung. Mein Entzücken über entfernteste, kaum bekannte Gegenstände, mein Leiden, meine Klagen über das Verlorne schien sie zu beleidigen, ich vermisste jede Teilnahme, niemand verstand meine Sprache.«*[26]

Was allerdings keiner der Freunde erfahren soll: Knapp einen Monat nach seiner Heimkehr hat Goethe ein Verhältnis mit einer jungen Frau angefangen: Christiane Vulpius, ehemals Kunstblumen-Näherin. Am 12. Juli ist sie mit einem Bittschreiben ihres Bruders bei Goethe aufgetaucht – das Geschenk einer freundlichen Göttin, die ihm in das kalte, freudlose Weimar eine zweite Faustina schickt.

»*Diese Göttin, sie heißt Gelegenheit, lernet sie kennen!*«, dichtet Goethe in den *Römischen Elegien*, und er schließt eine Beschreibung der Geliebten an, die beide meint: Christiane und Faustina:

»*[...] die Haare*
Fielen ihr dunkel und reich über die Stirne herab,
Kurze Locken ringelten sich ums zierliche Hälschen,
Ungeflochtenes Haar krauste vom Scheitel sich auf.
Und ich verkannte sie nicht, ergriff die Eilende; lieblich
Gab sie Umarmung und Kuss bald mir gelehrig zurück.
O wie war ich beglückt! – Doch stille, die Zeit ist vorüber,
Und umwunden bin ich, römische Flechten, von euch.«[27]

In diesem Gedichtzyklus, so sinnlich, so erotisch, dass selbst der Herzog von einer Veröffentlichung abraten wird, preist Goethe seine beiden Geliebten, die entschwundene und die neugeschenkte, und versichert sie seiner Liebe, seiner Dankbarkeit und Achtung:

»*Lass dich, Geliebte, nicht reun, dass du mir so schnell dich ergeben!*
Glaub es, ich denke nicht frech, denke nicht niedrig von dir.«[28]

Mit dem Bekenntnis zur Sexualität und der Absage an die reine »Seelenliebe« ist, nach der gescheiterten Staatsreform, Goethes zweites großes Weimarer Vorhaben: Keuschheit, Läuterung, Vergeistigung ad acta gelegt. *Erlaubt ist, was gefällt!* Dass er damit die hart errungene moralische Autorität in Weimar auf Jahrzehnte verspielt hat, muss ihm klar gewesen sein. Eine Geliebte Goethes konnte in Rom geheim bleiben, nicht aber im kleinen

Weimar. Man sieht Christiane in seinem Gartenhaus schalten und walten, und eine andere, weniger freundliche Göttin bläht sich auf, rauscht übers Land und über die Landesgrenzen: Fama, das Gerücht.

Karoline Herder kann ihrem Mann nach Rom vermelden: »Ich habe nun das Geheimnis von der Stein selbst, warum sie mit Goethe nicht mehr recht gut sein will. Er hat die junge Vulpius zu seinem Klärchen und lässt sie oft zu sich kommen usw. Sie [Charlotte von Stein] verdenkt ihm dies sehr. Da er ein so vorzüglicher Mensch ist, auch schon 40 Jahre alt ist, so sollte er nichts tun, wodurch er sich zu den andern so herabwürdige. – – – Was meinst du hierüber?«[29]

Mit »Klärchen« ist auf die Geliebte *Egmonts* angespielt, ein junges, schlichtes und zugleich leidenschaftliches »Kind aus dem Volk«, das dem Grafen »ohne Trauschein« angehört und sich um die öffentliche Meinung nicht kümmert.

»Himmelhoch jauchzend,
Zum Tode betrübt,
Glücklich allein
Ist die Seele, die liebt.«[30]

Die Leserschaft entrüstet sich über das »Klärchen«. Herder zeigt sich über die »Mesalliance« des Grafen Egmont befremdet. Goethe wirft dem Freund daraufhin vor, dass dieser zwischen einer Göttin und einer Hure keine *»Nuancen«* kenne.

An Charlotte von Stein schreibt Goethe, nachdem diese sich endlich dazu durchgerungen hat anzudeuten, von einer gewissen Vulpius gehört zu haben: Er wüsste nicht, dass er ihr mit seinem Verhältnis etwas wegnehme. *»Wer macht Anspruch auf die Empfindungen, die ich dem armen Geschöpf gönne? Wer an* *die Stunden, die ich mit ihr zubringe?«*[31] Goethe hält sein Argument für vernünftig und logisch. Charlotte von Stein hat sich aus körperlicher Liebe nichts gemacht, während er sich danach verzehrte. Was also wirft sie ihm vor? Aber Charlotte weiß sehr wohl, dass mit dem Begehren auch Goethes Verehrung für sie erloschen ist, seine Freundschaft erkaltet. Er braucht sie nicht mehr. Seine Worte – so überzeugt er von dem sein mag, was er schreibt – muss sie als Verhöhnung empfinden. Vielleicht erscheint ihr jetzt auch die Gestalt der Prinzessin Leonore im *Tasso* (mit der sie sich einst identifizierte, mit der alle sie identifizierten) so, wie sie nunmehr, im vollendeten Drama, gezeichnet ist, als eine Verspottung ihrer Person. Was ist diese Prinzessin Leonore anderes als eine kränkliche, alternde Frau, von der die Nebenbuhlerin um die Liebe Tassos, Leonore Sanvitale, spöttisch sagt:

»[...] ihre Neigung zu dem werten Manne
Ist ihren andern Leidenschaften gleich.
Sie leuchten wie der stille Schein des Monds
Dem Wandrer spärlich auf dem Pfad zur Nacht;
Sie wärmen nicht und gießen keine Lust
Noch Lebensfreud umher.«[32]

Der Mond war früher ein Symbol ihrer Liebe – und die Worte Leonore Sanvitales sind eine weitere subtile Grausamkeit Goethes.

Der größte Skandal ist nicht, dass der gefeierte vierzigjährige Dichter mit einer ungebildeten Dreiundzwanzigjährigen, dass der geadelte Geheime Rat mit einer ehemaligen Arbeiterin aus der Kunstblumenfabrik zusammenlebt. (Gerüchte besagen sogar, dass Christiane »vorher eine H--- gewesen sein soll«, wie Karoline Herder an ihrem Ehemann nach Italien schreibt.[33])

Der größte Skandal ist, dass Goethe die junge Frau liebt und zu ihr hält, auch ihre Mutter und Schwester zu sich nimmt. Man zieht ins »Große Jägerhaus«, in dem der Herzog für die junge Familie zwei Wohnungen zur Verfügung stellt. Der Herzog ist der Einzige, der Goethes Beziehung akzeptiert, und er scheint froh zu sein, dass der Freund endlich sein Keuschheitsgelübde gebrochen hat. In einem Epigramm gibt Goethe seiner Dankbarkeit gegenüber dem Herzog Ausdruck:

> *»Denn mir hat er gegeben, was Große selten gewähren,*
> *Neigung, Muße, Vertraun, Felder und Garten und Haus.«*[34]

Ein junger Dichter ist nach Rudolstadt in der Nähe Weimars übergesiedelt: Friedrich Schiller. Seit Jahren will er Goethe kennenlernen. Gesehen hat er ihn schon einmal, auf der Karlsschule; da war er selbst noch ein Knabe und Goethe der berühmte Dichter. Nun, da Goethe aus Italien zurückgekehrt ist, werden sie einander wohl bald begegnen.

»Goethe ist jetzt bei Ihnen«, schreibt Schiller an seinen Freund Riedel. »Ich bin ungeduldig, ihn zu sehen. Wenige Sterbliche haben mich so interessiert.«[35]

Als Schiller Goethe schließlich im September 1788 auf einer Gartengesellschaft trifft, ist er enttäuscht. Obwohl der andere von ihm gehört haben muss – die Aufführung der *Räuber* von 1782 war ein Sensationserfolg –, spricht er kein einziges Mal mit ihm. »[…] ich zweifle, ob wir einander je sehr naherücken werden. […] Er ist mir (an Jahren weniger als an Lebenserfahrung und Selbstentwicklung) so weit voraus, dass wir unterwegs nie mehr zusammenkommen werden.«[36]

Goethe ist arriviert, Schiller, zehn Jahre jünger, ist noch im Aufstieg begriffen. Für ihn ist Goethe ein verhätschelter Günstling – des Weimarer Herzogs und des Schicksals. Es kommt dem Jüngeren vor, als sei für sie beide nicht Platz genug auf der Welt.

Im Dezember 1788 vermittelt Goethe Schiller immerhin eine Professur für Geschichte in Jena, die zwar wenig einbringt, doch vielleicht der Anfang einer Universitätskarriere ist.

Im Februar 1789 schreibt Schiller jene berühmten Zeilen an seinen Freund und Gönner Christian Gottfried Körner, in denen er die zwiespältige Anziehungskraft, die Goethe auf ihn ausübt, auf den Punkt bringt. »Ich glaube in der Tat, er ist ein Egoist von ungewöhnlichem Grade. Er besitzt das Talent, die Menschen zu fesseln und durch kleine sowohl als große Attentionen sich verbindlich zu machen, aber sich selbst weiß er immer frei zu behalten. Er macht seine Existenz wohltätig kund, aber nur wie ein Gott, ohne sich selbst zu geben – dies scheint mir eine konsequente und planmäßige Handlungsart, die ganz auf den höchsten Genuss der Eigenliebe kalkuliert ist. Ein solches Wesen sollten die Menschen nicht um sich herum aufkommen lassen. Mir ist er dadurch verhasst, ob ich gleich seinen Geist von ganzem Herzen liebe und groß von ihm denke. Ich betrachte ihn wie eine stolze Prüde, der man ein Kind machen muss, um sie vor der Welt zu demütigen.«[37]

Goethe seinerseits lehnt Schillers ihn allzu sehr an eigene Sturm-und-Drang-Zeiten erinnerndes Drama *Die Räuber* ab, wirft ihm und anderen jungen Autoren vor, »*gerade die ethischen und theatralischen Paradoxa, von denen ich mich zu reinigen gestrebt, recht in vollem, hinreißendem Strom über das Vaterland ausgegossen*« zu haben.[38]

Mit einer zufälligen Beobachtung eröffnet sich Goethe ein neues Feld seiner naturwissenschaftlichen Studien, das sich in der Folge zu einer wahren Kampfstätte entwickeln wird.

Von einem Bekannten ist ihm ein Prisma geliehen worden, um damit optische Versuche durchzuführen. Goethe hat das Instrument nie verwendet und es vergessen. Als er dringend ersucht wird, das Geliehene zurückzusenden, entnimmt er es der Schublade. Und da sieht er: Das Licht, das durchs Prisma hindurchgeht und auf die weiße Wand fällt, zerstreut sich nicht, so wie er gelernt zu haben glaubt, in die Spektralfarben, sondern bleibt weiß.*

Ihm kommt der jähe Einfall, dass damit die Newton'sche Lehre widerlegt ist: Licht, das einfachste, homogenste Wesen, ist in Wahrheit gar nicht aus Farben zusammengesetzt und kann folglich auch mittels eines Instrumentes nicht getrennt werden. Er selbst, so glaubt Goethe zu begreifen, sei dazu ausersehen, den falschen Newton'schen Zauber zu entlarven und somit eine Revolution der Optik einzuleiten. Dem Feldzug gegen Newton wird Goethe sich in den nächsten Jahren mit mehr Eifer und Ehrgeiz widmen als seiner Dichtung. Newton als Scharlatan zu entlarven, wird zu seiner Manie, seiner fixen Idee.

Im März 1789 reist Goethe erneut nach Italien. Auf Wunsch der Herzogin-Witwe Anna Amalia soll er nach Venedig kommen, die aus Rom Heimkehrende dort erwarten und zurück

---

* Korrekterweise hätte das durchs Prisma fallende Licht aus einer punktförmigen Quelle kommen, somit praktisch ein gebündelter Lichtstrahl sein müssen. Dann hätte Goethe das von Newton beschriebene Phänomen – Auffächerung des Lichtes in ein Farbspektrum – gesehen.

nach Weimar begleiten. Doch Italien erscheint ihm bei seinem zweiten Aufenthalt wie verwandelt und ohne Reiz. Er, der für Sinneseindrücke so Empfängliche und deshalb seinen Sinnen so Vertrauende, erlebt auf eimal, dass alles – Sehen, Hören, Riechen, Fühlen – von der Seelenstimmung dirigiert wird. Was ihm zuvor gefallen hat, ist ihm nun zuwider. Er will nur nach Hause, zu Christiane, die im Dezember ihr erstes Kind gebar.

In den einsamen, von Ungeduld erfüllten Wochen entstehen zum Teil recht bittere Verse: die *Venetianischen Epigramme*. Zum ersten Mal befasst Goethe sich in seiner Dichtung auch mit dem Unfassbaren, das sich in Frankreich abspielt. Ein politischer Umsturz, dessen Erschütterungen in ganz Europa spürbar werden, dessen Ausmaß jedoch noch keiner ermisst – auch weil die Begriffe dafür fehlen (oder die Erfahrungen, die die leeren Begriffe füllen könnten).

Eine Revolution, die auf die völlige Umänderung von Staat und Gesellschaft zielt, war selbst bei den Aufklärern, die das Ancien Régime verurteilten, niemals vorgesehen. Was die Aufklärer anstrebten, war eine Revolution des Geistes, eine Ausbreitung der Vernunft, die allmählich ein gerechteres gesellschaftliches System herbeiführen würde. Goethe beobachtet die Vorgänge in Frankreich mit Misstrauen und Ablehnung. Er ist gegen eine Verfassung, die sich von der Theorie eines abstrakten »Naturrechts« herleitet. Die den Reichtum und die Mannigfaltigkeit des historisch gewachsenen Rechts aufgibt und – ähnlich dem aufgeklärten Absolutismus Josephs II. – alles unter ein Schema pressen will. Sie trägt seiner Ansicht nach ebenso den Keim des Despotismus in sich wie die erzwungenen Reformen des Habsburgers. Konservative Bewegungen – der Aufstand der

Niederlande von 1566 mit dem Ziel einer Wiederherstellung historischer Rechte oder etwa die »Glorreiche Revolution« in England – bleiben für Goethe maßgeblich; das Ziel der französischen Revolutionäre aber ist gerade das Gegenteil: die völlige Liquidierung der historischen Rechtsbestände zugunsten einer abstrakten »Freiheit« und »Gleichheit«.

Freiheit – das letzte Wort eines Götz, eines Egmont! Die Erstürmung der Bastille, die Morde und Plünderungen, all die Exzesse des »Pöbels« erscheinen Goethe wie eine Verhöhnung seines Freiheitsideals. Vernunft und Mäßigung, für die seine Helden eintreten, werden in Paris niedergetrampelt von einer Volksmasse, die aufgehetzt ist von falschen Propheten. Sie, die Demagogen, Aufwiegler, die Provokateure, waren von jeher Goethes Feindbilder. In seinen *Epigrammen* entlarvt er sie.

»Sage, tun wir nicht recht? Wir müssen den Pöbel betrügen.
Sieh nur, wie ungeschickt, sieh nur, wie wild er sich zeigt!
Ungeschickt und wild sind alle rohe Betrognen;
Seid nur redlich und so führt ihn zum Menschlichen an.«[39]

Das *Menschliche* ist das (von Rousseau, von Kant – und von Goethe – verfochtene) »innere Sittengesetz«. Ein Gesetz, das, indem man es sich selbst auferlegt, die eigentliche und einzige Freiheit bedeutet. Diese Freiheit steht in Frankreich nicht zur Debatte. Dort geht es um Freiheit von konkretem Zwang: Steuern, Abgaben, Frondienste; um Abschaffung der Privilegien des Adels und der Kirche. Es geht um Gleichheit vor dem Recht, es geht um eine Regierung durch das Volk – etwas in Goethes Augen Bizarres, Verrücktes.

Doch das Unerhörte geschieht: Die französische Nationalversammlung beschließt für Frankreich eine geschriebene Verfassung. Sie enthält die Abschaffung des erblichen Adels und die Aufhebung der Leibeigenschaft. Mit der Grundherrschaft verbundene, sogenannte Herrenrechte werden abgelöst, die Frondienste werden beseitigt, Steuerprivilegien und Vorrechte der Stände, Provinzen und Städte annulliert. Die in der vorrevolutionären Zeit so zahlreichen Steuern werden durch lediglich drei ersetzt: Steuern auf Grundbesitz, bewegliches Vermögen und Gewinne. 1789 erfolgt die Erklärung der Menschen- und Bürgerrechte. Das Ancien Régime ist in Frankreich ausgelöscht.

Es bleibt das Paradoxon in Goethes Denken, dass er, der immer einen klaren Blick hat für adelige Anmaßung, Willkür und Inkompetenz, letztlich doch dem Adel die politische Verantwortung zuspricht. Dass er weder die amerikanische Unabhängigkeitserklärung noch die Französische Revolution als Phänomene einer Emanzipation seiner eigenen Klasse wahrnimmt. Er bleibt im Geist der – wenn auch favorisierte – Diener seines Fürsten. In all den Briefen an Carl August 1789 und 1790 ist nicht ein Wort über die Französische Revolution zu lesen. Andere – ein Klopstock, Voß, Stolberg, Bürger und in Weimar Herder und Knebel, ja selbst Wieland, selbst der Sohn des Herzogs, Prinz August – zeigen für die Revolution offene Sympathie; Immanuel Kant in Königsberg ist höchst interessiert am Geschehen.

Wieder in Weimar, freut Goethe sich über sein junges Familienglück. Sein Sohn ist gesund, der Herzog hat gebeten, ihn als inoffiziellen Taufpaten des kleinen August zu betrachten. Weimar muss sich gewöhnen.

Die Reaktionen auf die Veröffentlichung seiner *Gesammelten*

Werke sind flau. Goethe gedenkt, sich zukünftig vor allem den Naturwissenschaften zu widmen.

Immer häufiger wird das nahe Jena mit seiner Universität, in der er vielerlei Studien nachgehen kann, zu Goethes Zufluchtsort. Er flüchtet vor dem Weimarer Klatsch und vor dem Lärm und der Unruhe im eigenen Haushalt.

Doch auch bei der Beschäftigung mit den Wissenschaften bleiben Irritationen nicht aus. Eine weitere Revolution ist im Gange. Eine Revolution, im Zuge derer keine Bastille gestürmt wird, sondern Gedankengebäude zu Fall gebracht werden. In einer Schrift unter dem harmlos-unverständlichen Titel *Kritik der reinen Vernunft*, erschienen 1781, hat der Königsberger Professor Immanuel Kant nichts Geringeres behauptet, als dass die Naturgesetze vom menschlichen Verstand aufgestellt würden und nicht von der Natur. Dass sich in ihnen nicht objektive Wesenheiten offenbarten, sondern menschliche, zur Verarbeitung der Erfahrung notwendige geistige Konstruktionen. Diese dem Menschen innewohnenden Formen des Wahrnehmens und Begreifens, von Kant »Anschauungsformen des Verstandes« oder »Kategorien« genannt, seien unabhängig von jeder Erfahrung. »Raum« und »Zeit« sind solche Anschauungsformen, das Verhältnis von Ursache und Wirkung ist so eine Verstandes-Kategorie. Jene Wesensschau, die Goethe so inbrünstig anstrebt, *»ein Gewahrwerden dessen, was eigentlich den Erscheinungen zugrunde liegt«*[40], ist nach Immanuel Kant unmöglich. Das »Ding an sich« kann der Mensch nicht erkennen.

Kants von der Subjektivität ausgehende Philosophie, wonach der Mensch sich seine Natur gleichsam selbst erschafft, bedeutet einen radikalen Umbruch und ist für Goethe zunächst nicht nachzuvollziehen. Er will die Natur nicht erschaffen, sondern sieht sich als ihr Geschöpf. Will sie verstehen und ihr gehorchen. Goethe neigt dazu, sich den Naturwissenschaftler (wie den Künstler) als eine Art Übermenschen zu denken – eine allseits entfaltete Persönlichkeit, fähig, mittels reiner, deutungsloser Beobachtung das Wesen der Dinge, das *Urphänomen*, objektiv zu erkennen. Doch das, was Goethe objektive Erkenntnis nennt, ist visionäre Schau, und in einzelnen Naturerscheinungen findet er für seine blitzartigen Einsichten dann *Zeugnisse*.

Eines dieser *Urphänomene* ist für Goethe seit Italien das Prinzip der Formung alles Lebendigen. »Metamorphosen« nennt er nun nach dem gleichnamigen Werk des römischen Dichters Ovid den Prozess von Gestaltung und ständiger Umgestaltung organischer Wesen im Lauf ihrer Entwicklung. Eine Umbildung, die Ausdifferenzierung bedeutet und Steigerung. Metamorphosen bestimmen nicht nur die Vielfalt der Pflanzen, sie durchziehen die ganze lebendige Welt bis zum Menschen, der das Werk der Natur übernimmt und weiterführt: *»Bildsam ändre der Mensch selbst die bestimmte Gestalt«*,[41] heißt es in einem Lehrgedicht, das Goethe für Christiane schreibt, um ihr das Wesen der Metamorphose zu erläutern. Da der Mensch (auch) ein geistiges Wesen ist, handelt es sich bei menschlicher Metamorphose um geistige Entfaltung, Erkenntnis, Genie.

Als Goethe diese Gedanken auch in Kants Schriften findet – in der *Kritik der teleologischen Urteilskraft* sind sie als Vernunftidee (Ideal) abgehandelt –, wird er schon fast oder teilweise zum Kantianer.

Ganz Europa spricht von den Ereignissen im revolutionären Paris. Dort werden politische Klubs gebildet, an der Spitze der »Feuillants« steht der populäre Lafayette, die »Cordelliers«

werden von Danton und Marat angeführt, die »Jakobiner« von Maximilien de Robespierre.* 1791 schwört der König auf die Konstitution.

In Weimar studiert Goethe Newton, beschäftigt sich mit Farbphysik, mit optischen Versuchsanordnungen, experimentiert mit farbigen Gläsern, Kerzen, Schatten ... In den *Annalen* hält er über das Jahr 1791 fest: »*Ein ruhiges, innerhalb des Hauses und der Stadt zugebrachtes Jahr.*« Und er notiert weiter: »*[...] damit ich aber doch von dichterischer und ästhetischer Seite nicht allzu kurz käme, übernahm ich mit Vergnügen die Leitung des Hoftheaters.*«[42]

Der Herzog hat seinen Freund rasch wieder mit Ämtern und Aufgaben eingedeckt. Neben dem künftigen Hoftheater soll Goethe das »Freie Zeicheninstitut« leiten, er soll in der Wiederaufbaukommission für das abgebrannte Schloss mitarbeiten und der Wasserbaukommission vorstehen. Auch die Aufsicht über die Jenaer Universität, die Betreuung der Bibliotheken und der Parks gehören zu seinem Gebiet, »Oberaufsicht über die unmittelbaren Anstalten für Wissenschaft und Kunst in Weimar und Jena« heißt das Ressort. Goethes Aufgabe wird es auch weiterhin sein, für das Weimarer Theater »spielbare« Stücke zu liefern. Und er fühlt, dass es gilt, sich auch in Dramenform mit den Geschehnissen in Frankreich auseinanderzusetzen. In Erinnerung an das Ereignis, bei dem er zum ersten Mal den französischen Thron wanken spürte, die »Halsbandaffäre«, wählt er

---

* Die Klubs wählten Klöster zu ihren Versammlungsorten. Die »Feuillants« trafen sich im Kloster der Feuillantiner, die »Cordelliers« im Kloster der Benediktiner – ihren Namen verdanken sie den weißen Kordeln der Mönchstracht; die Gesellschaft der Freunde der Verfassung schließlich traf sich im früheren Kloster der Jakobiner.

für sein Revolutionsstück das Thema des Betrügers und Hochstaplers. Das Ergebnis, *Der Groß-Kophta*, fällt beim Publikum durch. Goethes Schwager Johann Georg Schlosser schreibt an einen Freund: »In dem ganzen Stück keine Zeile, die man behalten oder wiederholen möchte, keine Einbildungskraft, kein Dialog, kein Interesse irgendwelcher Art!«[43]

Es kommt noch schlimmer: Der zweite Versuch, die Revolution mit den Mitteln der Satire darzustellen, endet mit einem noch größeren Fiasko: *Der Bürgergeneral*. Das Stück wirkt auf die Zeitgenossen so banal, dass man munkelt, ein anderer als Goethe habe es verfasst. Goethe nennt es im Rückblick ein Zeugnis seines *»ärgerlich guten Humors«*, muss aber einräumen: *»Das Stück brachte die widerwärtigste Wirkung hervor, selbst bei Freunden.«*[44] Auch ein dritter Versuch, *Die Aufgeregten*, scheitert und bleibt Fragment. Das Phänomen der Französischen Revolution, so scheint es, verweigert sich Goethes Denken, das sich nur einen adelig-bürgerlichen Kompromiss vorzustellen vermag, nicht die Machtergreifung des Bürgertums.

Der Goethe-Biograf Karl Otto Conrady resümiert die Lebensumstände, die Goethe zu so einem vehementen Revolutionsgegner machen und ihn die Ereignisse in Frankreich rundweg mit einer Naturkatastrophe gleichsetzen lassen. Conrady verweist auf die Krisen, die zu diesem Zeitpunkt hinter Goethe liegen: der Kraftakt der Selbstdisziplinierung des ersten Weimarer Jahrzehnts, die Selbstzweifel, sein Ausbruch aus menschlicher und künstlerischer Fesselung nach Italien. Immerwährende Suche nach seiner Bestimmung, nach Gewissheiten, nach Gesetzen in Natur und Kunst. Und dann, als er das alles endlich gefunden zu haben glaubt – der Umsturz der Revolution. »Jetzt konnte er nicht preisgeben«, schreibt Conrady, »was er sich als

Antworten auf sein Fragen und Suchen angeeignet, die Arbeit nicht desavouiren, die er im ersten Weimarer Jahrzehnt als herzoglicher Minister auf sich genommen hatte, konnte nicht für die Revolution sein, die ihm den Boden entzogen hätte, auf dem sich einzurichten so mühsam gewesen war. Aber er konnte auch die reformerischen Hoffnungen nicht verraten, die er investiert hatte [...] Zwischen Revolution und Reaktion, zwischen totalem Umsturz und borniertem Festhalten am Bestehenden war sein Platz. Er wollte, wie andere, den ›dritten Weg‹ einschlagen.«[45]

Zur Hebung des Niveaus der Weimarer Geselligkeit gründet Goethe 1791 eine »Freitagsgesellschaft«, bei der die Dichter und Denker Weimars über ihre Arbeit und ihre Erkenntnisse referieren. Neben Goethe, Herder, Wieland, Knebel und dem Geologen Voigt kommen zu den »Freitagsgesellschaften« auch bildende Künstler wie Georg Melchior Kraus und Johann Heinrich Meyer; außerdem der Arzt Christian Wilhelm Hufeland und der Gymnasialdirektor Karl August Böttiger – seines Zeichens Linguist, Kritiker und scharfzüngiger Chronist der Weimarer Gesellschaft. Auch der Sprachforscher Wilhelm von Humboldt, ein Freund Schillers, findet sich ein.

Doch die neuen intellektuellen Anregungen und Herausforderungen, von denen Goethe in Weimar und Jena umgeben ist, lassen ihn nur noch mehr empfinden, dass er sich in einer schöpferischen Flaute befindet. Sein großes Thema »Sehnsucht« ist ebenso obsolet geworden wie die Illusion der »Erfüllung«, mit der es sich verband. Das neue Lebensthema »Entsagung« ist von ihm noch nicht erkannt.

1792 erklärt die Französische Nationalversammlung Österreich den Krieg. Preußen verbündet sich mit Österreich für den Angriff auf die Revolutionsheere. Carl August wünscht, Goethe bei diesem Feldzug, von dem man hofft, er möge die alliierten Truppen bis nach Paris führen, in seinem Gefolge zu haben.

Goethe packt einige Bücher ein und folgt in seiner bequemen Reisekutsche und in Gesellschaft seines Dieners der fürstlichen Truppe in die Schlacht. In Trier trifft man auf das Korps der französischen Emigranten, gefolgt von einem Tross von Kutschen mit Ehefrauen, Geliebten, Kindern, Zofen und Lakaien. Auch die Alliierten rücken mit großer Bagage an: Köche, Leibdiener, Ordonnanzen, Stabsoffiziere. Den hochbepackten Kutschen folgen die Karren der Marketenderinnen und Huren.

Viele Jahre später wird Goethe diesen fehlgeleiteten und auch jämmerlich gescheiterten Feldzug in seinem Bericht *Campagne in Frankreich* schildern: die Kanonade bei Valmy, die Einkesselung durch das völlig unterschätzte Revolutionsheer, der Rückzug der Wagen und Reiter auf von schwerem Dauerregen aufgeweichten Wegen. Kälte, Nässe, Schmutz, Läuse und Seuchen, Krankheiten, Unfälle. Nicht die Schlacht – der Rückzug dezimiert die verbündeten Truppen um Tausende.

Schrecken, Tragik und Ironie liegen in Goethes Bericht dicht beieinander; zugleich zeichnet er darin ein bemerkenswertes Bild von sich selbst: einen »Flaneur« auf dem Kriegsschauplatz – offen und neugierig, ungewohnte Erlebnisse und Eindrücke sammelnd. Mitten in einer Kanonade trabt er über das Schlachtfeld, um einmal zu erfahren, was es mit dem »Kanonenfieber« – einer Art Trance mit Halluzinationen – auf sich hat. Seine Offenheit und Unvoreingenommenheit erstreckten sich auch auf die Sicht der beiden Kriegsgegner. Die *»Gräuel-*

taten in Paris« sind immer gegenwärtig, doch in seinem Bericht versucht Goethe, gerecht zu bleiben. Frevlerische Fehler der eigenen Seite werden geschildert, ebenso das Leid der Zivilbevölkerung. Aus dem distanzierten Beobachter wird in diesen Tagen ein Leidensgefährte – aller Bequemlichkeiten beraubt, notgedrungen in den Tag hinein lebend, schicksalsergeben. Zugleich praktisch und einfallsreich, wenn es darum geht, sein Los und das Los anderer ein wenig zu erleichtern. Schlimmes ertragen, Schlimmes tun, Schlimmeres verhindern – zwischen diesen Optionen bewegt sich der Mensch in einer solchen Ausnahmesituation. *»So zwischen Ordnung und Unordnung, zwischen Erhalten und Verderben, zwischen Rauben und Bezahlen lebte man immer hin, und dies mag es wohl sein, was den Krieg für das Gemüt eigentlich verderblich macht.«*[46]

Mit der Niederlage von Valmy im August 1792 kann die Hoffnung der Alliierten auf einen Einzug in Paris begraben werden. In der Folge nehmen die Revolutionsheere die Städte Speyer, Worms, Mainz und Frankfurt ein. Das alte monarchische Europa ist zum ersten Mal auf die Kräfte der Revolution gestoßen und muss vor ihnen zurückweichen.

Auf seiner Heimreise nach Weimar macht Goethe noch einen Abstecher zu alten Freunden und einst schwärmerischen »Jüngern«: zu Friedrich Jacobi und seiner Familie in Pempelfort. Der aus Mainz geflohene Dichter Heinse und der aus Paris emigrierte Baron von Grimm, Autor der renommierten Rundbriefe *Correspondence littéraire*, sind ebenfalls dort. Dankbar genießt Goethe die Feinsinnigkeit und Kultiviertheit dieser Gesellschaft, wenngleich eine Übereinstimmung zwischen ihm und den Jacobis sich nicht mehr einstellen will. Über den *Groß-Kophta* schüttelt man nur den Kopf, bittet den verehrten Gast stattdessen, aus seiner *Iphigenie* zu lesen. Mit diesem Text kann wiederum Goethe nach all seinen jüngsten Erfahrungen nichts mehr anfangen. »*Verteufelt human*«, wird er über das Stück später einmal ironisch bemerken. Nach den Erlebnissen im Feldzug scheint ihm die Wahrheit eher beim listigen Freund des Orest, Pylades, zu liegen, der zur edlen Iphigenie sagte:

»*Das Leben lehrt uns, weniger mit uns*
Und andern strenge sein: du lernst es auch.
So wunderbar ist dies Geschlecht gebildet,
So vielfach ist's verschlungen und verknüpft,
Dass keiner in sich selbst noch mit den andern
Sich rein und unverworren halten kann.«[47]

Goethes ablehnende Haltung der Französischen Revolution gegenüber wird hier von niemandem geteilt oder verstanden. Er muss erkennen, dass eine Ära anhebt, in der – so oder so – Begeisterung gefragt ist, nicht Distanziertheit. »*In allen wichtigen politischen Fällen* [sind] *immer diejenigen Zuschauer am besten dran* [...], *welche Partei nehmen*«, stellt er trocken fest, »*der Dichter aber, der seiner Natur nach unparteiisch sein und bleiben muss, sucht sich von den Zuständen beider kämpfenden Teile zu durchdringen ...*«[48] Der Entfremdungsprozess Goethes vom deutschen Publikum – zumal von den Jüngeren – hat eingesetzt.

Nach und nach sind die Freunde der »Sturm-und-Drang«-Zeit verschwunden. Der traurige Selbstmord Johann Heinrich Mercks im Sommer 1791 scheint symbolhaft. Mercks zuletzt verzweifelte Lebensumstände – von der Gattin verlassen, von Schulden erdrückt – und seine depressive Veranlagung zogen ihn immer tiefer hinunter. Goethe konnte ihm noch materielle Unterstützung verschaffen, innerlich aber hatte er sich längst von ihm entfernt. Dennoch wird er am Ende seines Lebens voll Wehmut auf diese Freundschaft zurückblicken: »*Es war überall eine gute Zeit, als ich mit Merck jung war!*«[49]

Nun lebt Merck also nicht mehr. Die Jugend ist geschwunden. Die jetzigen Freunde sind ruhige, vernünftige Männer, wie Johann Heinrich Meyer oder Christian Gottlob Voigt. Als durch den Tod von Goethes Großvater Textor die Möglichkeit geschaffen wird, eine Ratsstelle in seiner Geburtsstadt Frankfurt anzutreten, muss er nicht lang überlegen, wohin er gehört. Deutlicher als je spürt er, dass sein Zuhause für immer das Fürstentum Weimar geworden ist. Mehr noch: Weimar ist seine Familie, vom Herzog und seiner verehrten Gemahlin angefangen – bis zu »*manch anderem häuslich Lieben und Guten*«.[50]

Im Frühjahr 1793 arbeitet Goethe an einer Neufassung der alten niederländischen Fabel vom »Reineke Fuchs«. Dieser Fuchs ist ein Obergauner: durchtrieben, brutal, skrupellos. Von den anderen Tieren zahlreicher Untaten und Verbrechen angeklagt, kann er seinen Hals durch neue Schurkenstreiche immer wieder aus der Schlinge ziehen.

Die Fabel handelt, wie alle Tierfabeln, von menschlicher Dummheit, Gier, Hinterlist und Niedertracht. Goethe schreibt sie – und das ist das Verblüffende und Kühne an seinem *Reineke Fuchs* – im Versmaß antiker Epen, in Hexametern.

Was für eine Abwärtsspirale im Laufe des verflossenen Jahrzehnts! Von der höchsten, edelsten Menschlichkeit einer *Iphigenie* zum »Menschlich-Allzu-Menschlichen« der *Römischen Elegien* bis zur »Vertiertheit« der Fabel, als deren Motiv Goethe seine »*halbverzweifelte Hingabe an die unvermeidliche Wirklichkeit*« nennt.[51]

Nie lässt er sich dazu hinreißen, die eine Partei dieser »*unvermeidlichen Wirklichkeit*« (sprich: der Geschichte) schwarz und die andere weiß zu sehen. Verbrechen geschehen auf beiden Seiten. Keine ist schuldlos. Wie sagt Reineke Fuchs:

> »*Raubt der König ja selbst so gut als einer, wir wissen's.*
> *Was er selbst nicht nimmt, das lässt er Bären und Wölfe*
> *Holen und glaubt, es geschähe mit Recht.*[52]

Doch genauso wie er seinen Ekel vor der Amoral des Ancien Régime stets in deutlichen Worten zum Ausdruck brachte, steht Goethe nicht an, seine Abscheu vor den Gräueltaten der Revolution zu bekunden.

Unerhörte Meldungen kommen aus Paris: Louis XVI. und seine Gemahlin Marie-Antoinette werden öffentlich enthauptet. Danton befiehlt Massenverhaftungen und Hinrichtungen. Mehr als 1500 Menschen sterben unter der Guillotine. Robespierre entmachtet Danton und lässt ihn guillotinieren. Und die nun folgende Schreckensherrschaft der Jakobiner übertrifft an Grausamkeit und Blutdurst noch die ihrer Vorgänger.

Immer wieder hat das »Volk« in das Geschehen der Revolution eingegriffen, der »Vierte Stand« entwickelt erstmals ein »Klassenbewusstsein«. Kleinbürger, Handwerker, Arbeiter zeigen sich in einer eigenen Uniform: lange, gestreifte Hosen statt der von den oberen Ständen getragenen Bundhosen (Culottes). »Sansculottes« (die ohne Bundhosen) nennen sie sich stolz und verschreiben sich einem neuen Ideal, mit dem sie sich vom dekadenten Adel, aber auch vom materialistischen, eigennützigen Bürgertum abheben wollen: der Tugendhaftigkeit.

Die österreichisch-preußische Allianz entsendet ein Heer, um die besetzten linksrheinischen Städte zu befreien. Abermals ist Goethe aufgefordert, sich dem Regiment des Herzogs anzuschließen und in dessen Gefolge an der Belagerung von Mainz teilzunehmen.

Dieser Feldzug endet für die Alliierten glücklicher. Man schließt Waffenstillstand und bietet für die Belagerten von Mainz freies Geleit. In Goethes Bericht – ebenfalls erst viele Jahre danach geschrieben – herrscht der gleiche Tenor wie in der *Campagne*: Offenheit und möglichste Unparteilichkeit. Die Selbstdarstellung zeigt ihn als leidenschaftslosen Beobachter, der jedoch Anteil nimmt und sogar ordnend, beruhigend ins Geschehen eingreift, wenn es ihm möglich und notwendig erscheint. Goethes Haltung (und sein Bericht) gipfelt in der Episode, in der er einen Mainzer »Jakobiner« vor der Lynchjustiz rettet und dieses Eingreifen mit den Worten rechtfertigt: *»Es liegt nun einmal in meiner Natur. Ich will lieber eine Ungerechtigkeit begehen als Unordnung ertragen.«*[53]

1794 schenkt Carl August Goethe das Haus am Frauenplan, in dem dieser schon früher einmal ein Stockwerk zur Miete bewohnt hat. Goethe befasst sich mit der Einrichtung eines Botanischen Instituts in Jena; mit ihm wird er nunmehr seinen eigenen universitären Fachbereich besitzen. Er besorgt die Berufung des jungen Philosophen Johann Gottlieb Fichte auf den frei werdenden Lehrstuhl für Philosophie. Und er kann sich endlich der Fertigstellung eines Romanprojekts zuwenden, dessen Anfänge in die Vor-Italien-Zeit zurückreichen: *Wilhelm Meisters Lehrjahre*.

5. Goethe und Schiller

»Ein jeder konnte dem anderen etwas geben.«

Friedrich Schiller lebt schon sieben Jahre in Goethes Nähe, als er endlich mit ihm ins Gespräch kommt – im Juli 1794, im Anschluss an eine Sitzung der »Jenaer Naturforschenden Gesellschaft«. Die Unterhaltung verläuft freundlich und angeregt. Es ist der richtige Zeitpunkt; beide sind offen und bereit für einander.

Schiller tut den nächsten Schritt. Er schreibt dem Älteren, dem Berühmten, dem auf Distanz Bedachten einen Brief: »Lange schon habe ich, obgleich aus ziemlicher Ferne, dem Gang Ihres Geistes zugesehen und den Weg, den Sie sich vorgezeichnet haben, mit immer erneuerter Bewunderung bemerkt.«[1] Und er unternimmt es kühn (aber durchaus respektvoll), Goethes Wesen und das Wesen seiner Dichtkunst zu deuten. Als einen »in die nordische Schöpfung geworfenen griechischen Geist« beschreibt er ihn. Goethes »intuitiver«, in der unmittelbaren Anschauung von Natur und Erfahrungswelt gründender Dichtung setzt Schiller das eigene, auf Begriffen und Ideen beruhende »spekulative Verfahren« entgegen. Während er von einer Idee ausgehe, nehme Goethe die Mannigfaltigkeit des Seienden zur Grundlage. Beide Vorgangsweisen träfen einander jedoch auf halbem Wege, da die seine auf der Suche nach der Erfahrung, die Goethes auf der Suche nach dem Gesetz sei.

Nach wenigen Tagen kommt Goethes Antwort: »*Zu meinem Geburtstage, der mir diese Woche erscheint, hätte mir kein angenehme-*

res Geschenk werden können als Ihr Brief, in welchem Sie mit freundschaftlicher Hand die Summe meiner Existenz ziehen und mich durch Ihre Teilnahme zu einem emsigern und lebhafteren Gebrauch meiner Kräfte aufmuntern [...] Alles, was an und in mir ist, werde ich mit Freuden mitteilen.«[2] Goethe hat begriffen, dass Schillers Brief ein »Antrag« war, und er nimmt ihn an.

An Christian Gottfried Körner schreibt Schiller: »Wir hatten vor sechs Wochen über Kunst und Kunsttheorie ein Langes und Breites gesprochen und uns die Hauptideen mitgeteilt, zu denen wir auf ganz verschiedenen Wegen gekommen waren. Zwischen diesen Ideen fand sich eine unerwartete Übereinstimmung, die umso interessanter war, weil sie wirklich aus der größten Verschiedenheit der Gesichtspunkte hervorging. Ein jeder konnte dem anderen etwas geben, was ihm fehlte, und etwas dafür empfangen. Seit dieser Zeit haben diese ausgestreuten Ideen bei Goethe Wurzel gefasst, und er fühlt jetzt ein Bedürfnis, sich an mich anzuschließen und den Weg, den er bisher allein und ohne Aufmunterung betrat, in Gemeinschaft mit mir fortzusetzen.«[3]

Es geht um mehr als Freundschaft und Austausch, es geht um einen Bund, um ein gemeinsames Ziel. Kein politisches Bündnis, wie es Goethe vor Jahren mit dem Herzog eingegangen war, sondern ein künstlerisch-ästhetisches. Eine neue »Klassik«* ist zu schaffen.

---

* Unter »Klassik« wird ein gemeinverbindlicher Stil verstanden, wie er etwa in bestimmten Epochen der griechischen und römischen Antike herrschte. In Frankreich gilt die Epoche Louis XIV. als die »klassische«. Auf einer weiteren Bedeutungsebene meint »Klassik« mustergültig, maßvoll, harmonisch, im Gegensatz zu »Manierismus« oder zur Romantik.

Wie Schiller richtig interpretiert hat, ist es seit Italien und der Zusammenarbeit mit Karl Philipp Moritz das Ziel von Goethes Kunst und seiner kunsttheoretischen Betrachtungen, hinter wechselnden äußeren Erscheinungen das innere Gesetz zu erkennen. Der Künstler beginnt damit, dass er Natur nachbildet. Doch er muss auch mit der Natur wetteifern und ihre Formen in höherer Schönheit, »gleichsam idealisch geläutert, zutage bringen«[4].

»Stil« als höchste künstlerische Ausdrucksform, die über der Nachahmung der Natur und auch über der subjektiven »Manier« steht, beruht für Goethe *»auf den tiefsten Grundfesten der Erkenntnis, auf dem Wesen der Dinge«*[5]. Dies entspricht Schillers Postulat der »Idealisierung« als einer der ersten Erfordernisse der Dichtung: »Etwas idealisieren heißt […] es aller seiner zufälligen Bestimmungen zu entkleiden und ihm den Charakter innerer Notwendigkeit beizulegen«[6]. Darin steckt die Forderung, über die Realität hinauszugehen und in der Schönheit der Kunst Vollkommenes zu schaffen und Ideal und Wirklichkeit zu versöhnen.

Genauso ist es die humane Aufgabe, die eigene Person zu bilden, Angeborenes zu entfalten, ethischen Leitbildern zu entsprechen. Wie der englische Philosoph Shaftesbury, wie auch Kant, ist Schiller überzeugt, dass das entwickelte Gefühl für Schönheit auch sittlicher mache, dass »wahrhafte Kunst zu einem wahrhaften Leben« führe.[7] Goethe – vorsichtiger, was das »Sittliche« angeht – spricht, wenn es um Selbstvervollkommnung geht, lieber vom Wesensgemäßen. Er verwendet den griechischen Begriff der »Entelechie«, des Wesenskerns, auf dem das je eigene Entwicklungsprinzip beruht. Sinn des Daseins sei die Entfaltung und Vollendung jener *»geprägte[n] Form, die lebend sich entwickelt«*[8].

Plattform und Aushängeschild der neuen »Klassik« wird Schillers 1795 gegründete Zeitschrift, die *Horen*.* Eine Zeitschrift für Veröffentlichungen der besten Denker der Zeit. Die Themen der Beiträge sollen strikt unpolitisch sein. Die *Horen*, so die Ankündigung Schillers, sollen sich absetzen vom »allverfolgenden Dämon der Staatskritik« (also von revolutionärer Gesinnung); sie sollen die durch »das beschränkte Interesse der Gegenwart« befangenen Geister »durch ein allgemeines und höheres Interesse an dem, was *rein menschlich* und über allen Einfluss der Zeiten erhaben ist«, befreien und die politisch geteilte Welt »unter der Fahne der Wahrheit und Schönheit«[9] wieder vereinigen.

Schillers eher zurückhaltendes Interesse für die Revolution ist während der Jakobiner-Massaker 1792 vollends erloschen. In einem Brief an Prinz Friedrich Christian von Augustenburg vom 13. Juli 1793 legte er seinen Standpunkt klar: »Politische und bürgerliche Freiheit bleibt immer und ewig das heiligste aller Güter [...], aber man wird diesen herrlichen Bau nur auf dem festen Grund eines veredelten Charakters aufführen, man wird damit anfangen müssen, für die Verfassung Bürger zu schaffen, ehe man den Bürgern eine Verfassung geben kann.«[10] In der Abhandlung *Über die ästhetische Erziehung des Menschen*, Schillers erster eigener Veröffentlichung in den *Horen*, wird allerdings doch ein politischer Hintergrund des ästhetischen Projekts der »Klassik« sichtbar: Verbürgerlichung des ökonomisch-politischen Lebens, schrittweise Abschaffung des Feudalismus unter der gemeinsamen Führung des gebildetsten

---

* Die »Horen« sind die drei griechischen Göttinnen der Jahreszeiten; sie symbolisieren auch ethische Werte: Eunomia (wohltätiges Gesetz), Dike (Gerechtigkeit) und Eirene (Friede).

und fortschrittlichsten Teiles von Bürgertum und Adel. Kunst wird zur Wegbereiterin des Vernunftstaates. Nicht ein gewaltsamer Umsturz soll diesen Vernunftstaat herbeiführen, sondern die evolutionäre Überwindung, also die Umbildung des Bestehenden durch allmähliche Reform.

Der Herausgeber Schiller hätte am liebsten jenen Roman in den *Horen* abgedruckt, an dem Goethe zur Zeit arbeitet: *Wilhelm Meisters Lehrjahre*. Darin geht es immerhin um ihr zentrales Thema: Charakterbildung durch Kunst. Doch dieses Werk hat bereits der Verlag Unger unter Vertrag. Für die *Horen* bietet Goethe eine Novellensammlung an – wieder ein neues literarisches Gebiet, auf dem er sich versucht. *Die Unterhaltungen deutscher Ausgewanderter* ist eine Folge von Geschichten, die durch eine Rahmenerzählung zusammengehalten sind: Eine adelige Familie, die in der Folge des Kriegs gegen Frankreich das Land am linksrheinischen Ufer verlassen musste, ist auf ihre Besitzungen zurückgekehrt. Freunde gesellen sich zu ihr. Doch latente Konflikte, der »politische« Diskurs trüben die Freude der Heimkehr. Bis die Dame des Hauses, die »Baronesse«, ein Machtwort spricht: *»Müssen denn eure Gemüter nur so blind und unaufhaltsam wirken und dreinschlagen wie die Weltbegebenheiten, ein Gewitter oder ein anderes Naturphänomen?«*[II] Man möge zur schönen Sitte zurückkehren, einander mit Geschichten, Gedichten und philosophischen Betrachtungen zu zerstreuen.

Die nunmehr erzählten Novellen sind politisch nur insofern, als auch das Private politisch ist. Es geht um persönliche Haltungen, um Fragen der Gesinnung, sittliche Entscheidungen. Unausgesprochene Leitidee ist die Überwindung von Krisen und Chaos durch humane Bildung und seelische Kultur. Die

Idee der Harmonie von Individuum und Gesellschaft ist symbolisiert durch *Das Märchen*, das den Novellenzyklus abschließt. Auf den ersten Blick reines ästhetisches Spiel, erzählt es von der Integration der Gegensätze, von friedlichem Wandel anstelle von Gewalt.

Dass die *Unterhaltungen deutscher Ausgewanderter* keine reine Unterhaltungslektüre, kein »*leichter Nachtisch*« sind, wie vom Autor behauptet, wird von den aufmerksamen Lesern der *Horen* natürlich bemerkt. Man kennt Goethes Ideal eines »aufgeklärten Reformadels«, des politischen Ausgleichs auf der Grundlage sozialer Reformen und unter Wahrung der Tradition.

Johann Friedrich Reichardt, ein mit Goethe befreundeter Komponist und Journalist, der in jüngster Zeit aus politischen Gründen zu ihm auf Distanz gegangen ist, weist in seinem eigenen Journal *Deutschland* darauf hin, wie sehr man in Goethes *Unterhaltungen deutscher Ausgewanderter* »dem alten System zugetan« sei. Auch Schillers *Über die ästhetische Erziehung des Menschen*« wird von ihm und anderen einer scharfen Kritik unterzogen. In einem *Zuchtspiegel für Adelige* schreibt Friedrich Christian Laukhard: Schiller sage, keine Regierung könne die Völker bürgerlich frei machen, bevor sie sich nicht selbst moralisch frei gemacht hätten. »Dies ist wahrscheinlich ebenso viel, als wenn man behaupten wolle, man müsse keinem erlauben, eher gehen zu lernen, bis er tanzen gelernt hätte.«[12]

Trotz gleicher Zielsetzung – die Freundschaft zwischen Goethe und Schiller folgt keinem Kalkül, ist kein bloßes Zweckbündnis. Auch steckt dahinter nicht die heimliche Hoffnung, gemeinsam könnte es ihnen gelingen, aus jahrelanger künstlerischer Stagnation herauszukommen. Keiner von ihnen hat es darauf angelegt, den anderen zu »benutzen«; wenngleich sie einander in ihrer Gegensätzlichkeit eingestandenermaßen brauchen und beflügeln. So schreibt Goethe 1794 über den Beginn ihrer Freundschaft: »[...] *für mich war es ein neuer Frühling, in welchem alles froh nebeneinander keimte und aus aufgeschlossenen Samen und Zweigen hervorging.*«[13] Er hat den lang entbehrten Dichterfreund gefunden, ohne ihn zu suchen. Schiller allerdings muss bei seinem Bemühen, anzuregen und zu beraten, immer wieder die Erfahrung machen, dass ihrer beider Schaffensweisen unterschiedlicher nicht sein könnten. Bei Goethe ist so viel Unbewusstes am Werk, dass man ihn nur bis zu einem gewissen Punkt beeinflussen kann. Jede seiner Dichtungen hat ihr eigenes Leben, ihre eigene Zeit, ihre eigene Gesetzlichkeit. Eher verhält es sich so, wie Goethe bereits in seinem ersten Antwortbrief schrieb: Durch Schillers Anteilnahme fühlt er sich zu einem emsigeren und lebhafteren Gebrauch seiner Kräfte aufgemuntert. Nie hätte ein Zweckbündnis diese enorme Produktivität, diese selbstlose Freude am Schaffen des anderen, dieses dauerhafte Vertrauen bewirkt, die die Jahre ihrer Freundschaft kennzeichnen. Die »Dioskuren« wird man sie nennen, nach dem mythischen Brüderpaar Kastor und Pollux. Beiden ist es ernst mit ihrem Anliegen. Sie glauben an den Sinn und die Aufgabe einer ästhetischen Erziehung. Der Aufklärung fehle es nicht an Licht, sondern an Wärme, konstatiert Schiller; erst wenn die Selbstbefreiung des Menschen aus seiner Unmündigkeit zum gefühlten Bedürfnis geworden ist, ist das Ziel der Aufklärung erreicht. Diesen Trieb zu wecken, sei Aufgabe der Kunst.

Und dann haben Goethe und Schiller, die neuen Freunde, die »Dioskuren«, einen Einfall, der mit ästhetischer Erziehung erstaunlich wenig – um nicht zu sagen: gar nichts – zu tun hat: Irritiert durch die kühle Aufnahme der *Horen*, unter dem Druck jahrelang aufgestauter Enttäuschung und Kränkung (wohl auch jahrelang unausgelebter Spottlust) entsteht das Projekt der *Xenien*: Satirische Epigramme nach dem Muster der *Xenia* (lateinisch: Gastgeschenke) des römischen Dichters Martial erscheinen den beiden als ideale Form und Möglichkeit, mit allen ihren Gegnern und Kritikern abzurechnen. In fröhlicher Kumpanei dichten Goethe und Schiller boshafte, oft maßlos überzogene Spottverse. Das Füllhorn der *Xenien* entleert sich über andere Dichter und ihre Werke, über Zeitschriften, über Literaturkritiker, über »die Deutschen« im Allgemeinen.

> *»Zur Nation euch zu bilden, ihr hoffet es, Deutsche, vergebens;*
> *Bildet, ihr könnt es, dafür freier zu Menschen euch aus!«*[14]

Die *Xenien* erscheinen in dem von Schiller edierten *Musenalmanach* von 1796 ohne Angabe der jeweiligen Urheberschaft, als gemeinsame Schöpfung. Unter dem Titel *Verschiedene Dressuren* geht es gegen den »revolutionären« Reichardt, der in seiner Zeitschrift *Deutschland* die angeblich reaktionäre Ausrichtung des *Musenalmanach* angriff:

> *»Aristokratische Hunde, sie knurren auf Bettler, ein echter*
> *Demokratischer Spitz kläfft nach dem seidenen Strumpf.«*[15]

Die Energie reicht aus für über 900 Epigramme. Der Aufschrei ist gewaltig. Der Spaß, den Goethe und Schiller dabei hatten, war es ihnen wert. Der Dichter Weiße vermeldet: »Aber es wird den Verfassern wahrlich vergolten werden und schon schneit es stark Gegen-Epigramme von allen Orten her […] und die Rezensenten werden ihre Geißeln tapfer schwingen. Es kann auch nicht schaden, dass Leuten die Wahrheit gesagt wird, die sich, wie die Verfasser der *Horen*, das Monopol über Geschmack und deutsche Literatur anmaßen wollen.«[16]

Bei manchen ihrer Opfer lässt Goethe es sich danach angelegen sein, sie wieder zu versöhnen; im Übrigen ist er der Ansicht, Schillers und seine eigenen künftigen Werke würden für sich sprechen und all die Aufregung wieder vergessen lassen. »*Nach dem tollen Wagestück mit den* Xenien *müssen wir uns bloß großer und würdiger Kunstwerke befleißigen und unsere proteische Natur zur Beschämung aller Gegner in die Gestalten des Edlen und Guten umwandeln.*«[17]

Goethe behält schließlich recht. Doch wird es viel länger dauern, als er angenommen hat. Dreierlei hat er nicht bedacht oder nicht vorhergesehen: Zum einen, dass die junge, nachdrängende Dichter-Generation grundsätzlich einen Reibebaum braucht und dass er sich in seiner Berühmtheit und Etabliertheit dafür anbietet wie kein Zweiter. Zum anderen, dass seine Werke von nun an (mit wenigen Ausnahmen) seiner Zeit weit hinterher zu sein scheinen oder weit voraus; jedenfalls immer »unzeitgemäß«, immer gegen die jeweilige Zeitströmung gerichtet. Und schließlich vergisst Goethe, was er seit seinem *Werther* wissen muss, dass dem Publikum der »Stoff« stets wichtiger sein wird als die Form und dass er nun einmal so gesehen in erster Linie als gottloser und unmoralischer Autor gilt.

In beklagenswerter Verkennung der Realität sieht Goethe sich als Wissender und Lehrender, als einer, der den Nachkommenden Regeln und Richtschnur bieten kann. Doch die neue literarische Bewegung, die »Romantik«, entwickelt ihre eigene Vorstellung von Kunst: Keine Regeln, keine Gattungsbestimmungen, wie Goethe und Schiller sie festlegen wollen!

Alles soll ineinanderfließen – Drama, Epos, Lyrik, Reales und Fantastisches. Das Vorbild der antiken »heidnischen« Kunst wird verworfen zugunsten deutscher Tradition und einer Renaissance des Katholizismus. Dass auf Seiten Goethes höchst wortgewandte Anhänger und Bewunderer streiten, allen voran die Brüder August Wilhelm und Friedrich Schlegel, aber auch Wilhelm von Humboldt und natürlich Schiller, steigert die Angriffsfreude seiner Gegner noch.

Man stürzt sich auf den endlich veröffentlichten Roman *Wilhelm Meisters Lehrjahre*. Das vor siebzehn Jahren geplante »Experiment« hat einen sonderbaren Verlauf genommen. Ja, wie sich zeigt, hat es noch nicht einmal ein Ende gefunden: Sein Held *Wilhelm Meister* ist ein durchaus liebenswürdiger und gutherziger junger Mann, der der Enge eines bürgerlichen, kaufmännisch orientierten Lebens entrinnen will. Von einer künstlerischen Existenz träumt Wilhelm, er strebt nach »Höherem«. Als ein solches »Höheres«, als Fluchtmöglichkeit vor dem »Philistertum«, erscheint ihm das Theater. Er sieht darin eine Ausbildungs- und Erweiterungsmöglichkeit seiner eigenen Persönlichkeit und darüber hinaus eine Bildungsstätte für das deutsche Volk. Ein »Nationaltheater« schwebt Wilhelm vor: Dichtungen und Darbietungen auf höchstem Niveau; Schauspiele, durch die jene Empfindungen und Gedanken in den Zuschauern hervorgerufen werden, die sie haben sollen, nicht jene Empfindungen, die sie haben wollen.

In der Folge erlebt er das Theater in allen Formen und in allen Rollen: als Dichter, Darsteller, Dramaturg und Regisseur. Sein inneres Wachsen durch das Kunsterlebnis gipfelt in der Entdeckung Shakespeares, des Theatergenies schlechthin. Und doch verlässt er die Welt des Theaters wieder.

Wilhelm Meister entscheidet sich am Ende für ein unspektakuläres bürgerliches – wenn auch nicht philisterhaftes – Leben. Sein Freund und Mentor Jarno spricht aus, was für Wilhelms weiteres Leben bestimmend sein wird: *»Es ist gut, dass der Mensch, der erst in die Welt tritt, viel von sich halte, dass er sich viele Vorzüge zu erwerben gedenke, dass er alles Mögliche zu machen suche; aber wenn seine Bildung auf einem gewissen Grade steht, dann ist es vorteilhaft, wenn er sich in einer größeren Masse verlieren lernt, wenn er lernt, um anderer willen zu leben und seiner selbst in einer pflichtmäßigen Tätigkeit zu vergessen.«*[18]

Das Thema »Entsagung« ist angestimmt.

Obwohl Schiller den *Wilhelm Meister* nicht für seine *Horen* haben kann, nimmt er großen Anteil am Fortschritt des Romans. Er bewundert die Fülle und Subtilität von Goethes Gestaltungskraft, er sorgt sich, die Leser könnten diese Feinheiten nicht würdigen.

Goethe dankt Schiller für seine Anteilnahme und Kritik. *»Nun schützt mich Ihre warnende Freundschaft vor ein paar in die Augen fallenden Mängeln; bei einigen Ihrer Bemerkungen habe ich das sogleich gefunden, wie zu helfen sei, und werde bei der neuen Abschrift davon Gebrauch machen. Wie selten findet man bei Geschäften und Handlungen des gemeinen Lebens die gewünschte Teilnahme; und in diesem hohen ästhetischen Fall ist sie kaum zu hoffen; denn wie viele Menschen sehen das Kunstwerk an sich selbst! Wie viele können es übersehen (überblicken)! Und dann ist es doch nur die Neigung, die alles sehen kann, was es enthält, und die reine Neigung, die dabei noch sehen kann, was ihm mangelt!«*[19]

Mit diesem ersten Entwicklungsroman der Literatur hat Goethe abermals Neuartiges geschaffen. Wilhelm Meister erlebt alles, was ihm begegnet, als Bildungselement; immer wieder überprüft er seine Ideale und Ziele und versucht, sich neu zu orientieren. Zugleich ist *Wilhelm Meisters Lehrjahre* der erste große Versuch, die Probleme des modernen bürgerlichen Lebens in Deutschland darzustellen. Es ist ein Roman über die Vielgestaltigkeit menschlicher Lebensziele, die nicht mehr an einer allgemeinverbindlichen Weltanschauung ausgerichtet werden können. Goethe, selbst beständig auf der Suche nach sinnerfüllter Existenz, spielt dieses Streben »im Erprobungsraum der Dichtung«[20] durch. Ergebnis: Der Held ist einem falschen Ideal nachgelaufen. Die Frage, die hinter dem ursprünglichen Entwurf *Wilhelm Meisters theatralische Sendung* stand: Wird Wilhelm einst der deutsche Nationaldichter werden?, ist ersetzt worden durch eine andere, wesentliche Frage: Wenn das Ideal – sei es wahr oder falsch – nicht erreicht werden kann, wie ist dann ein Sinn im Leben zu finden? Damit ist *Wilhelm Meister* das Gegenthema zu Goethes großen Mythen – dem *Werther*, dem *Faust*.

Herder verurteilt den Roman wegen der Leichtfertigkeit des Theatermilieus, in dem die Handlung sich größtenteils abspielt. Philine, eine der Schauspielerinnen, macht Wilhelm eindeutige unmoralische Angebote und wird vom Autor dafür nicht einmal verurteilt. An eine entrüstete Freundin schreibt Herder: »Über alles dieses denke ich wie Sie, liebe gnädige Gräfin, und jedes feine moralische Gefühl, dünkt mich, fühlt also. Goethe denkt hierin anders. Wahrheit der Szenen ist ihm alles, ohne dass er sich um das Pünktchen der Waage, das aufs Gute, Edle, auf die moralische Grazie weiset, ängstlich bekümmert.«[21]

Friedrich Schlegel schreibt an seinen Freund Schleiermacher: »Fr.[iedrich Paul] Richter [Jean Paul] ist ein vollendeter Narr und hat gesagt, der ›Meister‹ sei gegen die Regeln des Romans. Auf die Anfrage, ob es denn eine Theorie desselben gebe und wo man sie [ihrer] habhaft werden möchte, antwortet die Bestie: ›Ich kenne eine, denn ich habe eine geschrieben.‹«[22]

Tatsächlich bedarf es kaum einer Theorie des Romans, um zu erkennen, dass der Stoff des *Wilhelm Meister* »Webfehler« aufweist. Die psychologischen Unglaubwürdigkeiten, insbesondere des letzten Kapitels, werden zu Recht kritisiert. Doch was noch mehr irritiert: *Wilhelm Meister* erscheint als ein denkbar »ungeeigneter« Held: So passiv (bildsam), duldsam und genügsam ist er, dabei finanziell stets abgesichert und unabhängig, dass man ihn schwerlich als Beispiel, geschweige denn als Ideal einer bürgerlichen Karriere und Charakterentwicklung ansehen möchte. Noch weniger können Leser sich mit einem Helden identifizieren, der im Laufe der Romanhandlung immer unwichtiger wird und schließlich ganz im Hintergrund der Geschichte zu verschwinden scheint. Schiller mit seinem Gespür für Dramatik und Wirkung versuchte, den Freund auf die Schwächen des Romans hinzuweisen, indem er ihm empfahl, das Verhältnis von Idee und Handlungsgang noch ein wenig deutlicher herauszuarbeiten. Doch Goethe blieb eigensinnig, wenngleich er einräumt, dass »*die scheinbaren, die ausgesprochenen Resultate viel beschränkter seien als der Inhalt des Werks und dass der Autor gleichsam mutwillig Additionsfehler gemacht habe*«[23].

Das Junggenie der Romantik, Friedrich von Hardenberg, Dichtername: Novalis, fährt in seiner Kritik schwere Geschütze auf: *Wilhelm Meister* sei ein Roman gegen die Kunst. Mit ihm habe Goethe sein eigenes Programm verraten: die Ästhetisierung des Lebens, die Vollendung des Menschen im Künstler.

Novalis verweist auf Voltaires Satire *Candide*, die Leibniz' These von der »besten aller Welten« verspottete. Wie Voltaire über den Glauben an Gott, so habe Goethe sich über den Glauben an die Kunst lustig gemacht. »Es ist ein *Candide* gegen die Poesie. [...] ich sehe so deutlich die große Kunst, mit der die Poesie durch sich selbst im *Meister* vernichtet wird [...]«[24]

Scharfsichtig hat Novalis erkannt, dass der *Wilhelm Meister* eine Warnung vor einer rein ästhetischen Lebensauffassung ist, von der Goethe sich schwer genug losgerungen hat.

Im *Wilhelm Meister* wird das Streben nach Selbstverwirklichung durch Kunst zu einem »*Irrtum*« des Helden. Wie überhaupt sein Lebensweg eine Abfolge von Irrtümern ist. Der *Abbé*, ein Mitglied jener geheimnisvollen »*Turmgesellschaft*«, die Wilhelms Lebensweg im Hintergrund beobachtet und begleitet, rechtfertigt den seltsamen Entwicklungsweg der »*Lehrjahre*«: »*Nicht vor Irrtum zu bewahren, ist die Pflicht des Menschenerziehers, sondern den Irrenden zu leiten, ja ihn seinen Irrtum aus vollen Bechern ausschlürfen zu lassen.*«[25] Wilhelms vermeintliche »theatralische Sendung« war eine Illusion. Nicht in der Kunst liegt seine Aufgabe, sondern im Sich-Einfügen in eine tätige Gemeinschaft. Der Held findet etwas anderes, als er gesucht hat, und ist doch am Ende glücklich. In seinem Tagebuch notiert Goethe: »[...] *dass all die falschen Schritte zu einem unschätzbaren Guten hinführen,* [ist] *eine Ahnung, die sich im* Wilhelm Meister *immer mehr entfaltet, aufklärt und bestätigt, ja sich zuletzt mit klaren Worten ausspricht:* ›*Du kommst mir vor wie Saul, der Sohn Kis', der ausging, seines Vaters Eselinnen zu suchen, und ein Königreich fand.*‹«[26]

Es sind auch die letzten Worte des Romans. Sie bieten mehr Andeutung als Erklärung. Es gibt in *Wilhelm Meisters Lehrjahre* keine allgemeingültige Einsicht oder Wahrheit. Wie immer in seiner Dichtung entzieht Goethe sich der Forderung der Leser nach einem Standpunkt. (Und im Übrigen plant er ja einen zweiten Teil!)

Auch zu Interpretationen des Romans durch andere äußert Goethe sich höchst unbestimmt. Selbst für eine aufrichtig wohlmeinende Deutung des Werks wie die von Schillers Freund Körner bedankt er sich mit allerfeinster Ironie: Körner schwebe über dem Ganzen, übersehe die Teile mit Eigenheit und Freiheit, nehme bald da, bald dort einen Beleg zu seinem Urteil heraus und dekomponiere das Werk, um es nach seiner Art wieder zusammenzustellen.[27]

Doch kann Goethe den *Wilhelm Meister* überhaupt erklären? Eine *Mignon* in ihrer unstillbaren Sehnsucht? Eine *Philine* in ihrer unbändigen Lust und Lebensfreude? Einen *Harfner* in seinem untröstlichen Leid? Für diese schillernden Geschöpfe prägt er den Begriff des »*Inkommensurablen*« (des Unwägbaren, Unvergleichlichen). Es ist schlechterdings nicht zu sagen, wie die Romangestalten »eigentlich« sind, noch weniger, wie sie entstanden. Und doch sind sie da und lebendig.

Im letzten Brief seines Lebens, am 17. März 1832, schreibt Goethe an Wilhelm von Humboldt: Jedes Talent benötige etwas »*Angeborenes*«, das es sicher leite, auch wenn es sich »*ziel- und zwecklos*« bewege. Das beste Genie nehme alles in sich auf und verarbeite es, ohne dass seinem eigentümlichen Charakter geschadet werde. Dabei träten nun allerdings »*die mannigfaltigen Bezüge ein zwischen dem Bewussten und dem Unbewussten*«.[28]

Ein Paradebeispiel für das Zusammenspiel von Bewusstem und Unbewusstem ist die 1796 entstandene Elegie *Alexis und Dora*, über die Schiller sagt: »Gewiss gehört sie unter das Schönste, was Sie gemacht haben.«[29]

> »Ach! unaufhaltsam strebet das Schiff mit jedem Momente
> Durch die schäumende Flut weiter und weiter hinaus!
> Lange Furchen hinter sich ziehend, worin die Delfine
> Springend folgen, als flöh ihnen die Beute davon.«[30]

Auf das Bild des ins Meer hinaus fahrenden, von Delfinen begleiteten Schiffs folgt eine Rückblende: Alexis, ein griechischer Kaufmann, ist eben dabei, zu einer Handelsfahrt in See zu stechen, und verabschiedet sich von seiner Nachbarin Dora. Sie gibt ihm einen Korb mit Früchten aus ihrem Garten mit auf die Reise. Und da – im Wunder eines Augenblicks – wird er sich seiner Liebe zu ihr bewusst. Auch sie liebt ihn. Überwältigt von ihren Gefühlen, küssen sie einander. Alexis kann sein Glück kaum fassen. »*Dora, und bist du nicht mein?*« Dora erwidert ihm: »*Ewig!*«

Doch noch ehe das Schiff den Hafen verlassen hat, wird Alexis schon von heftiger Eifersucht gequält.

> »*Ja, ein Mädchen ist sie! und die sich geschwinde dem einen*
> *Gibt, sie kehret sich auch schnell zu dem andern herum.*«[31]

Wild und verzweifelt ruft er Zeus an, das Schiff mit dem Blitz zu zerschmettern, seine Waren den tobenden Wellen, ihn selbst den Delfinen zum Raub zu geben, da glätten sich mit einem Mal die inneren Wogen und Alexis (oder der Autor) endet:

> »*Nun, ihr Musen, genug! Vergebens strebt ihr zu schildern,*
> *Wie sich Jammer und Glück wechseln in liebender Brust.*
> *Heilen könnet ihr nicht die Wunden, die Amor geschlagen;*
> *Aber Linderung kommt einzig, ihr Guten, von euch.*«[32]

Der jähe, unmotivierte Eifersuchtsanfall des Alexis trübt für Schiller die Schönheit des Gedichts. Lieber hätte er Alexis' »glückliche Trunkenheit« für immer festgehalten. Goethe versucht, eine (wie immer unzulängliche) Erklärung zu geben, die er mit der Bemerkung schließt: »*So viel zur Rechtfertigung des unerklärlichen Instinkts, durch welchen solche Dinge hervorgebracht werden.*«[33] (Johannes Brahms wird, was Goethe »*solche Dinge*« nennt, zu einem rauschhaft schönen Lied vertonen und Schillers Wunsch ist im Grunde ja auch erfüllt: Alexis' »glückliche Trunkenheit« ist für immer festgehalten.)

Friedrich Schlegel schreibt über *Alexis und Dora* an seinen Bruder August Wilhelm: »Wer so dichten kann, ist glücklich wie ein Gott.«[34]

Und dann – zu jedermanns Erstaunen, auch zu seiner eigenen Überraschung – hat Goethe ein Epos in Hexametern gedichtet, gegen das sich nicht das Geringste einwenden lässt und das zu einem gewaltigen Publikumserfolg wird: *Hermann und Dorothea.*

An Goethes Freund Heinrich Meyer schreibt Schiller: »Sie werden sehen, dass es der Gipfel seiner und unsrer ganzen neueren Kunst ist […] Während wir anderen mühsam sammeln und prüfen müssen, um etwas Leidliches langsam hervorzubringen, darf er nur leis an dem Baume schütteln, um sich die schönsten Früchte, reif und schwer, zufallen zu lassen.«[35]

Diese Früchte sind aber nicht an einem zufällig am Wegrand stehenden Baum gereift, sondern in Goethe selbst. Aus Wurzeln tief in seinem Wesen, aus Materie, die lang schon auf zulängliche Gestaltung wartet, aus Gegenwärtigem, das poetisch ausgedrückt sein will und ans Licht kommen. Und das er dann, wie er einmal schreibt, »*gewissermaßen instinktartig auf das Papier fixiert*«.³⁶

Eine Episode aus der Zeit der Salzburger Protestantenvertreibung versetzt Goethe von 1730 in die Neunzigerjahre des 18. Jahrhunderts. Viele Deutsche sind durch die Revolutionskriege vom linken Rheinufer vertrieben worden und ziehen als Flüchtlinge durch die Lande. In einer kleinen Stadt verliebt sich der Gastwirtsohn Hermann in ein Mädchen, das er im Zug der Flüchtlinge erblickt: Dorothea. Er erkennt in ihr die Frau, die ihm bestimmt ist, und will sie als Braut nach Hause führen. Ein paar Widrigkeiten und Missverständnisse bleiben nicht aus; Wolken von Argwohn und Vorbehalten müssen zerstreut werden, doch am Ende wird der glückliche Bund geschlossen. Wie der epische Stil es verlangt, sind die in *Hermann und Dorothea* geschilderten Situationen archaisch, heute ebenso gültig wie zu Homers Zeiten – in Goethe und Schillers Verständnis also »klassisch«. Eine bildhafte Szene reiht sich an die andere.

Hermann begegnet Dorothea wie zufällig wieder, als sie am Brunnen Wasser holt. Von seiner Liebe zu ihr wagt er zunächst nicht zu sprechen. Doch Liebe liegt in der Luft, als er ihr hilft, Wasser aus dem Brunnen zu schöpfen:

»*Und er fasste den anderen Krug und beugte sich über.*
Und sie sahen gespiegelt ihr Bild in der Bläue des Himmels
Schwanken und nickten sich zu und grüßten sich freundlich
im Spiegel.«³⁷

»*Ich habe* [...] *die großen Bewegungen und Veränderungen des Welttheaters aus einem kleinen Spiegel zurückzuwerfen getrachtet*«, schreibt Goethe an Heinrich Meyer.³⁸

Gymnasialdirektor Böttiger erteilt ausnahmsweise uneingeschränktes Lob, nennt Goethe »homerisch groß und neu«. »War je eine Epopöe *Volksgedicht*, so muss es diese werden. Der gemeinste Verstand wird es fühlen, der geübteste und gelehrteste wird es *bewundern*. Es steht auf einer ungeheuren Basis, auf der Französischen Revolution ... Und doch sieht man die Schrecknisse nur aus der Ferne, hört das Gewitter nur hinter dem Gebirge, wird nie im fröhlichsten Genusse der sichern Gegenwart gestört.«[39]

Doch die Schrecknisse sind gar nicht so fern; die Idee der Ordnung, die im Epos verklärt wird, hat ihren »Gegenpol« im nur allzu erinnerlichen Chaos: Dorotheas früherer Verlobter ist während der Revolution umgekommen. Und sie weiß noch seine letzten Worte, ehe er nach Paris aufbrach:

»*Alles regt sich, als wollte die Welt, die gestaltete, rückwärts
Lösen in Chaos und Nacht sich auf und neu sich gestalten.*«[40]

Noch auf das glückliche Ende, Dorotheas Verlobung mit Hermann, fällt der Schatten des »Terreur«, sodass die Braut unwillkürlich erschauert.

»[...] *So scheint dem endlich gelandeten Schiffer
Auch der sicherste Grund des festesten Bodens zu schwanken.*«[41]

Das Epos endet bezeichnenderweise nicht mit der Anrufung der Freiheit; von Frieden spricht Hermann stattdessen:

»*Weiß ich durch dich nur versorgt das Haus und die liebenden Eltern,
O, so stellt sich die Brust dem Feinde sicher entgegen.
Und gedächte jeder wie ich, so stünde die Macht auf
Gegen die Macht, und wir erfreuten uns alle des Friedens.*«[42]

Hermann und Dorothea erregt allgemein Entzücken und Wohlgefallen. Und auch die »ästhetischen Erzieher« Goethe und

Schiller können zufrieden sein, da Kunst hier das sittliche Empfinden anspricht. Das Epos zeigt, wie die Enge des kleinstädtischen Bürgertums erweitert wird zum Weltbürgertum, indem die Menschen sich öffnen für das Fremde. Symbolisiert ist die Weltoffenheit durch die Heirat des Honoratiorensohns Hermann mit Dorothea.

Nach Jahren des Verschmähtwerdens durch das Publikum endlich wieder ein Erfolg! *Hermann und Dorothea* übertrifft an Breitenwirkung selbst den *Werther* und wird bald in alle europäischen Sprachen übersetzt. Von Goethe ist die Bemerkung überliefert, er habe, »*was das Material betrifft, den Deutschen einmal ihren Willen getan und nun seien sie äußerst zufrieden*«[43]. Doch dieser Sarkasmus ist gespielt. Goethe freut sich sehr über die guten Kritiken. Und zufrieden schreibt er an Schiller: »*Es ist kein geringer Vorteil für mich, dass ich wenigstens auf der letzten Strecke meiner poetischen Laufbahn mit der Kritik in Einstimmung gerate.*«[44] Goethe ist 49 Jahre alt und hat keine Ahnung, was noch auf ihn zukommt.

Wie um den »Romantikern« zu zeigen, dass man sie auch auf dem Gebiet der von ihnen erträumten »Universalpoesie« übertreffen könne, kultivieren die »Dioskuren« nunmehr eine dichterische Form, die Goethe als das »*Ur-Ei*« der Poesie bezeichnet: die Ballade. In ihr vereinigen sich Erzählerisches, Dramatisches und Lyrisches. Fantastisches durchzieht sie, Geheimnisse walten. Der *Musenalmanach* des Jahres 1798 bringt jene Balladen, die als Goethes und Schillers schönste und tiefsinnigste – als ihre »klassischen« – gelten. Faszinierend die gedankliche Fülle, aus der hier geschöpft wird, faszinierend, wie insbesondere bei Goethe keine Ballade der anderen gleicht. Alle Möglichkeiten dieser Dichtung werden ausgelotet.

Hochdramatisch, stets in direkter Rede, virtuos in Versgestaltung und Klangmalerei ist der *Zauberlehrling*, der anhebt wie ein hämisches Gekicher:

»*Hat der alte Hexenmeister/Sich doch einmal wegbegeben!*«[45]

Ganz anders, bedächtig erzählend, nach Art alter Märchen, der Anfang der *Legende*: »*Als noch, verkannt und sehr gering, /Unser Herr auf Erden ging* [...]«[46]

In denkbar größtem Gegensatz dazu die Ballade *Die Braut von Korinth*! Unheimlich, schattenhaft, flackernd zwischen Lust und Schaudern, schildert sie die Verführung eines Jünglings durch seine einstige Braut, die zur Untoten, zum Vampyr geworden ist. »*Wie der Schnee so weiß. /Aber kalt wie Eis/Ist das Liebchen, das du dir erwählt.*«[47]

Als ekstatischer Tanz beginnt *Der Gott und die Bajadere*, die Ballade vom indischen Gott Mahadö, der zur Erde hinabsteigt und dort auf ein Freudenmädchen trifft:

»›*Und wer bist du?*‹ – ›*Bajadere,*
Und dies ist der Liebe Haus.‹
Sie rührt sich, die Cymbeln zum Tanze zu schlagen;
Sie weiß sich so lieblich im Kreise zu tragen,
Sie neigt sich und biegt sich und reicht ihm den Strauß.«[48]

Für jede Ballade entsteht eine eigene Vers- und Strophenform, ein eigener Rhythmus, ihr und keiner der anderen Balladen angemessen. Die Form fügt sich dem Stoff – auf eine Art, die Goethe selbst im Rückblick auf den Entstehungsprozess als »*magisch*« bezeichnet. Nun hat er Lust, die Arbeit an seinem *Faust*-Drama wieder aufzunehmen; die Balladendichtung, sagt er, hätte ihn wieder »*auf diesen Dunst- und Nebelweg gebracht*«[49].

Auch Schiller hat 1796 ein länger geplantes Projekt wieder aufgenommen; ein Drama, das sich wegen der übergroßen Stoff-Fülle schließlich zur Trilogie ausweitet: *Wallenstein*. Nun ist es Goethe, der den Freund bei der schwierigen Arbeit unterstützt und begleitet. An Christian Gottlieb Körner schreibt Schiller: »[...] es gibt so wenig gehaltreiche Menschen, dass man einander, wenn man sich glücklich gefunden, desto näher rücken sollte. Ich bin in dieser Rücksicht Goethen sehr viel schuldig, und ich weiß, dass ich auf ihn gleichfalls glücklich gewirkt habe.«[50]

Als ob er vor dem gewaltigen Projekt des *Faust* doch noch zurückschreckte, bereitet Goethe sich 1797 auf eine dritte Italienreise vor. Schon seit zwei Jahren trägt er sich mit dem Plan, gemeinsam mit Heinrich Meyer an Ort und Stelle Materialien für eine umfassende Kunst- und Kulturgeschichte Italiens zu sammeln. Doch die Voraussetzungen sind ungünstig und werden immer ungünstiger: Italien ist in den Händen der Franzosen. Der 1796 begonnene Feldzug des korsischen Feldherrn Napoléon Bonaparte endet mit seinem Sieg. Französische Armeen stehen in Italien, in den Niederlanden, am Rhein. Frankfurt ist bombardiert worden, das Haus von Goethes Großvater zerstört. Heinrich Meyer, der bereits nach Rom vorausgereist war, ist dort erkrankt und zu seiner Familie in die Schweiz heimgekehrt, um sich auszukurieren. Erschüttert hört Goethe von der Plünderung der römischen Kunststätten durch die Revolutionstruppen. Dennoch zögert er, das Projekt einer dritten Italienreise aufzugeben.

Schließlich ändert er seine Pläne, will zunächst zu Meyer in die Schweiz, um dort eine weitere Entscheidung für oder gegen Italien zu treffen. Schiller, der die Weiterarbeit am *Faust* für wichtiger hält als eine Bestandsaufnahme italienischer Kunst, schreibt heimlich an Meyer mit der Bitte den Freund umzustimmen. Goethe solle sich ganz seinem höchsten Zweck, der Dichtung widmen. Das ist nur im Sinn Christianes, die tödliche Angst davor hat, ein, zwei Jahre allein in Weimar zurückzubleiben.

Um Christiane zu trösten und zu beruhigen, fährt Goethe zunächst mit ihr und dem achtjährigen August nach Frankfurt. Dort macht er sie endlich mit seiner Mutter bekannt, die Christiane herzlich aufnimmt. Nachdem seine kleine Familie wieder abgereist ist, bleibt Goethe noch zwei Wochen in Frankfurt. Es kommt zur Begegnung mit Friedrich Hölderlin, den Schiller ihm ans Herz gelegt hat. Goethe hält Hölderlin für ein durchaus vielversprechendes Talent und gibt ihm wohlmeinende Ratschläge. Doch auch ein Hölderlin lässt sich nicht raten und bleibt »sich selbst getreu«.

In diesen Frankfurter Tagen unternimmt Goethe auch eine Art Selbstbeschreibung in der dritten Person: »*Immer tätiger, nach innen und außen fortwirkender poetischer Bildungstrieb macht den Mittelpunkt und die Base seiner Existenz; hat man den gefasst, so lösen sich alle übrigen anscheinenden Widersprüche. Da dieser Trieb rastlos ist* […]«[51] Der das schreibt, hat die Entscheidung für den *Faust* und gegen Italien schon gefällt. Zwar unternimmt Goethe noch die Reise in die Schweiz, besucht den rekonvaleszenten Meyer, doch dann geht es nach Weimar zurück. Er bringt den Stoff des *Wilhelm Tell* mit, entscheidet, ihn Schiller zu überlassen.

In der »Basler Vereinbarung« von 1797 haben einzelne deutsche Fürsten, darunter Carl August, einen Sonderfrieden mit Frankreich geschlossen, der das Fürstentum Weimar für die nächsten zehn Jahre vor Angriffen bewahrt. Weimar wird zu einer Insel des Friedens in einem von Kriegen heimgesuchten Deutschland, dessen politische Entwicklung eine unselige Wendung genommen hat: Mit dem Kongress zu Rastatt von 1797 bis 1799, der die Neuordnung deutscher Länder nach der Niederlage des Koalitionsheeres zum Ziel hat, wird der Niedergang des Heiligen Römischen Reiches Deutscher Nation eingeleitet.

Die deutsche Kultur erhebt sich in dieser Zeit des politischen Niedergangs allerdings zur höchsten Blüte. Der Goethe-Biograf Nicholas Boyle spricht vom Jena des ausgehenden 18. Jahrhunderts als dem intellektuell gesehen »spannendsten Ort der Welt«: Goethe, Schiller, Fichte, die Brüder Humboldt und die Brüder Schlegel wirken und arbeiten hier, bald sollen Hegel und Schelling folgen. Alle verbindet sie der Glaube an die »neuere strebende Philosophie«, an die verändernde Macht des Idealismus.[52]

Auch nach seiner Rückkehr aus der Schweiz nimmt Goethe die Arbeit am *Faust* noch nicht wieder auf. Sein neues Projekt ist die Herausgabe einer Kunstzeitschrift, die er *Propyläen** nennt. Ein weiterer Ansatz zur ästhetischen Erziehung der Deutschen und ein weiterer Fehlschlag. Der Versuch, Normen und Regeln einer »klassischen« bildlichen Darstellung aufzustellen – Maß und Ordnung, Klarheit und strenge Linienführung, »*Tiefe des Gegenstandes*« –, erscheint längst unzeitgemäß.

---

* »Propyläen« bezeichnet das Torhaus zur athenischen Akropolis, also den Vorraum zum Allerheiligsten der Griechen.

Nach zwei Jahren muss das Erscheinen der *Propyläen* mangels Nachfrage wieder eingestellt werden.

Ähnlich unbedankt bleibt Goethes Versuch, einen »Salon« zu begründen, um das Weimarer Gesellschaftsleben zu bereichern und auf ein höheres Niveau zu heben. Die vierzehntägig veranstalteten »Mittwochskränzchen« mit Vorträgen und Festgedichten kranken an seiner autoritär und pedant ausgeübten Gastgeberrolle. In kleinerem und kleinstem Kreis kann Goethe unterhalten und seinen Charme entfalten, in einem größeren Kreis erstarrt er, doziert er und flößt Unbehagen ein. Eine gewandte, liebenswürdige Gastgeberin hätte das ausgeglichen und eine angenehme Atmosphäre geschaffen. Doch Christiane, nach wie vor gesellschaftlich geächtet, kann die Rolle der Gastgeberin nicht übernehmen. Die »Mittwochskränzchen« werden als steif und ungemütlich empfunden. Die Gäste bleiben nach und nach aus.

Zu allem Überfluss laufen in Weimar und Jena eine Reihe von Intrigen und Kleinkriegen, in die Goethe, ob er will oder nicht, einbezogen ist. Im Kreis um die Herzogin-Witwe Anna Amalia macht sich eine ausgesprochene »Goethe-Verdrossenheit« breit. Man favorisiert den erfolgreichen Dramatiker August von Kotzebue, der zwar seichte, doch äußerst effektvolle, unterhaltende Theaterstücke schreibt. Koetzebue seinerseits versucht, einen Keil zwischen Schiller und Goethe zu treiben, indem er Schiller verherrlicht. Friedrich Schlegel versucht das Gleiche in umgekehrter Stoßrichtung, veröffentlicht hymnische Rezensionen über Goethe und rezitiert im privaten Kreis boshafte Parodien auf die Balladen Schillers. Die einstigen Freunde Goethes, das Ehepaar Herder, Karl Ludwig von Knebel und Charlotte von Stein beklagen in ihren Briefen gebetsmühlenhaft den sittlichen und literarischen Verfall Goethes. Die Jungen – Jean Paul, Tieck, Novalis – kritisieren seine Kälte und Abgehobenheit. Als 1798 der »Atheismus-Streit«* um den an der Universität Jena lehrenden Philosophen Johann Gottlieb Fichte ausbricht, sucht Goethe vergeblich zu vermitteln. Auch Fichtes Abgang aus Jena wird ihm in der Folge zur Last gelegt.

Über die in Jena entstehende philosophische Richtung kommt es zwischen Carl August und Goethe zu einer ernsten Krise ihrer Freundschaft. Goethe verfolgt die Entwicklung der neuen Gedanken mit großem Interesse und lässt sich immer wieder davon anregen. Vor allem von Schellings *Ideen zu einer Philosophie der Natur* übernimmt er grundlegende Gedanken. Der darin behauptete allgemeine Dualismus in der Natur, die Anziehung und Abstoßung der Gegensätze, wird zum Leitgedanken für seine *Farbenlehre* und für alle seine künftigen naturwissenschaftlichen Arbeiten.** Carl August dagegen sieht in der Jenaer Philosophie schieres »Jakobinertum«, also revolutionären Zündstoff. Wegen der bevorstehenden Hochzeit seines Sohnes Carl Friedrich mit einer Tochter des russischen Zaren, Maria

---

* Ein Aufsatz Johann Gottlieb Fichtes, der dem Glauben an einen persönlichen Gott die Grundlage zu entziehen schien, führte zu politischen Interventionen bei Carl August. Goethe konnte den Herzog zunächst beschwichtigen und bat Fichte um Stellungnahme. Fichte konterte höchst undiplomatisch mit einem Angriff auf Herder, was den Herzog zu seiner Entlassung bewog. Fichte wechselte an die Berliner Universität.
** Schon seit seiner Jugend war Goethe mit dem dualistischen Prinzip vertraut, das in der antiken Philosophie, der Mystik und in der Alchimie vertreten wurde. Schelling aber belegte das Wechselspiel der Gegenkräfte empirisch durch Phänomene der Elektrizität und des Magnetismus.

Pawlowna – der Verbindung Weimars mit dem reaktionärsten Herrscherhaus Europas – haben nun die konservativen Kräfte im Herzogtum Oberwasser.

Auch die Leitung des Weimarer Hoftheaters bringt Goethe für viele Mühe wenig Dank. Als Theaterleiter muss er in erster Linie für ein volles Haus sorgen. Nicht leicht in einer kleinen Stadt, in der eine überschaubare Zahl von Besuchern schnell alles gesehen hat! Also spielt Goethe den Erfolgsautor Kotzebue, den er als Menschen verachtet. Er spielt alle Erfolgsautoren: Lessing, Iffland und natürlich Schiller. Ein besonderes Anliegen sind ihm Opern, und im Mittelpunkt seiner Inszenierungen steht das Werk Mozarts, den er *»ein Wunder«* nennt. Auf Wunsch des Herzogs übersetzt er zwei Dramen Voltaires, wird prompt wegen der »ästhetischen Aufwertung« der Kunst des Ancien Régime angegriffen. Doch was Goethe und Schiller anstreben, ist nicht, die Kunst des Ancien Régime wiederzubeleben, sondern sie zu übertreffen, Ideale zu präsentieren. Ideale, die – im Sinn der Vernunftideen Kants – unser Streben leiten sollen, auch wenn sie niemals ganz zu verwirklichen sind: Freiheit, Größe, Wahrheit, Schönheit. Schillers Drama *Wallensteins Lager*, der erste Teil der *Wallenstein*-Trilogie, gelangt 1798 in Weimar zur Uraufführung und wird zu einem triumphalen Erfolg. Schiller ist mit einem Schlag der Lieblingsdichter der Nation und schreibt nun Theaterstücke in rascher Folge: *Die Piccolomini, Wallensteins Tod, Die Jungfrau von Orleans, Maria Stuart, Die Braut von Messina*.

Trotz Intrigen und Querelen: Das Herzogtum Weimar ist eine »Insel der Seligen« in einem von Kriegen zerrissenen Europa, in dem ein »Dämon« erstanden ist, der es – mitsamt Weimar und Jena – verwüsten wird.

1799 kommt es in Frankreich zum Staatsstreich des 18. Brumaire: Napoléon marschiert in Paris ein; er wird Erster Consul und damit Alleinherrscher. Ein zweiter Koalitionskrieg Englands, Russlands und Österreichs gegen Frankreich beginnt.

Schiller übersiedelt von Jena nach Weimar und arbeitet enger denn je mit Goethe zusammen. Inhalt und Aufbau des *Faust* und auch eines geplanten zweiten Teils des Dramas werden immer wieder durchgesprochen. Noch ohne *Faust I* vollendet zu haben, zieht Goethe jetzt einen Akt des zweiten Teils vor. Er schreibt an einer Episode der alten Faust-Sage, die ihn in dieser Zeit am meisten interessiert: die Vereinigung Fausts mit Helena, der schönsten Frau des klassischen Altertums. Die vermeintlichen Gegensätze »Klassik« (verkörpert durch Helena) und »Romantik« (der »Ritter Faust«) sollen versöhnt, gleichsam miteinander vermählt werden.

1801 erkrankt Goethe lebensgefährlich an einer Gesichtsrose*. Die Weimarer besinnen sich. Vom Herzogpaar bis zu den Herders besuchen alle ihn am Krankenbett. Charlotte von Stein vergisst ihren Groll und ihre Verbitterung, schickt Suppe und gute Wünsche. Nach Goethes Genesung kommt es zur Aussöhnung zwischen ihnen. Christiane, die den Kranken bis zur Erschöpfung gepflegt hat, ist von der sozialen Ächtung Weimars immer noch nicht ausgenommen.

Wenigstens wird Christianes Sohn August in der Gesellschaft allgemein akzeptiert. Man liebt das hübsche und artige Kind.

---

* Eine Streptokokkeninfektion mit hohem Fieber, Delirium und der Gefahr von Blutvergiftung und Hirnhautentzündung.

Goethes Kunstauffassung wandelt sich. Die individuelle Vision des Schaffenden – in Goethes früherer Theorie als »*Manier*« zurückgestellt hinter dem »*Stil*« – wird jetzt als das Wesen aller Kunst begriffen. Der künstlerischen Vorstellungskraft, der Erfindungskraft seien keine Grenzen zu ziehen. Doch Ziel müsse ein harmonisches Ganzes sein.

Immer noch sucht Goethe nach einer Möglichkeit, das große Drama der Revolution zu schreiben. Seine Wahl fällt auf die Memoiren einer gewissen Stéphanie-Louise Bourbon-Conti, angeblich Tochter des Prinzen Bourbon-Conti und einer Herzogin von Mazarin.* Ihr Vater habe sie vor Ausbruch der Revolution legitimieren wollen, behauptet die Memoiren-Schreiberin. Um dies zu verhindern, sei sie verschleppt und mit Verbannung bedroht und schließlich unter Zwang einem bürgerlichen Advokaten angetraut worden.

Goethe nennt seine Heldin »Eugenie« (die »Wohlgeborene«) und sieht sie als symbolische Figur: Obwohl von Adel, ist sie doch ihrer Privilegien beraubt, verfolgt, heimatlos. Sie kämpft um ihr Lebensrecht, um ihre Rolle in der Geschichte. Doch sie muss dieser Rolle entsagen, muss sich verbergen. Ihrem trauernden Vater sagt man, sie sei tot.

Es ist wie eine Vorwegnahme von Napoléons Wort »Die Politik ist das Schicksal«. Die Politik greift gewaltsam in Eugenies Leben ein, Hoffnungen und Wünsche und Träume werden zerstört. Alle Pläne verlieren ihren Sinn.

Die natürliche Tochter, als Vierteiler geplant, kommt über den

---

* In Wahrheit hieß die Verfasserin der erfundenen Memoiren Anne-Louise Billet und war die illegitime Tochter eines gewissen Etienne Cormeo und Ehefrau eines Notars in der französischen Provinz.

ersten Teil nicht hinaus. Bei seiner Uraufführung 1803 erntet das Stück Kopfschütteln, Spott, bestenfalls Unverständnis. Wieder wollte Goethe menschliche Grundsituationen zeigen, doch anders als im Epos *Hermann und Dorothea* bleiben die Personen und die Situationen zu abstrakt, zu unglaubwürdig, um zu berühren. Die Verse des Dramas sind gedankendurchdrungen, von Ahnungen und Bildern durchflutet. Man lauscht der Bewegtheit des Autors, doch teilt sie sich dem Publikum nicht mit.

Der dichterische Höhepunkt ist, in der Vision eines »Mönchs«, die Heraufbeschwörung von Goethes ältester, tiefster Angstvorstellung: Auflösung des sicheren Grundes, Chaos, Vernichtung. Das Gleichnis fasst alles in sich: Erdbeben von Lissabon – »Halsbandaffäre« – Jakobinerterror – Revolutionskriege – Raub und Zerstörung von Italiens Kunstwerken durch Napoléons Horden ...

> *»Wenn ich, beim Sonnenschein, durch diese Straßen*
> *Bewundernd wandle, der Gebäude Pracht,*
> *Die, felsengleich, getürmten Massen schaue,*
> *Der Plätze Kreis, der Kirchen edlen Bau,*
> *Des Hafens masterfüllten Raum betrachte;*
> *Das scheint mir alles für die Ewigkeit*
> *Gegründet und geordnet, diese Menge*
> *Gewerksam Tätiger, die, hin und her,*
> *In diesen Räumen wogt, auch die verspricht*
> *Sich, unvertilgbar, ewig herzustellen.*
> *Allein, wenn dieses große Bild, bei Nacht,*
> *In meines Geistes Tiefen sich erneut,*
> *Da stürmt ein Brausen durch die düstre Luft,*
> *Der feste Boden wankt, die Türme schwanken,*
> *Gefugte Steine lösen sich herab*

*und so zerfällt in ungeformten Schutt
Die Prachterscheinung. Wenig Lebendes
Durchklimmt, bekümmert, neuentstandne Hügel
Und jede Trümmer deuten auf ein Grab.
Das Element zu bändigen, vermag
Ein tiefgebeugt, vermindert Volk nicht mehr,
Und, rastlos wiederkehrend, füllt die Flut
Mit Sand und Schlamm, des Hafens Becken aus.«*[53]

Hier ist, mitten im aufblühenden Idealismus, plötzlich sein Gegenbild: nicht eine gute, vernünftige Welt, sondern eine teuflische. Eine ohne Sinn.

Im Dezember 1803 stirbt Herder. Die alte Freundschaft zu ihm war längst erkaltet. Seit Herders spöttischer Bemerkung: »Dein natürlicher Sohn ist mir lieber als deine natürliche Tochter«, hat Goethe kein Wort mehr mit ihm gewechselt.

Herder hat sich ein anderes, ruhmvolleres Leben erträumt, es endete in Sorgen und Verbitterung. Sein epochales Lebenswerk *Ideen zur Philosophie der Geschichte der Menschheit* brachte ihm zu Lebzeiten nicht die Anerkennung, die es verdiente.

Germaine de Staël, Tochter des Bankiers der Bourbonen, Jacques Necker, von Napoléon aus Frankreich verbannte Kosmopolitin und berühmte Schriftstellerin, macht es sich zur Aufgabe, ihren Landsleuten die deutsche Kultur und Literatur nahezubringen. In Weimar, das sie im Winter 1803 besucht, fühlt sie sich besonders inspiriert. Auch für den Herrscher des Kleinstaats findet sie nur Worte der Bewunderung: »Von allen deutschen Fürstentümern macht keines die Vorzüge eines kleinen Landes wett, wenn sein Oberhaupt ein Mann von Geist ist […] Sein Geist und der seiner Mutter haben die bedeutendsten

Schriftsteller nach Weimar gebracht. Deutschland hat hier zum ersten Mal eine literarische Hauptstadt.«[54]

Madame de Staël hat Goethes Werk studiert und drängt darauf, ihn kennenzulernen. Sie, die Ausländerin, die Außenstehende erfasst, was viele von Goethes Landsleuten – eifrig damit beschäftigt, ihn als Dichter, als Theoretiker, als Theaterintendanten und Gesellschaftsmenschen zu kritisieren, als »Satyr« und Heiden zu beschimpfen – nicht sehen wollen: seine Größe. Goethe vereinige, schreibt de Staël, »einige der Hauptcharakterzüge des deutschen Geistes in sich. Er besitzt sie in der Tat sämtlich in einem sehr hohen Grade: eine große Gedankentiefe, die Grazie, die aus der Einbildungskraft entspringt und die weit originaler ist als die Anmut, welche der gesellige Verkehr verleiht, und endlich ein zuweilen fantastisches Empfindungsvermögen.«[55]

Auch auf seine eigentümliche Neigung zur Destruktion, zur Beschädigung des von ihm Geschaffenen kommt de Staël zu sprechen: »Er verfügt über die poetische Welt wie ein Eroberer über die wirkliche und hält sich für stark genug, um wie die Natur dem Geist der Zerstörung Zugang zu seinen eigenen Werken zu gewähren. Wäre er nicht ein achtungswerter Mensch, so würde man Furcht empfinden vor dieser Überlegenheit, die sich über alles erhebt, abwechselnd erniedrigt und erhöht, rührt und spottet, behauptet und zweifelt, und immer mit demselben Erfolg.«[56]

Mit »Erfolg« kann Germaine de Staël allerdings nur Goethes literarische Originalität meinen, nicht den Erfolg beim deutschen Publikum. Madame de Staël kommt aus einer Kultur, die Überraschungen und Paradoxa liebt, weil sie den »ennui« vertreiben, die lähmende Langeweile. Was die Deutschen irritiert, ist für sie bewunderungswürdig: »Goethe tut fast nie, was man von ihm erwartet.«[57]

Goethe leistet seinerseits einen Beitrag zum deutsch-französischen Verständnis. Er hat 1798 Denis Diderots Schriften über die Malerei für die *Propyläen* übersetzt und kommentiert, und als ihm Schiller 1804 eine bisher unveröffentlichte und weitgehend unbekannte kleine Schrift von Diderot übergibt, *Le Neveu de Rameau*, übersetzt er sie ebenfalls. Goethes ausführlicher Kommentar zu *Rameaus Neffe* ist ein Zeitbild des vorrevolutionären Paris, dem man die Freude anmerkt, mit der er sich in die fremde, andersartige Welt versenkte. Auch die Übertragung der Autobiografie des italienischen Goldschmieds Benvenuto Cellini ins Deutsche, mit der Goethe sich sieben Jahre lang, von 1796–1803, befasst hat, ist mehr eine Nachschöpfung als eine simple Übersetzung. Ein Aufsatz über den bewunderten Begründer der deutschen Kunstwissenschaft, Johann Joachim Winckelmann, folgt und wird zu einer Art Credo des Klassizismus: »*Das letzte Produkt der sich immer steigernden Natur ist der schöne Mensch.*«[58]

Die Kehrseite von Goethes Schönheitsliebe ist seine Aversion gegen Krankheit, Verfall und Tod. Er meidet Sieche, Sterbende und Aufgebahrte, da er nur zu gut weiß, dass ihr Bild ihn verfolgen, sich in sein Gedächtnis, seine Einbildungskraft einbrennen, immer in sein Bewusstsein emportauchen würde wie ein Ertrunkener vom Grund des Sees.

Bei Schiller, dem chronisch Kranken, ist es anders. Ihn will er möglichst nahe bei sich haben. Als er ihn am Anfang ihrer Freundschaft einlädt, in seinem Haus zu wohnen, bittet Schiller sich nur »die leidige Freiheit« aus, bei ihm krank sein zu dürfen. Sprich: am Tag zu ruhen und in der Nacht zu arbeiten, da ihn nachts die Krämpfe und Hustenanfälle weniger quälen. Sein Leiden verschlimmert sich in den folgenden Jahren unaufhaltsam, und am 9. Mai 1805 stirbt Schiller an Lungentuberkulose und Organversagen. Eine Nierenkolik bewahrt Goethe davor, ans Sterbebett des Freundes gerufen zu werden. Und er kann sich nicht dazu überwinden, an Schillers Begräbnis teilzunehmen. Viele Jahre später, 1823, hält Goethe einen exhumierten Schädel in Händen, von dem angenommen wird, es sei derjenige Schillers. Die Zeilen, die er danach über den Tod des Freundes schreibt, sprechen von Trost, nicht von Schmerz.

»Was kann der Mensch im Leben mehr gewinnen,
Als dass sich Gott-Natur ihm offenbare?
Wie sie das Feste lässt zu Geist verrinnen,
Wie sie das Geisterzeugte fest bewahre.«[77]

Das von Schillers Geist Erzeugte ist bewahrt bis heute: *Ode an die Freude – Don Carlos – Über die ästhetische Erziehung des Menschen – Das Lied von der Glocke – Wallenstein – Wilhelm Tell* ... (Die *Xenien* allerdings sind ein wenig vergessen.)

6. Dämonen und Demoisellen

»Eine unbeschreibliche, fast magische Anziehungskraft«

Als sei der Freund noch an seiner Seite und dränge ihn, das Drama zu vollenden, widmet Goethe sich nach Schillers Tod zielstrebig der Fertigstellung des *Faust*, Erster Teil. Die Szenengruppen – Gretchentragödie, Hexenküche, Walpurgisnacht – werden zu einem Handlungsstrang verknüpft. Das Schicksal des Faust wird Teil eines göttlichen Spiels, in das ein *Prolog im Himmel* einführt; diesem Prolog vorangestellt ist ein *Vorspiel auf dem Theater*. Es deklariert alles Folgende zum bloßen Bühnenspektakel. Der im *Vorspiel* auftretende »Theaterdirektor« wünscht vom »Dichter« ein bühnenwirksames Stück:

»Ich sag Euch, gebt nur mehr und immer, immer mehr,
So könnt Ihr euch vom Ziele nie verirren.
Sucht nur die Menschen zu verwirren,
Sie zu befriedigen, ist schwer –«[1]

Der »Dichter« – offenbar in einer Schaffenskrise – klagt um seine vergangene Jugend:

»Ich hatte nichts und doch genug:
Den Drang nach Wahrheit und die Lust am Trug.
Gib ungebändigt jene Triebe,
Das tiefe, schmerzenvolle Glück,
Des Hasses Kraft, die Macht der Liebe,
Gib meine Jugend mir zurück!«[2]

Der »Theaterdirektor« findet, »der Worte sind genug gewechselt«; er will Taten sehen, verlangt ein Drama von barocker Fülle:

> *»So schreitet in dem engen Bretterhaus*
> *Den ganzen Kreis der Schöpfung aus*
> *Und wandelt mit bedächtger Schnelle*
> *Vom Himmel durch die Welt zur Hölle.«*[3]

Der geplagte »Dichter« tut, wie ihm gesagt. Im nun folgenden Prolog treten »Gott, der Herr« und die Erzengel auf und auch ein Teufel ist zur Stelle. Dieser, ein gewisser Mephistopheles, bittet sich vom »Herrn« aus, den Gelehrten Faust verführen und verderben zu dürfen.

> *»DER HERR: Nun gut, es sei dir überlassen!*
> *Zieh diesen Geist von seinem Urquell ab,*
> *Und führ ihn, kannst du ihn erfassen,*
> *Auf deinem Wege mit herab,*
> *Und steh beschämt, wenn du bekennen musst:*
> *Ein guter Mensch in seinem dunklen Drange*
> *Ist sich des rechten Weges wohl bewusst.«*[4]

Der Kampf um Fausts Seele beginnt und ist zugleich schon entschieden.

Napoléon, seit 1804 gekrönter Kaiser der Franzosen, befasst sich nicht mit Seelen – weder mit der eigenen noch mit den Seelen anderer. Über Berge von Getöteten und Verwundeten reitet er von Sieg zu Sieg. Sein Ziel ist die Neuordnung Europas. Was für ihn die »*Welt im Innersten zusammenhält*«, sind sein Spinnennetz von Vasallen und sein modernes Gesetzeswerk, der Code Napoléon. 1805 werden die Österreicher und die

Russen in der Schlacht von Austerlitz besiegt, Preußen mischt sich wegen des Baseler Sonderfriedens von 1895 in den Krieg gegen Napoléon nicht ein.

Goethe verbringt den Sommer 1806 im böhmischen Kurort Karlsbad; auf der Heimreise erfährt er von der Gründung des »Rheinbundes«. Mit diesem Zusammenschluss treten 16 Staaten aus dem Deutschen Reich aus und unterstellen sich dem Protektorat des französischen Kaisers. Das bedeutet die Auflösung des »Heiligen Römischen Reiches Deutscher Nation«. Von Karlsbad fährt Goethe zunächst nach Jena und befasst sich mit seinen botanischen Sammlungen. Um ihn herum bricht der Krieg aus. Napoléons Truppen besetzen die verbündeten Länder in Süd- und Westdeutschland. Als sie auch in die preußischen Gebiete Bayreuth und Ansbach einmarschieren, lässt Friedrich Wilhelm III. mobilmachen. Die Geltung der Baseler Sonderfriedensvereinbarung endete mit 1805. Die preußischen Truppen, die gegen Napoléon zusammengezogen wurden, nehmen in Jena ihr Hauptquartier. In der Schlacht von Jena und Auerstädt erleiden sie eine vernichtende Niederlage. Goethe ist einen Tag zuvor nach Hause zurückgekehrt.

Auch Weimar hatte preußische Truppen einquartiert, nun werden hier ihre Verwundeten verborgen. Am 14. Oktober 1806 rücken die siegreichen Franzosen ein, durchsuchen die Häuser, plündern und brandschatzen. Weimar steht in Flammen.

In seinem Tagebuch hält Goethe fest: *»Abends um fünf Uhr flogen die Kanonenkugeln durch die Dächer. Um halb sechs Uhr Einzug der Chasseurs. Sieben Uhr Brand, Plünderung, schreckliche Nacht. Erhaltung unseres Hauses durch Standhaftigkeit und Glück.«*[5]

Standhaft sind in dieser Nacht vor allem die tapferen Frauen. Carl August, immer noch im Dienste der preußischen Armee, hat sich nach Eisenach geflüchtet, Herzogin Luise ist allein im Schloss zurückgeblieben, in dem Napoléon sich nun einquartiert. Sie führt die Verhandlungen mit dem Sieger, und es gelingt ihr, Weimar vor der Vernichtung zu bewahren. Ihr Mut imponiert Napoléon; er verspricht, den Herzog zu verschonen. Carl August muss sich zur Zahlung enormer Kriegsschulden verpflichten und seinen Beitritt zum »Rheinbund« unterzeichnen.

Im Haus Goethes soll Marschall Ney einquartiert werden; die Sicherheit der Bewohner wird dadurch gewährleistet. Doch ehe noch der Marschall eintrifft, stürmen einige Tirailleurs, denen das Biwakieren im Freien zu kalt war, ins Haus und wollen bewirtet werden. Goethe zieht sich in sein Schlafzimmer zurück. Als die Soldaten betrunken sind, versuchen sie, dort einzudringen. Christiane gelingt es im Verein mit den Dienstboten, sie abzuwehren; am Morgen, mit der Ankunft des Marschalls, ist die Gefahr vorbei. Zwei Tage nach diesem Ereignis schickt Goethe an den Hofprediger die Mitteilung, er wolle sich mit Demoiselle Vulpius trauen lassen. Christiane hat ihn geschützt, nun will er ihr danken, indem er ihre Beziehung legalisiert. Die gutgemeinte Geste erntet in der gepeinigten Stadt nur Hohn. Christiane bleibt von der Weimarer Gesellschaft ausgeschlossen.

Leute, die für sie eintreten, wie Johann Heinrich Voß, der eine Zeit lang bei Goethe arbeitet, sind selten: »Die Vulpius mag sein, was sie will, für Goethe hat sie von jeher mit beispielloser Treue gewacht und sie durfte mit Recht Anspruch auf seine Dankbarkeit machen. Auch ist sie ja immer Mutter des geliebten Sohnes. [...] Übrigens leben Goethe und seine Frau wie vorher. Er nennt sie ›liebes Kind‹ wie vorher und sie ihn ›lieber Geheimrat‹ und Sie wie vorher...«[6]

Im Herbst 1808 reist Goethe im Gefolge Carl Augusts zum Fürstentag nach Erfurt und begegnet Napoléon. Am 2. Oktober wird er zum Frühstücksempfang des Kaisers ins Statthalterpalais bestellt und in ein höfliches Gespräch gezogen. Napoléon spricht vom *Werther*, angeblich hat er ihn sieben Mal gelesen. Er verlangt, Goethe müsse ein Drama über Julius Cäsar schreiben. Einige Tage später wird in Weimar ein Hofball für den Kaiser gegeben und es kommt zu einer weiteren Begegnung. Hierbei soll Napoléons Wort über das Schicksal gefallen sein: »Was will man mit dem Schicksal? Die Politik ist das Schicksal.«[7] Zu guter Letzt überreicht der Kaiser Goethe und auch dem betagten Christoph Martin Wieland das Kreuz der Ehrenlegion.

Die Begegnungen mit Napoléon haben Goethe sehr beeindruckt, geäußert hat er sich über die Gespräche jedoch nur zurückhaltend. Napoléon ist für ihn der Tatmensch par excellence, der Bezwinger der Revolution, der Mann der Ordnung. In Goethes Augen hat er den Abgrund geschlossen, der sich mit der »Halsbandaffäre« öffnete. Zwischen Napoléons europäischer Großraumpolitik und Deutschlands erwachendem Nationalismus und Selbstbehauptungswillen entscheidet Goethe sich für Napoléon; er sieht in ihm die *»höchste Erscheinung, die in der Geschichte möglich war«*. Als großen Menschen sieht er ihn nicht; Napoléon ist weder edel noch hilfreich, noch gut. Er gehört für Goethe zu jenen Wesen, die, wie Naturgewalten, jenseits von Gut und Böse sind: den *»Dämonen«*. *»Es sind nicht immer die vorzüglichsten Menschen, weder an Geist noch an Talenten, selten durch Herzensgüte sich empfehlend; aber eine ungeheure Kraft geht von ihnen aus, und sie üben eine unglaubliche Gewalt über alle Geschöpfe [...]«*[8]

Die Faszination, die Napoléon auf Goethe schon ausübte,

noch ehe er ihm persönlich begegnete, findet Ausdruck in der Neugestaltung und Umwertung einer für ihn zentralen Symbolfigur: des Prometheus. Als er den Titanen 1806 im Drama *Pandora* wieder zum Leben erweckt, ist aus dem begnadeten Rebellen von einst ein machttrunkener Despot geworden, ein unermüdlich Produzierender, ein Fortschrittsfanatiker, ein Ausbeuter von Mensch und Natur.

Goethe identifiziert sich nun nicht mehr mit Prometheus, sondern mit dessen Bruder Epimetheus, einem Träumer, der um seine entschwundene Gattin Pandora trauert. Pandora ist in Goethes Dramen-Fragment nicht die Unheilbringende, als die sie sonst gezeichnet wird. Pandora ist, wie ihr Name sagt, eine »Allgeberin«, die der Welt die Kunst geschenkt hat, den ästhetischen Schein, die Schönheit, das Spiel.

»Sie schwebet auf Wassern, sie schreitet auf Gefielden,
Nach heiligen Maßen erglänzt sie und schallt,
Und einzig veredelt die Form den Gehalt,
Verleiht ihm, verleiht sich die höchste Gewalt.«[9]

Aber was vermag die Gewalt der Schönheit gegen die Krieger des Prometheus, die sich ihres Sieges, ihrer Welteroberung gewiss sind!

»So geht es kühn
Zur Welt hinein;
Was wir beziehn,
Wird unser sein.
Will einer das,
Verwehren wir's;
Hat einer was,
Verzehren wir's.«[10]

Seit seiner Jugend hat Goethe nicht mehr so kühn und sprachschöpferisch gedichtet. Und nie zuvor verwendete er eine solche Vielfalt von Versformen; *Pandora* ist eine Verherrlichung von Stil in höchster Stilisierung, eine Feier der künstlerischen Form an sich.

Prometheus oder Epimetheus? Aktives Leben oder verträumtes, betrachtendes Leben? Der Widerstreit der Werte bleibt unentschieden. Das letzte Wort hat Eos, die Göttin der Morgenröte:

»*Merke:*
Was zu wünschen ist, ihr unten fühlt es;
Was zu geben sei, die wissen's droben.
Groß beginnet ihr Titanen; aber leiten
Zu dem ewig Guten, ewig Schönen,
Ist der Götter Werk; die lasst gewähren.«[II]

Die Zeit der strengen Klassik ist vorbei. Schon der Stoff des *Faust* erfordert – wie auch Schiller befand – zu seiner Gestaltung etwas »Barbarisches«, er lässt sich in »klassischer« Weise allein nicht bewältigen. Goethe öffnet sich den neuen Strömungen der Romantik, zu deren Zentrum sich Jena herausgebildet hat. Über die Gedichtsammlung von Achim von Arnim und Clemens Brentano *Des Knaben Wunderhorn* äußert er sich sehr wohlwollend.

Goethe bewundert Ludwig van Beethovens Schauspielmusik für den *Egmont*, doch zieht er im Grunde die Kompositionen Carl Friedrich Zelters vor, mit dem ihn seit einigen Jahren eine herzliche Freundschaft verbindet. Beethovens Musik ist ihm zu aufwühlend, zu ungestüm.

Ähnliche Schwierigkeiten hat er mit der bildenden Kunst.

Die Malerei Philipp Otto Runges scheint ihm, wie er sagt, »*auf der Kippe*« zum Selbstmord, zur Verrücktheit. Viele der Romantiker scheinen Goethe »*auf der Kippe*« zu stehen. Sie liebäugeln mit dem Wahnsinn, verwechseln ihn mit Genialität. Karl Ludwig Knebel, Urgestein des Weimarer »Musenhofes«, ist ganz seiner Meinung: »Es sind jetzt so viel ganz verrückte Bücherschreiber, dass man es nicht denken sollte. Alle wollen Originale sein [...] Goethe seufzt darüber und sagt, ihr Talent besteht in der Verrücktheit, und wenn man ihnen diese nähme, so bleibe ihnen fast nichts übrig.«[12]

Was wie ein überhebliches, verständnisloses Pauschalurteil klingt, beruht auf einem tiefen Gegensatz zwischen der Genie-Auffassung der Romantik und jener Goethes. In der romantischen Konzeption von Genie – eines Wilhelm Schlegel, eines Novalis, eines Brentano – geht es um die »Unabhängigkeitserklärung der Fantasie von allen Bevormundungen der Vernunft«[13], um »freiwilligen Wahnsinn«. In der Definition Kants, mit der Goethe übereinstimmt, ist Genie die »angeborene Gemütslage (Ingenium, Begabung), durch welche die Natur der Kunst die Regel gibt«[14]. Dieses Ingenium gewollt zu beeinträchtigen, indem man die Vernunft außer Kraft setzt, kann nicht in Genialität münden, sondern nur in geistige Zerrüttung. Clemens Brentano wird dafür ein trauriges Beispiel sein.

Goethe hat im Lauf seines Lebens genug »Gemütskranke« gekannt, um zu wissen, dass Geistesstörungen keine schöpferischen Prozesse in Gang setzen. Eher gelingt es kranken genialen Menschen noch mit äußerster Kraft, die schöpferischen Prozesse so lang wie möglich am Leben zu erhalten, ehe sie erlöschen. In diesem Sinn ist auch Goethes Verdikt über Heinrich von Kleist zu verstehen: Dieser komme ihm vor wie ein von der Natur schön intendierter Körper, der von einer unheilbaren Krankheit ergriffen sei.

Zweifellos aber steckt hinter Goethes heftiger Ablehnung des freiwilligen Wahnsinns der Romantiker auch Verdrängung. Abwehr der eigenen »Nachtseite«. Für den Goethe-Forscher Eduard Spranger liegt hier »die Grenze, jenseits derer Goethe das Geheimnis seiner eigenen gestaltenden Einbildungskraft nicht mehr verstand. Als er die bizarren, nebelhaften, das Düstere herausarbeitenden Illustrationen des Franzosen Delacroix zum *Faust* vor sich sah, erschrak er fast vor den Phantasiegestalten, die er [selbst] in diesem Werk geschaffen hatte.«[15]

Immerhin: Der Traum der Klassik von einem möglichen Gleichgewicht zwischen unendlichem Streben nach dem Ideal und Selbstbescheidung ist für Goethe ausgeträumt. Es sind zwei Leitideen, zwei Prinzipien, die nicht in Einklang zu bringen sind. Und so nimmt neben dem Drama *Faust* der Plan zu einer Fortsetzung des Anti-Faust *Wilhelm Meister* Gestalt an. *Wilhelm Meisters Wanderjahre* soll in einer Verknüpfung von Roman und Novellen verschiedene Spielarten menschlicher Beziehungen erkunden und ausloten. Spielarten des Liebens vor allem. Weise Beschränkung (Entsagung) soll das Fazit sein – dahinter steckt wieder einmal die Notwendigkeit, mit erlebten Erfahrungen fertig zu werden.

Goethe hat seine Beziehung zu Christiane legalisiert. Man ist ehrbar geworden! Endlich! Und auf einmal scheint es, als würde ihn Cupido (diesmal kein so guter Geist) laufend in Versuchung führen! Trotz seines vorgerückten Alters wird Goethe bedrängt von lockenden Versuchungen. Schmachtende Briefe kommen von Rahel Levin aus Berlin. Marianne von Eybenberg schickt aus Wien Konfekt und Kaviar. Bettine Brentano kommt gleich persönlich aus Frankfurt und hüpft – will man ihrer eigenen Schilderung glauben – ihrem Abgott beherzt auf den Schoß.

Es ist die Töchtergeneration, die Goethe nunmehr in den Blick kommt. Bettine ist die Tochter von Maximiliane Brentano, Enkelin der Sophie von La Roche. Mit ihrem Draufgängertum, ihrer Intellektualität ist sie allerdings nicht Goethes Typ. Ihre Verführungsversuche verfangen bei ihm nicht. Doch bis zu seinem Lebensende wird Bettine ihm leidenschaftliche Liebesbriefe schreiben. »[…] wenn ich Wein trinke, roten, in dem sich der Lichtstrahl feurig bricht, der sei getrunken bis zum letzten Tropfen auf Dein feuriges Herz, dass es nicht erkalte, mir nicht erkalte. – O wende Dich nie von mir; Dich zu denken, mein zu wähnen, ist mir einzige Lebensquelle, und wärst Du nicht als unerschöpflicher, ewig erneuernder Zauber in mein Leben verwebt, was wär dann?«[16]

Die dreiundzwanzigjährige, überaus hübsche Pauline von Gotter schreibt an eine Freundin über den verehrten Dichter: »So herrlich, so groß seine Werke in jedem Betracht sind, so kommen sie doch in keinen Vergleich gegen seine mündliche Unterhaltung, und es ist der reichste Genuss, den ich gefunden habe. Aber ich glaube auch, dass seine Gegenwart sehr gefährlich sein kann, und ich versichere Dich, dass ich mein ganzes bisschen Verstand zusammengenommen habe, um mir jeden Augenblick klar zu gestehen, dass alle süßen Worte, die er mir ins Ohr raunte, nicht mir insbesondere, sondern jedem jungen Mädchen gelten würden. Ich war weniger besorgt, dass meine

Eitelkeit aufgeregt wurde, als dass mein Herz mit meinem Kopf davonlaufen möchte, wenn ich ihn mit der größten Zärtlichkeit und mit den geistreichsten Wendungen um die Erlaubnis bitten sah, mir die Hand zu küssen, da er gegen andere vornehm, steif zurückhaltend und herablassend ist.«[17]

Anzunehmen, dass Goethe auch gegen die junge Amalie von Levetzow, mit der er in Karlsbad flanierte, nicht »steif und zurückhaltend« war, denn eine Tagebuchnotiz verzeichnet neben ihrem Namen den Ausruf: *Pandora!*

Pandora, die auf ewig Verlorene, um die Epimetheus weint wie einst Orpheus um Euridike:

»Wer von der Schönen zu scheiden verdammt ist,
Fliehe mit abgewendetem Blick!
Wie er, sie schauend, im Tiefsten entflammt ist,
Zieht sie, ach! reißt sie ihn ewig zurück.«[18]

Goethes neue Erfahrung, von jungen Mädchen angehimmelt zu werden, findet auch ihren Niederschlag in einer der Novellen, die in *Wilhelm Meisters Wanderjahre* eingefügt werden soll: *Der Mann von fünfzig Jahren.* Sie beginnt mit den Worten: *»Einem bejahrten Manne verdachte man, dass er sich noch um junge Frauenzimmer bemühte. ›Es ist das einzige Mittel‹, versetzte er, ›sich zu verjüngen, und das will doch jedermann.‹«*[19]

Für Christiane, nunmehr Geheimrätin von Goethe, wird eine Gesellschafterin eingestellt: Caroline Ulrich, die sich prompt in den Hausherrn verliebt. Goethe diktiert Demoiselle Ulrich gelegentlich, sie gewöhnt sich aus lauter Schwärmerei seine Handschrift an, er macht ihr kleine Geschenke. Briefe, die er von seinen Aufenthalten in den böhmischen Bädern an Christiane schickt, sind halb an die Gattin, halb an Caroline

Ulrich gerichtet. Beide – Gattin und ihre Gesellschafterin – erleiden Eifersuchtsanfälle beim Gedanken an all die Weiblichkeit in den Kurorten. In einem Brief, den Christiane im Sommer 1810 nach Karlsbad schreibt, mahnt sie ihren Mann brieflich zur Treue: »Ist denn die Bettine in Karlsbad angekommen und die Frau von Eybenberg? Und hier sagt man, die Silvie und Gottern gingen auch hin. Was willst du denn mit all den Äugelchen anfangen? Das wird zu viel. Vergiss nur nicht dein ältestes, mich, ich bitte dich, denke doch auch zuweilen an mich. Ich will indes fest auf dich vertrauen, man mag sagen, was man will. Denn du bist es doch allein, der meiner gedenkt!«[20]

Einen richtigen kleinen Roman erlebt Goethe mit Silvie von Ziegesar, mit der er auf ihrem Familiengut bei Jena lange Wanderungen unternimmt. »*Tochter, Freundin, Liebchen*«, nennt er sie in einem Gedicht zu ihrem 25. Geburtstag. Silvie kümmert sich nicht um das Getratsche, das bald einsetzt; vor aller Augen umarmt sie den unwürdigen älteren Herrn.

»Sie flog in die Stube und ihm um den Hals, dass ich glaubte, die beiden Arme könnten ihn erdrosseln. Ich konnte nicht hinsehen; alles war in peinlicher Verlegenheit«,[21] schreibt die junge Malerin Luise Seidler an ihre Freundin Pauline von Gotter (wahrscheinlich zu deren größtem Missvergnügen).

Höchst fasziniert ist Goethe von einem blutjungen Mädchen, dessen Seele ihm rätselhaft verschlossen bleibt: Wilhelmine (Minchen) Herzlieb, Pflegetochter des Jenaer Verlegers Frommann.

Wilhelmine Herzlieb würde es nicht im Traum einfallen, sich in Goethe zu verlieben. Nur tiefe Verehrung bringt sie dem Geistesriesen entgegen. Einer Freundin vertraut sie an, wie unsicher und unzulänglich sie sich fühlt: »Ich glaube, wenn ich mich ganz gehen ließe, ich lebte nicht mehr, denn die Gefühle sind bei mir so unendlich stark und der Verstand so schwach.«[22]

Goethe wiederum kann sich mit all seiner Verstandesstärke nicht gegen seine Verliebtheit in Minchen Herzlieb wappnen – ein ausgezeichnetes Thema für Sonette, findet er. Die Spannung zwischen Leidenschaft und Vernunft, Begierde und Beherrschung wird im Sonett gleichsam durch Formstrenge gebändigt.

»Ich höre wohl der Genien Gelächter;
Doch trennen mich von jeglichem Besinnen
Sonettenwut und Raserei der Liebe.«[23]

Ehrlicher kann man es nicht sagen. Goethe dichtet, um die Raserei der Liebe zu bewältigen, und liebt, um seine Dichtungswut zu stillen.

Die Idee zu einer anderen Novelle für den zweiten Teil des *Wilhelm Meister* hat sich unversehens zu einem Roman ausgewachsen, der im Oktober 1809 erscheint: *Die Wahlverwandtschaften.* »*Der Stoff war allzu tief in mir gewurzelt*«, notiert Goethe.[24] Es ist ein Muster, das sich in seinem Leben stets wiederholt: Er wird von einer Leidenschaft ergriffen, die sich zerstörerisch auf seine Existenz und die Existenz anderer auszuwirken droht, bis er sie durch dichterische Gestaltung von sich ablöst, sich von ihr befreit. Früher oder später vermag er dann wohl auch darüber zu scherzen. Im *Sonett XV* lässt er ein »Mädchen« spöttisch sagen:

»Der Dichter pflegt, um nicht zu langeweilen,
Sein Innerstes von Grund auf umzuwühlen,

Doch seine Wunden weiß er auszukühlen,
Mit Zauberwort die tiefsten auszuheilen.«[25]

Wie aber erginge es einem Liebenden, der nicht zu einer solchen Sublimation, also zur Umwandlung von Leidenschaft in schöpferische Produktion, imstande ist? Dessen Wunde sich niemals schließt und niemals heilt?

Nehmen wir an, es sei ein Mann von schwachem Charakter, vom Schicksal verwöhnt, zugleich ohne Lebensziel. Ein Egoist, der das Objekt seiner Begierde rücksichtslos verfolgt. Was würde geschehen, wenn so einer – nennen wir ihn Eduard – sich leidenschaftlich verliebt? Nicht in eine Geistreiche, Weltgewandte, Kokette! Sondern in ein reines, argloses und zutiefst gefühlvolles weibliches Wesen: Ottilie. Ein blumenhaftes Geschöpf, halb Kind, halb Frau, an der zunächst nur eines bemerkenswert erscheint: ihre Schönheit.

»Denn wenn der Smaragd durch seine herrliche Farbe dem Gesicht wohltut, [...] so wirkt die menschliche Schönheit noch mit weit größerer Gewalt auf den äußeren und innern Sinn. Wer sie erblickt, den kann nichts Übles anwehen; er fühlt sich mit sich selbst und mit der Welt in Übereinstimmung.«[26]

Eduard und Ottilie sind einander von der ersten Begegnung an verfallen. Doch Eduard ist mit Charlotte verheiratet. Einer Frau, die in allem als Ottilies Gegensatz erscheint: klug, gebildet, vernünftig, selbstbeherrscht.

Und noch eine Komplikation wird in die Versuchsanordnung eingeführt: Kurz nachdem Eduard sich in Ottilie verliebt, verliebt sich auch Charlotte in einen Freund Eduards, den (namenlos bleibenden) »Hauptmann«. Charlottes ruhige Gefühle sind aufgewühlt, sie begehrt diesen Mann. Und auch der Hauptmann bleibt ihr gegenüber nicht gleichgültig.

So ist die Versuchsanordnung. Werden diese vier Menschen sich verhalten wie Stoffe jenes chemischen Prozesses, von dem der Roman seinen Titel *Die Wahlverwandtschaften* hat? Wird die alte Verbindung gelöst, um eine neue, die »wahre« Verbindung einzugehen? Und welche Auswirkungen hat ein solcher naturnotwendiger, zwingender Zusammenschluss, der gegen alle Vernunft und gegen jeden Anstand erfolgt, für die Betroffenen?

Die Wahl eines chemischen Gleichnisses für menschlich-seelische Vorgänge rechtfertigt Goethe damit, dass »*doch überall nur eine Natur ist und auch durch das Reich der heitern Vernunftfreiheit die Spuren trüber, leidenschaftlicher Notwendigkeit sich unaufhaltsam hindurchziehen.*«[27]

»Alles im Roman rührt aus des Dichters Selbsterfahrung und Selbstpraktik her«, weiß Friedrich Wilhelm Riemer, Gräzist, Philologe, Vielwisser und seit Jahren Goethes geschätzter Mitarbeiter, über *Die Wahlverwandtschaften* zu berichten. »Und darum kann man sagen, dass er auch hier sein Leben symbolisch abgespiegelt oder seine Konfessionen hineingelegt oder – wie er in späteren Jahren [...] zu sagen pflegte – hineingeheimnisset – habe.«[28]

Gleich nach Erscheinen des Romans beginnen die Spekulationen darüber, wer mit wem gemeint sein könnte. Als Vorlage für Charlotte darf wieder einmal Charlotte von Stein gelten. Und für Ottilie? Allem Anschein nach Minchen Herzlieb! Aber für Ottilie gibt es wohl eine ganze Reihe von Vorlagen! Goethe selbst sieht man aufgespalten in den edlen »Hauptmann« und den, obgleich Adeliger, weniger edlen Eduard.

Doch von Eduard unterscheidet Goethe, den Vorsichtigen, Bedenklichen und Bindungsscheuen, eine Welt. Eben deshalb fasziniert ihn seine Figur. Eduard sei ihm »*ganz unschätzbar*«, bemerkt er einmal, weil er so unbedingt liebe.[29]

Die distanzierte Erzählweise des Romans unterstreicht noch das Zwangsläufige der Vorgänge, ihre »*dumpfe Notwendigkeit*«: »[Eduard] *dachte, er überlegte, oder vielmehr: er dachte, er überlegte nicht; er wünschte, er wollte nur. Er musste sie sehn, sie sprechen. Wozu, warum, was daraus entstehen sollte, davon konnte die Rede nicht sein. Er widerstand nicht, er musste.*«[30]

Der Roman *Die Wahlverwandtschaften*, von dem Goethe behauptet, er sei ein Plädoyer für die Unauflöslichkeit der Ehe, ist in Wahrheit ein Hymnus auf die leidenschaftliche Verliebtheit. Auf jenes köstliche Stadium des Wahns, in dem die Liebenden wie Zwillingssterne sind, die nur um ihr unausweichliches Verschmelzen zu kreisen scheinen. Die innige Übereinstimmung der Seelen offenbart sich in rätselhaften physischen Anverwandlungen. Ottilies Handschrift gleicht sich innerhalb von Stunden völlig jener Eduards an, beide werden sie bisweilen gleichzeitig von heftiger Migräne befallen. Überhaupt erscheint die Welt erfüllt von magischen Bedeutungen, Zeichen und Wundern.

Die Liebenden begegnen einander, erkennen einander, halb beglückt, halb beängstigt. Als sie das Verhängnisvolle ihrer Liebe begreifen, als sie zu flüchten, mindestens einander auszuweichen versuchen, lenkt der Dämon des Zufalls ihre Schritte wieder zusammen. Und schließlich, zwangsläufig, werden sie in dieser Welt schuldig, verletzen sie ihre Regeln und Gesetze. Durch Ottilies Geistesverlorenheit ertrinkt Charlottes Kind. Als einzigen Ausweg aus dem Labyrinth sieht Ottilie den Selbstmord. Sie hört auf, Nahrung zu sich zu nehmen. Der Autor beschreibt Ottilies langsames Dahinsiechen, von dem keiner außer ihr weiß, als wahre Euphorie:

»Nach wie vor übten sie eine unbeschreibliche, fast magische Anziehungskraft gegeneinander aus. Sie wohnten unter einem Dache; aber selbst ohne gerade aneinander zu denken, mit anderen Dingen beschäftigt, von der Gesellschaft hin- und hergezogen, näherten sie sich einander. Fanden sie sich in einem Saale, so dauerte es nicht lange, und sie standen, sie saßen nebeneinander. Nur die nächste Nähe konnte sie beruhigen, aber auch völlig beruhigen, und diese Nähe war genug; nicht eines Blickes, nicht eines Wortes, keine Gebärde, keiner Berührung bedurfte es, nur des reinen Zusammenseins. Dann waren es nicht zwei Menschen, es war nur Ein Mensch im bewusstlosen, vollkommnen Behagen, mit sich selbst zufrieden und mit der Welt.«[31]

Auch Goethe ist zufrieden – mit dem Roman, mit seinen Sonetten. Die Schmerzen und Verzauberungen sind zugleich von ihm abgelöst und bewahrt.

Er hofft auf einen allgemeinen Erfolg der *Wahlverwandtschaften*. Doch wieder ist die Aufnahme des Werkes enttäuschend. Gewiss, eine Minderheit – der »harte Kern« der Goethe-Verehrer – reagiert enthusiastisch. Für den Literaturkritiker Rudolf Abeken ist es »der Gipfel der heutigen Kunst, der tragische Roman«.[32] Eine Auffassung, die auch von Späteren geteilt wird. Hans Mayer nennt *Die Wahlverwandtschaften* den ersten »bürgerlichen Desillusionierungsroman«[33].

Die Mehrheit der Zeitgenossen aber verurteilt die Unmoral des Buchs. Fromme Gemüter wie Fritz Jacobi stoßen sich daran, dass die tote Ottilie am Ende zur »Heiligen« wird, an deren Grabstätte sich Wunder ereignen, nennt es »die Himmelfahrt der bösen Lust«[34].

Von Bettine Brentano wiederum kommen Vorwürfe, weil im Roman die »freie Liebe« bestraft würde. Andere, darunter auch Freunde wie Wieland und Humboldt, kritisieren das Werk wegen handwerklicher Schwächen. »Schicksal und innere Notwendigkeit vermisse ich vor allen Dingen darin«, schreibt Wilhelm von Humboldt. »Auch glaube ich im Gespräch mit Goethe entdeckt zu haben, dass sehr viel Reminiszenzen in dem Roman aus dem wirklichen Leben angebracht sind, die er nun nicht genug Kraft oder poetische Stimmung gehabt hat in ein Ganzes gehörig zu verschmelzen. Ihm aber darf man so etwas nicht sagen. Er hat keine Freiheit über seine eigenen Sachen und wird stumm, wenn man im Mindesten tadelt.«[35]

Goethe ist betroffen über die zahlreichen negativen Reaktionen. »Es ist doch mein bestes Werk«, hört man ihn sagen, als er wieder einmal wegen der *Wahlverwandtschaften* gescholten wird.[36] Unerfreulich auch die Reaktion Zacharias Werners, der dem von ihm verehrten Dichterfürsten schreibt, die *Wahlverwandtschaften* hätten ihn dazu bewogen, zum Katholizismus überzutreten.

Goethe verlangt das Unmögliche: Die Leser sollen sich das literarische Kunstwerk bis in die feinsten Verästelungen der Andeutungen und Spiegelungen erarbeiten – möglichst durch mehrfaches Lesen – und zugleich davon hingerissen und mitgerissen sein wie von einem herkömmlichen Roman. Sie sollen Erkenntnisse und Weisheiten des Autors schlürfen, die als Maximen und Reflexionen im Text verstreut sind, und zugleich die ironische Gebrochenheit der Erzählung durchschauen. (Jahre später kann Goethe sich eingestehen, dass die raffinierte Konstruktion, die Überkomplexität der *Wahlverwandtschaften* auf Kosten ihrer Lebendigkeit gehen. »*Es war im Ganzen nicht meine Art, als Poet nach Verkörperung von etwas Abstraktem zu streben [...] Das einzige Produkt von größerem Umfang, wo ich mir bewusst bin, nach Darstellung einer durchgreifenden Idee gearbeitet zu haben, wären etwa meine* Wahlverwandtschaften«, sagt er zu seinem Sekretär Eckermann. »*Der Roman ist dadurch für den Verstand fasslich geworden; aber ich will nicht sagen, dass er dadurch besser geworden wäre! Vielmehr bin ich der Meinung, je inkommensurabler und für den Verstand unfasslicher eine poetische Produktion, desto besser.*«[37])

So ist es nicht nur Selbstverkennung, sondern auch Selbstschutz gegen die abschätzige Kritik und das allgemeine Unverständnis, wenn Goethe seine naturwissenschaftliche Arbeit noch mehr hervorhebt als früher. Wenn er allen Ernstes die *Farbenlehre* als Hauptwerk seines Lebens bezeichnet.

1810 erscheint die Farbenlehre endlich; Goethe hat seit 1790 an ihr gearbeitet. In diesem mit 500 Seiten umfangreichsten seiner Werke sind die Grundanschauungen seiner Wissenschafts- und Lebenslehre dargelegt: Das Prinzip Polarität und das Prinzip der Steigerung. Gegenkräfte – »Polaritäten«, wie Goethe sie nach der Naturphilosophie Schellings nennt – treten miteinander in Wechselwirkung und bewirken Wahrnehmungsphänomene. So entstehen aus den gegensätzlichen *Urphänomenen* Licht und Finsternis durch Wechselwirkung (unter Voraussetzung diverser Bedingungen) die Farbphänomene. Für das Seiende allgemein gilt: Aus den Polaritäten der Materie entfalten sich das Leben, der Geist und die Seele.

Im Abschnitt *Optik* befasst Goethe sich vor allem mit der lebendigen Beziehung zwischen Auge und Licht. »Lebendig« meint, dass das Objekt optischer Experimente weder aus dem natürlichen Zusammenhang noch aus der Beziehung zum Beobachter gelöst wird. Ziel ist es, den »Erlebnischarakter« der Erkenntnis zu wahren.

Der Mensch sieht und erkennt jedoch nur, was ihm gemäß ist. Das beginnt bei der »Sonnenhaftigkeit« des Auges* und setzt sich fort in der Steigerung der Wahrnehmungsfähigkeit, die sich der Sehende durch Übung, Aufmerksamkeit und Bildung erwirbt: *»Jeder neue Gegenstand, wohl beschaut, schließt ein neues Organ in uns auf.«*[38]

Goethe geht es nicht um quantitative Berechnung, sondern um ein qualitatives Erfassen der Erscheinungen als Teil einer Gesamtanschauung der Natur und des Menschen in ihr. Wolf von Engelhardt, der in seiner Untersuchung von *Goethes Weltansichten* darstellt, wie Goethe sich von Kant wieder abwandte und unter dem Einfluss Fichtes und Schellings zu einem »aufgeklärten Realismus« bekannte, schreibt: »Der Naturforscher seiner Art seziert nicht eine sich darbietende Natur mit dem Instrument der Vernunft, sondern erfährt anschauend die Ordnungen, nach denen die Natur wirkt.«[39]

In Goethes Worten liest sich das so: *»Jedes Ansehen geht über in ein Betrachten, jedes Betrachten in ein Sinnen, jedes Sinnen in ein Verknüpfen, und so kann man sagen, dass wir schon bei jedem aufmerksamen Blick in die Welt theoretisieren. Dieses aber mit Bewusstsein, mit Selbstkenntnis und Freiheit, und, um uns eines gewagten Wortes zu bedienen, mit Ironie zu tun und vorzunehmen, eine solche Gewandtheit ist nötig, wenn […] das Erfahrungsresultat, das wir [er-]hoffen, recht lebendig und nützlich werden soll.«*[40]

---

* In der Einleitung zur *Farbenlehre* heißt es: *Aus gleichgültigen tierischen Hilfsorganen ruft sich das Licht ein Organ hervor, das seinesgleichen werde«*, und Goethe dichtet im Sinn Plotins: »*Wär nicht das Auge sonnenhaft, / wie könnten wir das Licht erblicken?«*

»Sonnenhaftigkeit« des Auges – »Lebendigkeit« der Erfahrung – »Ironie« beim Theoretisieren, das sind tatsächlich gewagte Worte. Gänzlich »unwissenschaftliche« Begriffe in einer Zeit rascher Spezialisierung und Präzisierung der Naturforschung. Die Ära der modernen Physik, Chemie und Geografie und mithin der technischen und industriellen Revolution ist längst eingeleitet. Goethes Anspruch, mit seiner *Farbenlehre* die Optik Newtons zu widerlegen, erscheint lächerlich. Isaac Newtons Erkenntnisse begründeten eine exakte Wissenschaft, die die Erscheinungen misst und in mathematische Formen fasst. Und die darauf gerichtet ist, Naturvorgänge in ihrer objektiven Gesetzmäßigkeit zu bestimmen.

In wissenschaftlichen Kreisen wird Goethes *Farbenlehre*, Untertitel: *Von den Taten und Leiden des Lichts,* denn auch mit Zurückhaltung aufgenommen oder ignoriert. Im Zirkel der Goethe-Verehrer – etwa in den Salons einer Henriette Herz oder einer Rahel Varnhagen von Ense – wird sie begeistert studiert. In Wien ist die *Farbenlehre* eine Zeit lang förmlich in Mode und erlebt sogar einen Nachdruck – ein Verkaufserfolg, der keinem anderen von Goethes späten Werken zuteil wird.

Während der Sommeraufenthalte in den Kurbädern Karlsbad und Teplitz verkehrt Goethe vornehmlich mit Fürstlichkeiten und Diplomaten. Selbst ihre Hoheit Kaiserin Maria Ludovica, dritte Gemahlin des österreichischen Kaisers Franz I., lässt sich von ihm aus seinen Werken vortragen. Goethe, entzückt von ihrer Anmut und Würde, schreibt Huldigungsgedichte. Ebenso verfasst er – zur Empörung der deutschen Patrioten – eine Ode an Maria-Luise, zweite Gemahlin Napoléons, und feiert sie als *»holde Friedensbraut«.* Vielen Deutschen gilt Goethe als Verräter, als Franzosenfreund. Ein Fürstendiener, der seine Stellung dazu nutzte, den eigenen Sohn vor dem Militäreinsatz zu bewahren! Goethe spricht davon, in Wissenschaft und Kunst Schwingen gefunden zu haben, durch welche er sich über die politischen Wirren hinwegzuheben vermöge. Denn Wissenschaft und Kunst gehörten der ganzen Welt an und vor ihnen verschwänden die Schranken der Nationalität. »*Überhaupt ist es mit dem Nationalhass ein eigenes Ding*«, sagt er einmal, auf sein Leben zurückblickend, zu Eckermann. »*Auf der untersten Stufe der Kultur werden Sie ihn immer am stärksten und heftigsten finden. Es gibt aber eine Stufe, wo er ganz verschwindet und wo man gewissermaßen über den Nationen steht und man ein Glück oder ein Wehe seines Nachbarvolks empfindet, als wäre es dem eigenen begegnet. Diese Kulturstufe war meiner Natur gemäß.*«[41]

Selbst die Niederlage des »Dämons« Napoléon in Russland, den Untergang des französischen Heeres 1813 in der Völkerschlacht zu Leipzig verfolgt Goethe mit empörendem Gleichmut, weit davon entfernt, in den Triumphgesang der Deutschnationalen einzustimmen.

Und dann die Überraschung: Im Mai 1814 wird Goethe ersucht, aus Anlass des Sieges der Völker über Napoléon sein »Genie wirken zu lassen« und ein Festspiel zu schreiben. Das Ersuchen kommt von Theaterdirektor August Wilhelm Iffland aus Berlin, ist an offizielle Stellen in Weimar gerichtet und wird durch einen Brief von Kaiserin Maria Ludovica an Herzog Carl August unterstützt. Binnen vier Wochen soll das Stück geliefert werden. Goethe findet den Auftrag in Anbetracht der kurzen Zeitspanne völlig undurchführbar. Zugleich ist er von dieser Auszeichnung überwältigt. Nach einer Serie von Misserfolgen und in Anbetracht der geschlossenen Front junger Dichter, die ihm sein Genie aberkennen und streitig machen, nun diese hohe Anerkennung! Als »ersten Mann der Nation« spricht Iffland ihn an! Und der erste Mann der Nation hat auch umgehend einen Einfall, besser gesagt: Er zieht aus dem Archiv seiner Einfälle und Gestalten eine mythische Figur hervor: Epimenides, ein antiker griechischer Seher, den die Götter während des Krieges in einen jahrelangen Schlaf versenkten, aus dem er mit vermehrter Weisheit und Prophetenkraft erwachte.

Des Epimenides Erwachen ist eine grandiose Selbststilisierung Goethes (und von geradezu verblüffender Anmaßung). Iffland glaubt auch zunächst, dass dieser *Epimenides* die Person des preußischen Königs symbolisiere; auf die Idee, Goethe habe sich selbst in den Mittelpunkt des Festspiels gestellt, kommt er gar nicht. Doch *Des Epimenides Erwachen* könnte genauso gut heißen: »Goethes Rechtfertigung«.

Zu Beginn des Stücks wird Epimenides durch die Genien in tiefen Schlummer versetzt: »*Zeiten, sie werden so fieberhaft sein,/Laden die Götter zum Schlafen dich ein.*«[42] Er verschläft den Aufstieg der Bösen und die Niederlage der Guten. Dämonen treten auf: der Dämon des Krieges, der Dämon der List, der Dämon der Unterdrückung. »*Glaube*« und »*Liebe*« liegen in Ketten, nur die »*Hoffnung*« regt sich noch. Bis endlich »*das All in glücklicher Verkettung*« (ein unüberbietbarer Euphemismus für die alliierten Streitkräfte) die Rettung bringt.

»*Doch, was dem Abgrund kühn entstiegen [Napoléon!],
Kann, durch ein ehernes Geschick,
Den halben Weltkreis übersiegen,
Zum Abgrund muss es doch zurück.*«[43]

Epimenides erscheint, aus langem Schlummer erwacht und etwas kleinlauter als zu Beginn. Aber sein Reuebekenntnis – »*Doch schäm ich mich der Ruhestunden, / Mit euch zu leiden, war Gewinn*« – wird vom Priester zurückgewiesen:

»*Tadle nicht der Götter Willen,*
Wenn du manches Jahr gewannst:
Sie bewahrten dich im Stillen,
Dass du rein empfinden kannst.«[44]

Goethe hätte sich mit Konzeption und Ausarbeitung des Festspiels nicht so beeilen müssen, wie er es tat, denn durch verschiedene Koordinierungsprobleme der hohen Herrschaften kann *Des Epimenides Erwachen* erst im Frühjahr 1815 zur Aufführung gebracht werden. Zuvor gelingt Napoléon die Flucht aus seiner Verbannung auf der Insel Elba. Er landet in Frankreich, wo die Truppen zu ihm überlaufen. In der Folge kommt es zu einer erneuten Mobilmachung in Europa. Der denkbar schlechteste Zeitpunkt für Friedensfeier und Feste. Die seltsame Aufführung erhält – wie der beteiligte Komponist Anselm Weber berichtet – »trotz der wieder eingetretenen ungünstigen Zeiten«[45] lebhaftesten Beifall.

Goethe weiß selbst, wie zwiespältig sein Leben und sein Werk gesehen werden. Und auch die Selbstzweifel verlassen ihn nie: Ist er ein Lebenskünstler oder nur ein Egozentriker? Oder ein Mensch, der seiner Bestimmung folgen muss? Und ist seine Bestimmung denn wirklich fortwährende Selbststeigerung? Oder nicht vielmehr fortwährendes vergebliches Bemühen? Der Faust, so spöttelt Mephistopheles, käme ihm vor »*Wie eine der langbeinigen Zikaden, / Die immer fliegt und fliegend springt / Und gleich im Gras ihr altes Liedchen singt.«*[46]

Goethes Leben, wie wird es gesehen? Als ein Umherirren zwischen Kunst und Wissenschaft, zwischen Bemächtigung und Entsagung? Als eine Erfolgsgeschichte? Als ein wiederholtes Scheitern? Immer wieder – in Briefen, in autobiografischen Notizen – zieht der Alternde nun Bilanz; beginnt er, sein Leben zu deuten. Eine Einheit in seine so disparaten Aktivitäten, in die verwirrende Vielfalt seiner Werke zu bringen – wem sollte es gelingen als ihm selbst? Er wird sein eigener Biograf werden.

Goethe bittet Freunde, ihn bei seiner historischen Recherche zu unterstützen; er bittet Bettine Brentano, nunmehr verehelichte von Arnim, für ihn Gespräche aus dem Gedächtnis aufzuzeichnen, die sie mit der Rätin Goethe in deren letzten Lebensjahren geführt hat. Oftmals drehten die Gespräche der beiden Frauen sich ja um seine Kindheit. *»Setze dich also nur gleich hin und schreibe nieder, was sich auf mich und die Meinen bezieht.«*[47]

Bettine berichtet eifrig: »[…] dass das Wochenbett deiner Mutter blaugewürfelte Vorhänge hatte, worin sie Dich zur Welt brachte; sie war damals 18 Jahr alt und ein Jahr verheiratet. Drei Tage bedachtest Du Dich, eh du ans Weltlicht kamst, und machtest der Mutter schwere Stunden.«[48]

Goethe studiert Dokumente der damaligen Zeit, denn es soll bei der geplanten Autobiografie nicht nur um ihn, sondern auch um ein Zeitbild gehen. Ein solches Leben und Werden wie das seine lässt sich nur »historisch« betrachten und verstehen. Die beiden traditionellen Arten von Autobiografie – entweder

Selbstprüfung (Konfession) oder Erinnerungen an bedeutende Begegnungen und Begebenheiten (Memoiren) sollen in seiner Lebensbeschreibung zusammengeführt werden. *»Denn dieses scheint mir die Hauptaufgabe der Biografie zu sein, den Menschen in seinen Zeitverhältnissen darzustellen und zu zeigen, inwiefern ihm das Ganze widerstrebt, inwiefern es ihn begünstigt.«*[49]

Und war jemals eine Zeit größer als die seine? Gab es je eine Epoche bedeutenderer Veränderungen? Und war er nicht selbst einer der Gestalter in diesem Geschehen? Wie eine Pflanze hat er die spezifischen Bedingungen seines Lebens – Umgebung, Gesellschaft, Bildung – zum Nährboden gehabt, aus dem er seine Kraft bezog; sodann wurde das Umfeld zum Wirkungsfeld, das er nun seinerseits beeinflusste. *»Das einmalige Ich und die einmalige Zeit ergeben das geschichtliche Wechselspiel des Lebens.«*[50]

Goethe ist bei seiner Lebensbeschreibung auf eine »höhere Wahrheit« aus; nicht bloße Fakten sollen erzählt werden, sondern das, was »von Bedeutung« ist. Sein Leben soll keine unstrukturierte Abfolge von Episoden sein, sondern jedes Ereignis soll im Rahmen eines neu gedeuteten Ganzen seinen Platz erhalten. Bei solchem Gestaltungswillen ist klar, dass die Autobiografie teils Wahrheit, teils Dichtung sein wird, und »Wahrheit und Dichtung« will er sie deshalb ehrlichkeitshalber nennen.

So entsteht eine aus den Anliegen und Motiven des älteren und alten Mannes heraus geschaffene Kindheit und Jugend, die nicht immer mit der wirklich erinnerten Lebensepoche zu tun hat. Und noch weniger wohl mit der wirklich erlebten. Die ist – nicht zuletzt, weil Goethe gern Briefe und Aufzeichnungen verbrannte, weil er Zeitzeugen zum Schweigen verpflich-

Postkarte nach einem Ölgemälde von J. K. Stieler, 1828

tete und auch sich selbst über so manches Schweigen auferlegte – im Orkus des Vergessens verschwunden.

Von den Berichten Bettines über die Erzählungen seiner Mutter macht Goethe höchst selektiven Gebrauch. Was wenig verwundert, denn es sind Schilderungen von kindlicher Eigensinnigkeit und Schrullenhaftigkeit, von übersteigerten Ängsten und Abneigungen – geduldet, beschwichtigt und wohl auch genährt vom weiblichen Teil der Familie. Dass der Kleine mit dem Beinamen »Hätschelhans« bedacht wurde, kam nicht von ungefähr. Häufige Albträume, die ihn in panische Angst versetzten – Abscheu beim Anblick hässlicher Menschen – zornige Ablehnung alles Bösen und Unerfreulichen in den Märchen, die ihm erzählt wurden. Ein ebenso heftiges Verlangen nach Schönem, verbunden mit ungewöhnlicher Eitelkeit und einer Neigung zu leidenschaftlicher Verliebtheit schon in zartem Alter. All diese von der Mutter ausgeplauderten Empfindsamkeiten lässt Goethe bei der Beschreibung seiner Kindheit fort.

Allerdings, auf den tiefen Eindruck des Erdbebens von Lissabon kommt er zu sprechen. Doch die bleibende Verunsicherung, die es auslöste, deutet er nur indirekt an, indem er früh erlebte Wahrnehmungen von Sicherheit und Solidität hervorhebt und verklärt. Symbolfigur für diese Werte ist der Großvater, mit dem sich für ihn »*das Gefühl eines unverbrüchlichen Friedens*«[51] verbindet.

Die von der Mutter gegenüber Bettine berichteten Eigenheiten erscheinen ihm wohl nicht als »bedeutend«. Nichtsdestoweniger werden sie ihm ein Leben lang anhaften.

Seine Mutter erinnere sich daran, so Bettine von Arnim, dass sie dem Knaben jeden Tag drei verschiedene Kleidergarnituren bereitlegen musste, aus denen er auswählen durfte. Keine

Erwähnung davon in der Autobiografie. Doch dann schildert Goethe ausführlich, wie er als Sechzehnjähriger bei seinem Studienantritt in Leipzig blitzartig die gesamte, neu angefertigte Garderobe austauschte, als er merkte, dass sie dort nicht à la mode war. Er berichtet, dass er lieber gestorben wäre, als einem Mädchen, in das er sich soeben unsterblich verliebt hatte, in einem schäbigen Anzug entgegenzutreten. Auf welch abenteuerliche Weise es ihm schließlich gelingt, sich besser auszustaffieren, wird seitenlang ausgewalzt, ohne dass der Leser seine Seelenpein begreift. Schließlich handelt es sich beim Helden der Geschichte nicht um einen Schuhu, sondern um einen gut gewachsenen, hübschen jungen Mann.

Johann Wolfgang ist aus wohlhabender Frankfurter Familie. Der Vater ist Privatier von enzyklopädischer Gelehrsamkeit und großem Kunstsinn, der seinen Kindern die bestmögliche Ausbildung und Förderung angedeihen lässt. Als der einzige Überlebende von vier Söhnen stellt Johann Wolfgang für die Familie etwas Besonderes dar: für Cornelia, die um ein Jahr jüngere Schwester, für Anna Elisabeth, die junge Mutter, für den strengen, aber fürsorglichen Vater. Lebhaft, einfallsreich und überaus empfindsam, steht Johann Wolfgang stets im Mittelpunkt. Mit einem höchst prekären Selbstbewusstsein, das nicht geformt ist durch Herausforderungen, Erprobung und Bewährung, sondern zunächst nur durch Bewunderung und Liebe. Liebe allein dafür, dass er ist, wer er ist. Nichts vermag ihn daher stärker zu verunsichern, als diesen Status des Besonderen, des Einmaligen, des Favoriten bedroht zu sehen. Immer wird es Bewunderung und die Bevorzugung vor allen anderen sein, die er voll Zutrauen sucht.

Das Glück der Kindheit zerbricht mit dem ersten großen

Liebeskummer. Eine Dummheit, eine Betrügerei, in die er sich von ein paar jungen Gaunern hat hineinziehen lassen. Ein »Gretchen« ist darin verwickelt. Eine junge Frau schon, die sich die Anbetung des Vierzehnjährigen gern gefallen lässt und doch am Ende erklärt, er sei für sie nur ein Kind gewesen. Vielleicht sagt sie es zu seinem Besten, um seine harmlose Rolle in der ganzen Angelegenheit zu unterstreichen. Doch die Kränkung des Selbstwertgefühls ist tief und bleibt unvergessen.

Der Vorteil, einziger Sohn zu sein, zählt außerhalb der Familie nichts. Die Zuneigung Fremder muss erworben werden. *»Ich von meiner Seite war auch nicht sonderlich geschickt, mich den Leuten bequem darzustellen. […] Ich war meist zu lebhaft oder zu still und schien entweder zudringlich oder stöckig [verstockt]; je nachdem die Menschen mich anzogen oder abstießen, und so wurde ich zwar für hoffnungsvoll gehalten, aber dabei für wunderlich erklärt.«*[52]

Innerliche Schau, Fantasie, Gestaltung – in Goethes Erinnerung ist schon das Kind erfüllt von ihren unendlichen Möglichkeiten: Zu den ersten großen Begegnungen mit Dichtung gehören Ovids *Metamorphosen*. *»[Bei der Lektüre] war mein junges Hirn schnell genug mit einer Masse von Bildern und Begebenheiten, von bedeutenden und wunderbaren Gestalten und Ereignissen angefüllt, und ich konnte niemals Langeweile haben, indem ich mich immerfort beschäftigte, diesen Erwerb zu verarbeiten, zu wiederholen, wieder hervorzubringen.«*[53] Das ist der früheste schöpferische Antrieb: Erfinden und Gestalten zum eigenen Vergnügen. Zweiter Impetus ist die Freude, andere mit den Produkten seiner Fantasie zu fesseln, sie in Bann zu ziehen. *»Meine Spielgefährten konnte ich sehr glücklich machen, wenn ich ihnen Märchen erzählte.«*[54]

Dritter Ansporn, sich schöpferisch zu betätigen, ist der Wunsch nach »Größe«: »*[…] so hatte ich wohl auch im Sinn, etwas Außerordentliches hervorzubringen; worin es aber bestehen könne, wollte mir nicht deutlich werden.«*[55] Am ehesten schwebt ihm der Lorbeerkranz des Dichters vor.

Dass all diese Motive für einen Heranwachsenden nichts weniger als ungewöhnlich sind, weiß der Biograf, und er kommt deshalb bald auf das zu sprechen, was ihm als das ihm Eigene, das Eigentliche erscheint: »*Und so begann diejenige Richtung, von der ich mein ganzes Leben über nicht abweichen konnte, nämlich dasjenige, was mich erfreute oder quälte oder sonst beschäftigte, in ein Bild, ein Gedicht zu verwandeln und darüber mit mir selbst abzuschließen, um sowohl meine Begriffe von den äußeren Dingen zu berichtigen als mich im Innern deshalb zu beruhigen. Die Gabe hierzu war wohl niemand nötiger als mir, den seine Natur immerfort aus einem Extreme in das andere warf.*«[56] Dichtung als heilende »Gabe« der Genien.

Den sechzehnjährigen Studenten in Leipzig zeichnet Goethe als unermüdlich Suchenden, dem es darum geht, belehrt zu werden, Richtlinien zu erhalten, einen Weg gewiesen zu bekommen, seine Begabungen zu entfalten – nur um von allen vermeintlichen Autoritäten enttäuscht zu werden. Immer um Selbstveredelung bestrebt, schreibt der junge Goethe sich aus Büchern hehre Vorsätze und Grundsätze ab wie den folgenden: »Unsere Empfindungen, Neigungen, Leidenschaften sollen mit Vorteil entwickelt und gereinigt werden.«[57] Leider nicht viel mehr als eine Leerformel. Mit Fräulein von Klettenberg, der Kusine und Freundin seiner Mutter, werden Wege zum Seelenheil erörtert. Dann wieder schnappt der Junge die Weisheit auf, dass es im Leben zuerst und zuvörderst darum ginge, »Erfahrungen« zu sammeln, ohne dass jemand ihm erklären kann oder will, was das eigentlich sei: »Erfahrungen«.

Die stürmische Liebe zur Leipziger Wirtstochter Käthchen

Schönkopf ist endlich eine Erfahrung, wenn auch keine glückliche. Der sechzehn-, siebzehnjährige Student wird von Eifersuchtsanfällen und Selbstzweifeln gequält. Die um drei Jahre Ältere und Besonnenere wendet sich schließlich einer reelleren und aussichtsreicheren Beziehung zu. Goethe spricht vage von *»guter Freundschaft«*, zu der seine Liebe sich gewandelt hätte. Doch in der Erwähnung seiner schweren Erkrankung, deretwegen er das Studium in Leipzig abbrechen muss, schwingt mit, dass dieses Leiden auch ein psychosomatisches war: Bei der Heimkehr nach Frankfurt erlebte der Vater ihn als *»einen Kränkling, der noch mehr an der Seele als am Körper zu leiden schien«*[58].

Kein Wunder, dass der Wunsch nach Seelenstärke und Gleichmut besonders stark ausgeprägt ist: Stoizismus ist stets das Ideal der Überempfindlichen und Verletzlichen. Als der Neunzehnjährige sein Studium der Jurisprudenz in Straßburg fortsetzt, geht er daher an die Therapierung seiner zahlreichen neurotischen Ängste durch verschiedene Radikalkuren. Da der Anblick von Krankheit und Tod in ihm *»Ekel und Abscheu«* erregt, besucht er Anatomievorlesungen. Zur *»Stählung gegen die Anfechtungen der Einbildungskraft«*[59] sucht er Friedhöfe und einsame Kapellen auf. Um seine Höhenangst zu überwinden, besteigt er mehrmals die Turmspitze des Straßburger Münsters.

Doch der Studienaufenthalt in Straßburg bringt noch entscheidendere Erfahrungen: Die Begegnung mit Johann Gottfried Herder gibt Goethes dichterischen Ambitionen neue Impulse. *»Nun wurde ich auf einmal durch Herder mit allem neuen Streben und mit allen den Richtungen bekannt, welche dasselbe zu nehmen schien.«*[60] Bis dahin suchte Goethe zunächst in den konventionellen Formen zu brillieren: Schäferspiel, moralisierendes Gedicht, Lustspiel in Moliére-Manier. Nun entdeckt er, dass es darum geht, neue Formen und neue Themen zu finden. In Straßburg verkehrt er mit anderen, die sich auf unerschlossenes Gebiet vortasten, sich neue literarische Wege zu bahnen suchen: Reinhold Michael Lenz, Heinrich Leopold Wagner; er lernt Johann Heinrich Merck kennen. Auf einmal sind da ungeahnte Ziele, ungekannte Ansprüche an das eigene Schreiben, das eigene Denken – was bei Goethe ja eines ist. Die »Gabe« der Genien entwickelt sich.

Wie und wodurch das geschieht, erklärt Goethe nicht. Nur dass er vor seiner Begegnung mit Herder, wie er schreibt, dichterisch in einer Sackgasse gewesen sei. Eine Situation, die er als »*ein wechselseitiges Schöntun, Geltenlassen, Heben und Tragen*« zwischen Freunden abqualifiziert. »*Frauenzimmer, Freunde und Gönner werden nicht schlecht finden, was man ihnen zuliebe unternimmt und dichtet.*«[61] Im Gegensatz zu dieser liebenswürdigen Zuhörerschaft findet sein neuer Freund Herder an allem etwas auszusetzen.

Doch vermochte Herders Kritik den einundzwanzigjährigen Goethe vom begabten Schreiber zum Dichter zu befördern? Goethe konnte mit Kritik eingestandenermaßen nie etwas anfangen; sie kränkte ihn nur, ohne ihm zu helfen. Oder war es Herders eigene Arbeit, seine Schrift über den *Ursprung der Sprache*, die den entscheidenden Impuls gab? Aber über diese Schrift findet sich in der Autobiografie nur die wenig begeisterte Bemerkung: »*Ich hatte über solche Gegenstände niemals nachgedacht, ich war noch zu sehr in der Mitte der Dinge gefangen, als dass ich hätte an Anfang und Ende denken sollen.*«[62] Und doch muss das Reden mit Herder über die Bedeutung der Sprache das Auslösende gewesen sein.

Nach Herders Auffassung ist Sprache kein starres Regelsystem, sondern etwas Lebendiges, ein Erleben. Eine Verbindung von Verstand und Sinnlichkeit, Leidenschaft und Reflexion; Ausdruck des ganzen Menschen mit Denken und Empfinden, Handeln und Fühlen. Dichterische Sprache ist deshalb vor allem die Muttersprache. Das Natürliche. Das Vertraute. Eine neue deutsche Literatur muss somit aus der Tradition und der Kultur des eigenen Landes hervorgehen.

Goethe erinnert sich, dass er für Herder im Elsass deutsche Volkslieder sammelte, die ihn dann zu eigenen Liedern inspirierten. Doch von dem, was sich damals in ihm anbahnte, schreibt er nichts. Zumindest nicht in Zusammenhang mit Herder. Erst im nächsten, dem elften Buch der Autobiografie folgen Betrachtungen über die Entdeckung der deutschen Sprache als seinen kostbarsten Besitz. Herder hat Straßburg längst verlassen, Goethe steht vor dem Abschluss seines Studiums, Freunde bieten an, ihm in Versailles eine Anstellung als Jurist zu verschaffen.

Obwohl Goethe seit seiner Kindheit fließend Französisch spricht, ist seine Diktion nicht ohne Färbung. Nun, da es um das Anstreben einer Stelle in Frankreich geht, raunt »*ein böser Genius*« [!] ihm ins Ohr, alle Bemühungen eines Fremden, Französisch zu reden, müssten erfolglos bleiben. Mit »Erfolg« meint Goethe nicht Kommunikation, Verständnis, er meint damit Vollkommenheit und Schönheit. Und er schreibt, dass er sein Glück nicht in Frankreich versuchen wollte, stattdessen den Entschluss fasste, sich »*mehr als bisher mit Gewalt und Ernst der Muttersprache zu widmen*«[63]. Genauso gut hätte er schreiben dürfen: mit Zartheit und Lust. Er wird der Meister seiner Muttersprache werden. Die Entscheidung gegen Versailles, eine nebensächliche Episode seiner Jugend, wird eingeleitet mit dem Passus: »*Unser Wollen ist ein Vorausverkünden dessen, was wir unter allen Umständen tun werden. Diese Umstände aber ergreifen uns auf ihre eigene Weise.*«[64]

Goethe bezieht den Begriff »Dichtung« im Titel seiner Autobiografie auf seine Freiheit, die Geschehnisse nach ihrer Bedeutung für sich anzuordnen. Doch in der Auswahl, Anordnung und Gewichtung erschöpft sich die Dichtung nicht. Zu ihr gehört auch, dass er – seinen Lebenslauf als »Spirale« ansehend, also als eine Wiederkehr des Gleichen auf jeweils höherer Ebene – Spätes und Frühes verwebt. Die immer noch heftigen Empfindungen seiner späten Jahre nutzt er, um die übersteigerten Empfindungen seiner Jugendjahre ausdrucksvoll zu gestalten. Getreu seiner »Richtung«, was ihn erfreue oder quäle, in Dichtung umzuwandeln, schreibt er auch in der Biografie über bestimmte Jugenderlebnisse, wenn ihm in der Realität gerade Ähnliches widerfahren ist – etwa eine Liebesenttäuschung oder eine Lebenskrise. Wechselseitige »Spiegelungen« nennt er solche Vorgänge. Manchmal projiziert Goethe in seine Jugend aber auch einfach nur hinein, was erst zur späteren Vorstellungswelt gehörte, den Gedanken des »Dämonischen« etwa.

So wird seine Autobiografie keine echte Konfession – diese findet sich, wie er selbst gesagt hat, in seinen Werken. Vielmehr ist sie bewusste, intendierte Komposition. Dass auch Unbewusstes, Unbeabsichtigtes in sie einfließt, ist unvermeidbar. In den Abschnitten über Wetzlar und die Entstehung des Werther war es zu zeigen. Dichtung – niemand weiß es besser als Goethe – ist immer ein Weben »*von Bewusstem und Bewusstlosem*«.

Den ursprünglichen Titel »Wahrheit und Dichtung« ändert Goethe ab in *Dichtung und Wahrheit*, des Wohlklangs wegen.

7. Sonne und Wolken

»Und doch, welch Glück, geliebt zu werden!«

»Lucinde fuhr mir mit beiden Händen in die Locken, drückte mein Gesicht an das ihre und küsste mich zu wiederholten Malen auf den Mund. ›Nun‹, rief sie aus, ›fürchte meine Verwünschung, Emilie! Unglück über Unglück für immer und immer für diejenige, die zum ersten Male nach mir diese Lippen küsst!‹«[1]

Unheilvolles Ende eines harmlosen Flirts mit Emilie, der hübschen Tochter des Straßburger Tanzlehrers: Lucinde, Emilies weniger hübsche Schwester, verflucht die Lippen des jungen Mannes, der sie nicht beachtet hat. Mit dieser dramatischen Szene leitet Goethe die Geschichte seiner Liebe zu Friederike Brion ein. Eine Liebe, die er in *Dichtung und Wahrheit* als eine rechte Idylle gestaltet, als eine Folge heiterer Szenen also, über denen sich schon die Wolken zusammenbrauen.

Goethe lernt Friederike bei einem Besuch im Pfarrhaus von Sesenheim kennen. *»Sie trat in die Türe; und da ging fürwahr an diesem ländlichen Himmel ein allerliebster Stern auf.«*[2] Obwohl er sich auf den ersten Blick in sie verliebt, hütet er sich, Friederike zu küssen (Lucindes Fluch!). Doch die Vorsicht währt nicht lang. Nur bis zum Pfänderspiel. *»Sie erschien mir lieblicher als je; alle hypochondrischen, abergläubischen Grillen waren mir verschwunden, und als sich die Gelegenheit gab, meine so zärtlich Geliebte recht herzlich zu küssen, versäumte ich's nicht.«*[3]

Man liebt einander, unter Wahrung des Anstands, doch aufs Innigste. Goethe ist berauscht, sorglos, glücklich. Selbst das

Wetter ist die ganze Zeit über prachtvoll. Verklärte Erinnerung nach all den Jahren? Dichterische Fantasie?

»Monate lang beglückten uns reine ätherische Morgen, wo der Himmel sich in seiner ganzen Pracht wies, [...] und damit dieses Schauspiel nicht zu einfach werde, türmten sich oft Wolken über die entfernten Berge, bald in dieser, bald in jener Gegend. Sie standen Tage, ja Wochen lang, ohne den reinen Himmel zu trüben, und selbst die vorübergehenden Gewitter erquickten das Land und verherrlichten das Grün, das schon wieder im Sonnenschein glänzte, ehe es noch abtrocknen konnte.«[4] Doch es gibt Zeugnisse dieses Glücks, die nicht Goethes Erinnerung entstammen, sondern von damals, vom Jahr 1770, datieren:

*»Ein rosenfarbnes Frühlingswetter
Umgab das liebliche Gesicht,
Und Zärtlichkeit für mich – ihr Götter!
Ich hofft es, ich verdient es nicht!*

*Doch ach, schon mit der Morgensonne
Verengt der Abschied mir das Herz:
In deinen Küssen welche Wonne!
In deinem Auge welcher Schmerz!
Ich ging, du standst und sahst zur Erden
Und sahst mir nach mit nassem Blick:
Und doch, welch Glück, geliebt zu werden!
Und lieben, Götter, welch ein Glück!«*[5]

»Unter diesen Umgebungen«, fährt Goethe nach seiner Beschreibung des Sommerwetters in Sesenheim fort, »*trat unversehens die Lust zu dichten, die ich lange nicht gefühlt hatte, wieder hervor. Ich legte für Friederiken manche Lieder bekannten Melodien unter.*«[6]

*»O Mädchen, Mädchen,
Wie lieb ich dich!*

Wie blinkt dein Auge,
Wie liebst du mich!«

Die Sesenheimer Idylle im zweiten Teil von Dichtung und Wahrheit entzückt die Leser. Friederike Brion wird zur Kultfigur, wie vor langer Zeit, nach Erscheinen des *Werther*, Charlotte Buff. Noch dazu sind der Liebe zu Friederike Gedichte entsprungen. Lieder, von denen man meinen könnte, es seien Volksweisen. Leichtigkeit, Leidenschaftlichkeit und Zärtlichkeit – dem jungen Goethe gelang es, eine Sprache für Empfindungen und Gedanken zu schaffen, die es vor ihm nicht gab. Die Liebe zu Friederike machte ihn vollends zum Dichter.

»So liebt die Lerche
Gesang und Luft
Und Morgenblumen
Den Himmelsduft,

Wie ich dich liebe
Mit warmem Blut,
Die du mir Jugend
Und Freud und Mut

Zu neuen Liedern
Und Tänzen gibst.
Sei ewig glücklich,
Wie du mich liebst.«[7]

Man dürfe sich in seiner Autobiografie wohl nicht loben, sagt der alte Goethe, halb scherzend, halb bedauernd. Dass er letztlich in dieser Liebesgeschichte eine unrühmliche Rolle spielte, will er auch nicht verschweigen. Doch – wie um seiner Sesenheimer Idylle das Schönwetter nicht zu verhageln – geht er erst nach einem langen Exkurs und im dritten und (vorläufig) letzten Teil von *Dichtung und Wahrheit* darauf ein: Die Studentenzeit in Straßburg nähert sich dem Ende, der Lizentiat der Rechte Johann Wolfgang Goethe wird in seine Heimatstadt Frankfurt zurückkehren. Bei Friederike zu bleiben, sie zu heiraten, sie als seine Gattin mit nach Frankfurt zu nehmen, daran hat er nie gedacht.

»Eine solche jugendliche, aufs Geratewohl gehegte Neigung ist der nächtlich geworfenen Bombe zu vergleichen, die in einer sanften, glänzenden Linie aufsteigt, sich unter die Sterne mischt, ja einen Augenblick unter ihnen zu verweilen scheint, alsdann aber abwärts zwar wieder dieselbe Bahn, nur umgekehrt, bezeichnet und zuletzt da, wo sie ihren Lauf geendet, Verderben hinbringt.«[8]

Schließlich absolviert Goethe seinen Abschiedsbesuch im Pfarrhaus: *»Peinliche Tage, deren Erinnerung mir nicht geblieben ist. Als ich Friederike die Hand noch vom Pferde reichte, standen ihr die Tränen in den Augen und mir war sehr übel zumute.«*[9]

Er reitet davon und eine eigenartige Vision lässt ihn ein Phantom seiner selbst erblicken. Gekleidet in einen grauen Rock, mit goldenen Litzen, kommt ihm sein Ebenbild, ebenfalls zu Pferd, entgegen. Eine Vision, die ihn tröstet, wie er schreibt. Jahre später, als Goethe Friederike Brion nach der Schweizerreise 1778 noch einmal besucht, wird die »Vorahnung« zur Wirklichkeit: So wie die Erscheinung, die er damals sah, reitet er nun wirklich auf das Pfarrhaus zu: in grauem Rock, mit goldenen Litzen.

Wäre Goethes Vision nach dem Abschied von Friederike noch weitblickender gewesen, so hätte er vielleicht gesehen, wie er sich auch in Wetzlar aus dem Staub machen wird, wie er vor Lili Schönemann in die Schweiz flüchten wird, ohne ihr vorher ein Wort zu sagen, und wie er sich schließlich heimlich aus Karlsbad stehlen wird, um nach Italien zu gehen – zur Bestürzung Charlotte von Steins, die von seiner Absicht keine

Ahnung hatte. Es ist immer das gleiche Muster. Es ist immer die gleiche Sprachlosigkeit bei einem, der so gut sprechen kann.

(Als 1830 der vierte und letzte Teil von *Dichtung und Wahrheit* erscheint, ist der Plan Goethes aufgegangen. Das Bild seines Werdegangs hat die Gestalt angenommen, die er ihm geben wollte: das Leben des Dichters als stete Fortentwicklung, Steigerung und Erweiterung. Als sittliche und künstlerische Metamorphose. Vom hoffnungsvollen Knaben zum empfindsamen Jüngling, zum begnadeten Dichter und – durch Leid geläutert, vom Dämon getrieben – zum Mann der Tat, dem künftigen Minister in Weimar. So wird die Selbstlebensbeschreibung unmittelbar nach ihrem Erscheinen von den Biografen eins zu eins übernommen. Goethe wurde darin, was ihm bestimmt war.)

1814 schenkt Johann Friedrich Cotta, seit 1797 Verleger Goethes, seinem berühmten Autor eine Übersetzung des persischen Dichters Hafis. Die Verse aus dem 14. Jahrhundert, vom Orientalisten Josef von Hammer-Purgstall erstmals ins Deutsche übertragen, regen Goethe dazu an, sich an eine verbesserte Nachdichtung zu machen; ja eigene Verse »*in Sinn und Art des Orients*« zu schreiben. In einer Gedichtsammlung, auf Persisch »Divan« genannt, will er Eigenes und Fremdes, Westliches und Östliches zusammenstellen. »*Diese mohammedanische Religion, Mythologie, Sitte geben Raum einer Poesie, wie sie meinen Jahren ziemt. Unbedingtes Ergeben in den unergründlichen Willen Gottes, heiterer Überblick des beweglichen, immer kreis- und spiralartig wiederkehrenden Erdentreibens. Liebe, Neigung zwischen zwei Welten schwebend, alles Reale geläutert, sich symbolisch auflösend. Was will der Großpapa weiter?*«, schreibt er an Karl Friedrich Zelter.[10]

Goethe ist fasziniert vom Kosmos der orientalischen Dichtkunst: Heroen und Liebende, stolze Nomaden, würdige Patriarchen. In der historischen Gestalt des Dichters Hafis sieht er einen Seelenverwandten. Auch Hafis lebte in unruhigen Zeiten. Der Eroberer Timur, dessen Schreckensherrschaft Hafis' Lebensabend verdüsterte, schien – wie Napoléon – eine Naturgewalt. Doch inmitten von Kriegen und Umstürzen schuf Hafis unbeirrt seine weisen, heiteren Gedichte.

Sieht Goethe im Leben des persischen Dichters Parallelen zum eigenen Leben, so findet er in dessen Lyrik auch eine ihm selbst sehr gemäße Bilder- und Formensprache. Erlebnisse und Empfindungen verknüpfen sich darin mit Erkenntnissen und Einsichten; Anschauliches verbindet sich mit Abstraktem, Sinnlichkeit mit sinniger Betrachtung, Enthusiasmus mit ironischer Distanz. Bedeutendes folgt auf Geringfügiges, Ernstes auf Spiel. Gewagtes ist in einem Bild, einem Rätsel verschlüsselt. Geheimstes wird offenbart. »*Sag es keinem, nur dem Weisen*«, so beginnt das Gedicht *Selige Sehnsucht*. Es meint die Sehnsucht nach Liebestod und Lebenswiedergeburt, nach dem »*Stirb und werde*«.

»*Keine Ferne macht dich schwierig,*
Kommst geflogen und gebannt,
Und zuletzt, des Lichts begierig,
Bist du Schmetterling verbrannt.«[11]

Die orientalische Poesie, die er sich nun zu eigen macht, beschwingt Goethe dermaßen, dass er mit einem Mal dichtet, wo er geht und steht. Während man ihn allgemein schon für »ausgebrannt« hält – »sein Genuss am Leben scheint vorbei zu sein, seine Lust zu Leistungen ebenfalls«[12] –, strömen die Gedichte nur so aus ihm hervor. Jeder Eindruck, jede Anregung wird zum Vers.

Das Naturschauspiel eines hellen Regenbogens vor dunklen Wolken erscheint Goethe als Symbol des eigenen Alters:

»Wenn zu der Regenwand
Phöbus sich gattet,
Gleich steht ein Bogenrand
Farbig beschattet.

Im Nebel gleichen Kreis
Seh ich gezogen,
Zwar ist der Bogen weiß,
Doch Himmelsbogen.

So sollst du, muntrer Greis,
Dich nicht betrüben:
Sind gleich die Haare weiß,
Doch wirst du lieben.«[13]

Auf dem Wiener Kongress von 1815 findet die Neuordnung Europas statt. An die Stelle des Heiligen Römischen Reiches Deutscher Nation tritt der Deutsche Bund. Weimar wird zum Großherzogtum Sachsen-Weimar-Eisenach erklärt. Carl August gewährt seinem Land die versprochene Verfassung und, als erster Fürst in Deutschland, sogar die Pressefreiheit.* Polen wird unter den Siegermächten Russland, Deutschland, Öster-

---

* Durch die Pressefreiheit wurde Jena zum Zentrum liberaler und nationaler Blätter. Das »Wartburgfest«, 1817, mit staatskritischen Proklamationen und symbolhafter Bücherverbrennung, insbesondere aber die Ermordung des als Reaktionär und Spion geltenden August von Kotzebue 1819 führten zu den »Karlsbader Beschlüssen« des deutschen Staatenbundes: Gegen »revolutionäre Umtriebe« wurden eine Zensurbehörde und Universitätskuratoren eingesetzt, die Gründung von Burschenschaften wurde verboten. Damit war die Pressefreiheit nach wenigen Jahren gescheitert.

reich aufgeteilt; zerschlagen sind seine Träume vom eigenen Staat. Napoléon wird bei Waterloo erneut – diesmal für immer – besiegt und auf die Insel St. Helena verbannt, von wo er erst als Toter nach Frankreich zurückkehren wird.

»*Nord und West und Süd zersplittern,*
Throne bersten, Reiche zittern.
Flüchte du, im reinen Osten
Patriarchenluft zu kosten […]«[14]

So der erste Vers in Goethes Gedichtzyklus *West-östlicher Divan*. Die Wendung zum »Orientalischen« bezeichnet nicht nur innerliche Emigration aus einem Europa des politischen Umbruchs und Parteienhaders, sondern auch Befreiung aus seelischer Erstarrung der »Napoléonischen Jahre«. Gegen die Erschütterungen durch Kriege und Raubzüge des Korsen, aber auch gegen die Anfeindungen durch Deutschnationale und andere Gegner hatte Goethe sich mit einem Panzer aus Gleichmut und Förmlichkeit umgeben – jener »Gezwungenheit«, die Zeitgenossen an ihm kritisierten.

Der junge Heidelberger Kunstsammler Sulpiz Boisserée, seit 1811 mit Goethe befreundet, hatte ihn im Herbst 1814 zu einer Rhein-Main-Fahrt nach Frankfurt überredet. Neben der Besichtigung altdeutscher und flämischer Kunstdenkmäler, für die Boisserée Goethe zu interessieren wusste, galt es auch, den Frankfurter Bankier Johann Jakob von Willemer zu besuchen, der die Familie Goethe in Erbschaftsangelegenheiten vertrat. Der verwitwete von Willemer stand vor der Entscheidung, sein Mündel Marianne Jung, für die er längst mehr als väterliche Zuneigung empfand, zu seiner Ehefrau zu machen. Goethe riet ihm lebhaft zu dieser Heirat.

Marianne Jung war in ihrer Kindheit als Tänzerin und Schauspielerin aufgetreten; mit Einverständnis ihrer Mutter hatte von Willemer sie zu sich ins Haus genommen, um ihr gemeinsam mit seinen leiblichen Töchtern eine sorgfältige Erziehung und Ausbildung zuteil werden zu lassen. Und Marianne hatte sich im Laufe der Jahre zu einer höchst liebenswerten Frau entwickelt.

Im Mai 1815 – seit der Fahrt mit Boisserée ist kaum ein halbes Jahr vergangen – zieht es Goethe schon wieder nach Frankfurt.

Das frisch vermählte Ehepaar von Willemer nimmt den Gast herzlich auf und stellt ihm seine Vorortvilla, die »Gerbermühle«, zur Verfügung. Briefe gehen hin und her. Marianne ist eine geistvolle Frau, deren Charme und Kunstsinn berühmt sind. Wie eine »Mignon«, die gezähmt, »kultiviert« ist, muss sie Goethe erscheinen.

Der einsetzende literarische Wechselgesang soll zunächst nur ein kunstvolles Spiel sein. Marianne, die ehemalige Kinderschauspielerin, und Goethe, der ehemalige Star des Weimarer Liebhabertheaters, widmen sich ihm mit Feuereifer. Goethe stilisiert sich zum erfundenen Dichter »Hatem«; seine Mitspielerin erhält den Namen »Suleika« – eine vielbesungene Liebende der orientalischen Poesie. Goethe schenkt Marianne ein Exemplar der Hafis-Gedichte. Marianne liest das Buch von vorn bis hinten und bezeichnet ihm sodann jene Stellen, die er als Antwort auf seine Briefe und Gedichte an sie lesen soll. Und in kürzester Zeit braucht sie die Stellen aus dem Buch nicht mehr und dichtet selbst. Aus dem Spiel wird Ernst. Aus Marianne von Willemer wird »Suleika«, die Liebende.

»Was bedeutet die Bewegung?
Bringt der Ost mir frohe Kunde?
Seiner Schwingen frische Regung
Kühlt des Herzens tiefe Wunde«,

schreibt sie an »Hatem«, als er nach Heidelberg gereist ist, um Kunstwerke zu besichtigen.

»Ach, die wahre Herzenskunde,
Liebeshauch, erfrischtes Leben
Wird mir nur aus seinem Munde,
Kann mir nur sein Atem geben.«[15]

Einige Tage später fährt das Ehepaar von Willemer ebenfalls nach Heidelberg. Glückliche Tage folgen und beglückte Verse. Sie gipfeln in Goethes leidenschaftlicher Liebeserklärung.

*»Locken, haltet mich gefangen
In dem Kreise des Gesichts!
Euch geliebten braunen Schlangen
Zu erwidern hab ich nichts.*

*Nur dies Herz, es ist von Dauer,
Schwillt in jugendlichstem Flor;
Unter Schnee und Nebelschauer
Rast ein Ätna dir hervor.*

*Du beschämst wie Morgenröte
Jener Gipfel ernste Wand
Und noch einmal fühlet Hatem
Frühlingshauch und Sonnenbrand.«*[16]

Hier ist Gewagtes kaum verschlüsselt, die Maske »Hatem« ist beinahe schon fallen gelassen. Im letzten Vers erwartet man einen Namen, der sich auf »Röte« reimt, und das wäre nicht »Hatem«, sondern »Goethe«.

Goethe bricht das Spiel ab. Von Heidelberg fährt er nach Weimar zurück, statt – wie ursprünglich vereinbart – nochmals nach Frankfurt zu kommen. Wieder eine Flucht. Doch diesmal ist es eine Flucht aus Vernunft und Einsicht heraus. Im Übrigen schreibt er weiter Gedichte für den *Divan*. Und im nächsten Sommer will er ja wieder nach Frankfurt kommen! Wäre die Aussicht auf ein Wiedersehen nicht, Goethe hätte sich nicht losreißen können.

In Weimar wartet der Tod auf ihn. Christiane klagte schon seit Längerem über heftige Unterleibsschmerzen. Kuraufenthalte blieben vergeblich. Nun verschlechtert sich ihr Gesundheitszustand dramatisch; sie erleidet krampfartige Anfälle, alle Behandlungen versagen. Goethe erkrankt ebenfalls. Erkältung, vermutlich auch wieder Nierenkoliken. Als Christiane am 6. Juni 1816 unter Qualen stirbt, ist er noch bettlägrig. Zu schwach und auch nicht willens, Zeuge ihres Sterbens zu sein. Pflegerinnen kümmern sich um Christiane, ihr Sohn August sieht nach ihr, auch Friedrich Wilhelm Riemer, der Trauzeuge. An den Verleger Frommann schreibt Riemer: »[…] und so müssen wir mit Anteil und Bedauern gestehen, dass es ein hartes und schreckliches Ende war, welches die Frau genommen. […] Das Detail weiß Goethe selber schwerlich so wie wir und zu seinem Glücke bleibt es ihm ferner verhüllt.«[17] Weder Riemer noch Christianes Sohn, ja nicht einmal die Pflegefrauen bleiben bis zuletzt bei der Sterbenden, weil keiner ihren Todeskampf erträgt.

»Der Tod der armen Goethe ist der furchtbarste, den ich je nennen hörte«, schreibt Johanna Schopenhauer, die einzige Frau der »gehobenen« Weimarer Gesellschaft, die Christiane je zu sich einlud, an ihre Freundin Elisa von Recke. »Allein unter den Händen fühlloser Krankenwärterinnen, ist sie fast ohne Pflege, gestorben.«[18]

Goethe widmet Christiane trauervolle Zeilen:

»Du versuchst, o Sonne, vergebens
Durch die düstren Wolken zu scheinen!
Der ganze Gewinn meines Lebens
Ist, ihren Verlust zu beweinen.«[19]

Mag Goethe auch unbeirrbar zu Christiane gestanden haben, mag er ihr auch physisch treu gewesen sein, seelisch war er es schon lang nicht mehr. Und nie ist er so nahe daran gewesen, zu einer anderen Frau auch eine sexuelle Beziehung einzugehen, wie bei Marianne von Willemer. In weiser Entsagung hat er es sich verboten, doch erhält »Suleika« weitere Gedichte von ihrem »Hatem«.

»Deinem Blick mich zu bequemen,
Deinem Munde, deiner Brust,
Deine Stimme zu vernehmen,
War die letzt und erste Lust.

Gestern, ach, war sie die letzte,
Dann verlosch mir Leucht und Feuer,
Jeder Scherz, der mich ergötzte,
Wird nun schuldenschwer und teuer.

Eh es Allah nicht gefällt,
Uns aufs Neue zu vereinen,
Gibt mir Sonne, Mond und Welt
Nur Gelegenheit zum Weinen.«[20]

»Suleika« sendet an »Hatem« ihre letzten, ihre schönsten Verse:

»Ach, um deine feuchten Schwingen,
West, wie sehr ich dich beneide:

Denn du kannst ihm Kunde bringen,
Was ich in der Trennung leide.

Die Bewegung deiner Flügel
Weckt im Busen stilles Sehnen;
Blumen, Augen, Wald und Hügel
Stehn bei deinem Hauch in Tränen.

Doch dein mildes, sanftes Wesen
Kühlt die wunden Augenlider;
Ach, vor Leid müsst ich vergehen,
Hofft ich nicht, zu sehn ihn wieder.«[21]

Im Juli 1816 will Goethe wieder nach Frankfurt, diesmal mit seinem Freund Heinrich Meyer. Doch das Schicksal scheint zu sprechen: An der Reisekutsche bricht eine Radachse, Heinrich Meyer wird bei dem Unfall verletzt. Man kehrt um. »Hatem« und »Suleika« werden einander niemals wiedersehen. Ihr Spiel ist beendet, ihr Kunstwerk geschaffen. Ein Gedichtzyklus, *Der West-östliche Divan*, wird es verewigen. Mariannes Gedichte – fast ununterscheidbar von jenen Goethes – sind darin aufgenommen.*

Unterteilt in verschiedene »Bücher«, wie *Buch des Sängers, Buch der Betrachtungen, Buch Suleikas*, sind im *Divan* ungemein vielfältige und verschiedenartige Themen verwoben. Die Symbolsprache verbirgt das Besondere im Allgemeinen und offenbart das Allgemeine im Besonderen, »Hatem« und »Suleika« sind Goethe und Marianne und zugleich ein Symbol der Liebe zwi-

---

* In den 50er Jahren des 19. Jahrhunderts vertraute Marianne von Willemer dem Goetheforscher Hermann Grimm an, welche Gedichte des *West-östlichen Divans* von ihr stammten. Nach ihrem Tod 1869 machte er es publik.

schen Mann und Frau. Sinnbild dieser Liebe ist das gedoppelte
Blatt des Ginkgobaumes:

»*Ist es ein lebendig Wesen,*
Das sich in sich selbst getrennt?
Sind es zwei, die sich erlesen,
Dass man sie als eines kennt?«[22]

August von Goethe, seit Längerem verlobt mit Ottilie von Pogwisch, Tochter einer Hofdame der Herzogin, kann nunmehr, nach dem Tod Christianes, seine Braut heiraten. Für eine Geborene von Pogwisch wäre es unstatthaft gewesen, unter einem Dach mit der »Geheimrätin« zu leben.

Marianne wird sehr krank, scheint wirklich vor Leid zu vergehen. Ihr Gatte bittet Goethe dringlich, nach Frankfurt zu kommen. Goethe kommt nicht. Marianne, die um seine Abneigung gegenüber Krankheit weiß, schreibt ihm: »Willemer hat mich doch wohl ein wenig zu krank geschildert. Ich bin wieder gesund und lebe in der Hoffnung, Sie zu sehen.«[23]

Goethe sendet ihr ein Exemplar des *West-östlichen Divan*. Marianne dankt ihm: »Sie fühlen und wissen genau, was in mir vorging, ich war mir selbst ein Rätsel, zugleich demütig und stolz, beschämt und entzückt, schien mir alles wie ein beseligender Traum, in dem man sein Bild verschönert, ja veredelt wiedererkennt.«[24]

Sie schreibt weiter Briefe, hofft, Goethe würde einmal noch nach Frankfurt reisen, Goethe hofft darauf, dass Marianne von Willemer ihn in Weimar besucht. Ihre Vernunft weiß es besser, doch bis zu Goethes Tod werden sie einander schreiben.

Wieder ist, mit dem *West-östlichen Divan*, ein Buch entstanden, das kaum Anerkennung erfährt. Zu rätselhaft verschlüsselt sind diese Gedichte! Zu wenig christlich, zu wenig deutsch-patriotisch! Dass Goethe mit dem *Divan* wieder etwas ganz Neues geschaffen hat, dass Form und Stil, ja die Substanz seiner Lyrik sich abermals gewandelt und umgestaltet haben, wird von der literarischen Öffentlichkeit kaum bemerkt, da zurzeit anderes »in Mode« ist. Dass es Goethe mit seinen Erläuterungen zur persischen Dichtung und Kultur – wie schon zuvor bei seinen Übersetzungen – um die Etablierung des Gedankens einer »*Weltliteratur*« geht (Goethe ist der Erste, der dieses Wort verwendet), wird nicht begriffen.

»Christlich« ist der *Divan* gewiss nicht, aber er ist religiöser als alles, was Goethe vorher geschrieben hat. Sein Natur-Begriff hat sich erneut subtil gewandelt. Aus der allbeseelten, gestaltet-gestaltenden Gott-Natur ist ein Stufenreich geworden, das sich vom Sinnlichen zum Überirdischen, Geistigen erstreckt. Die Erscheinungen, die wir wahrnehmen, sind nur Symbole. Die irdische Welt ist nur Gleichnis einer unsichtbaren höheren Welt. Und irdische Liebe – Symbol der himmlischen Liebe – muss, nein: kann nicht nur einer gelten.

Marianne von Willemer ist tatsächlich nicht die Einzige, die in den Gedichten des *Divan* besungen wird; da ist auch, höchst verschleiert und – mit einem Ausdruck des alten Goethe – »*hineingeheimnist*« die verehrte Kaiserin Maria Ludovica; hinter einem ungenannten Lockenkopf verbirgt sich wohl Caroline Ulrich, und auch Minchen Herzlieb ist zu erahnen.

Goethe träumt eingestandenermaßen von einem Harem. Von einem Ideal-Harem, versteht sich! In seinem Serail dürften die Frauen einander nicht in die Haare geraten, wie seinerzeit Bettine von Arnim und Christiane bei einer zufälligen Begegnung. Bettine machte da wohl eine spöttische Bemerkung, worauf Christiane ihr die Brille von der Nase schlug. In der Folge pflegte Bettine die Geheimrätin als »vergiftete Blutwurst« zu titulieren, wenn sie von ihr sprach. Ein Zwischenfall, der in Weimar und über Weimar hinaus sofort die Runde machte. In Goethes Ideal-Harem dürfte es auch nicht sein, dass eine Geliebte so leidet wie Marianne von Willemer. Alle seine Frauen müssten glücklich und behaglich miteinander leben. Und er selbst müsste ewig jung sein.

Jung sein heißt für Goethe: Offenheit, Ergriffenheit, glückliches Staunen. Immer schon hat er die Musik geliebt, nun wird sie ihm zum Bedürfnis. Mozart, Bach und Beethoven, den *»Elementaren«*, hört er. Und als der zwölfjährige Wunderknabe Felix Mendelssohn-Bartholdy im Haus am Frauenplan zu Gast ist, muss er Goethe jeden Tag auf dem Klavier vorspielen. »Dann pflegt er sich neben mich zu setzen, und wenn ich fertig bin – ich fantasiere gewöhnlich –, so bitte ich mir einen Kuss aus oder nehme mir einen«, schreibt Felix stolz an seine Eltern.[25]

Immer noch hat Goethe auch in der Generation der Jungen und Jüngsten Verehrer und Verehrerinnen. So wie Karoline von Egloffstein, eine Freundin der Schwiegertochter Ottilie: »Unser alter Herr, nämlich Goethe, ist schon wieder nach Jena gegangen. [...] Hoffentlich kehrt er bald wieder, und dann fangen gleich die freundlichen Abende wieder an, in denen er heiter und ernst seine Lehren austeilt und sich von uns verhätscheln lässt.«[26]

Goethe weiß, dass er alt ist, doch er ist überzeugt davon, sich immer wieder verjüngen zu können. War es ihm nicht unlängst wieder vergönnt? Mit dem Geschenk einer großen Liebe? Mit dem erneuten Anschwellen seiner schöpferischen Produktivität?

Das Thema »alter Mann – junge Frau« klingt im *Divan* immer wieder an. »Hatems« Liebesbekenntnisse sind verhalten, behalten sich oft eine leise letzte Ironie vor. Und als »Hatem« seine Vorsicht vergisst, als »ein Ätna emporrast«, da fühlt Goethe einmal mehr, dass es Zeit ist, die Flucht zu ergreifen.

Auch in seinem Romanprojekt *Wilhelm Meisters Wanderjahre* wird das Thema von Alter und Jugend abgehandelt. Am offensten in der Novelle *Der Mann von fünfzig Jahren*: Ein »Major« entdeckt, dass seine Nichte, zugleich die Braut seines Sohnes, in ihn verliebt ist. Geschmeichelt, aber auch unsicher und verwirrt, beginnt er unter Anleitung eines befreundeten Schauspielers eine Schönheitskur, um ein verjüngtes Aussehen zu erlangen. Doch am Ende (nachdem ihm peinlicherweise auch noch ein Vorderzahn ausgefallen ist) besinnt er sich und wendet sich einer Dame zu, die *zu seinen Jahren passt*.

Goethe ist nicht fünfzig, sondern siebzig. Immer noch sieht er gut aus, hat er, wenn er es sich angelegen sein lässt, Charme und Witz. Ungeniert flirtet er mit Ulrike von Pogwisch, Ottilies Schwester, und auch mit Ottilie selbst, bei der offenkundig ist, dass sie den Vater für interessanter hält als den Sohn.

Im Sommer 1821 reist Goethe in den eben in Mode gekommenen Kurort Marienbad. Ein alter Schwarm von ihm, die schöne Amalie von Levetzow (*Pandora!*), wohnt im selben Hotel. Nun sind drei heranwachsende Töchter an ihrer Seite. Goethe stellt sich darauf ein, auch den nächsten Sommer in Marienbad zu verbringen. Ahnungslos, dass unter den lieblichen Levetzow-Töchtern die Vergeltung heranreift, die Rache am ewigen »Wanderer«, am stets Flüchtenden, stets sich Davonstehlenden.

Und so findet er sich auch 1822 in Marienbad ein, unterhält

sich angeregt mit der achtzehnjährigen Ulrike von Levetzow. Da sie ein Pensionat in Straßburg besucht, spricht er vom Elsass, macht Anspielungen auf die »Sesenheimer Idylle«, die so viele Leserinnen von *Dichtung und Wahrheit* entzückt. Ulrike von Levetzow hat keine Ahnung, wovon er redet. Sie hat nie eine Zeile von Goethe gelesen, weiß noch nicht einmal, dass er ein berühmter Dichter ist. Goethe schenkt ihr ein Exemplar des soeben erschienenen ersten Teils von *Wilhelm Meisters Wanderjahre*, erzählt ihr Ausschnitte aus den *Lehrjahren*, damit sie das Buch besser verstehen kann. Sie zeigt sich gebührend beeindruckt. Goethe ist über Gebühr von ihr angetan. Hat er nicht unlängst Kanzler von Müller gegenüber scherzhaft geklagt, es gehe ihm schlecht, denn weder sei er verliebt noch sei jemand in ihn verliebt?

Goethe kehrt nach Weimar zurück. Und auf einmal geht es ihm *ganz* schlecht. Wieder einmal ist, mit *Wilhelm Meisters Wanderjahren*, ein Werk von ihm bei der Leserschaft fürchterlich durchgefallen. Dieser Roman sollte vieles zugleich sein: Summe des Lebens – Betrachtungen – Gesellschaftsentwurf. Erzählende Passagen wechseln mit essayistischen. Briefe, Tagebücher, Beschreibungen, Novellen ergänzen eine Romanhandlung, die kaum noch zu verfolgen ist. Statt Figuren gibt es Figurationen. All die Facetten, all die Spiegelungen zwischen den Erzählelementen zu schaffen, mag ein Schreibvergnügen gewesen sein, Lesevergnügen will sich nicht einstellen. Die Lektüre der *Wanderjahre* – noch dazu ist auch dieses Werk erst einmal nur ein Fragment – lässt die Leser unbefriedigt und ratlos, das Buch erntet Spott und Hohn.

Wenn Goethe gedacht hat, die schon gewohnte Ablehnung

und das allgemeine Unverständnis seines Werkes könnten keine Steigerung mehr erfahren, wird er nun eines Besseren belehrt. Freunde sind empört über die Häme, die sich über ihn ergießt: »Goethe hat es denn auch noch erleben müssen, dass es unter nicht wenigen und eben den lautesten Schreiern des Tages Mode und Ton geworden ist, ihn herabzusetzen, abschätzig zu behandeln, selbst zu verspotten [...]«,[27] schreibt der Leipziger Schriftsteller Johann Friedrich Rochlitz.

Schon nach kurzer Zeit erscheint eine Parodie. Als Verfasser zeichnet ein gewisser Pustkuchen. Diese Parodie, die ebenfalls unter dem Titel *Wilhelm Meisters Wanderjahre* erschienen ist, wird begierig gelesen und gefeiert.

Auch die treue Charlotte Schiller entrüstet sich: »Ich habe mit heiligem Eifer und Abneigung die falschen *Wanderjahre* gelesen. Ich weiß nicht, wie viel Ironie dabei ist. Aber ich weiß, dass ich wollte, der Verfasser hätte seine verständige Manier zu etwas Besserem angewendet. Es ist ungerecht, dass jeder nicht Zufriedene seinen Scharfsinn beweisen will, während Goethe noch lebt.«[28]

Noch ein Jahrzehnt später wird der österreichische Dichter Franz Grillparzer es als einen Skandal bezeichnen, der der Urteilsfähigkeit der deutschen Nation ewig zur Schande gereiche, dass »ein obskurer Skribler mit seinen falschen *Wanderjahren* den Erfolg für sich verbuchen konnte, dass mit einem Schlage, sozusagen über Nacht [...], zwei Drittteile Deutschlands von Goethe abfielen. In die so entstandene Bresche habe nur noch das Junge Deutschland mit seiner Goethe-Ablehnung zu stürmen brauchen.«[29]

Wieder reagiert der Körper auf die Kränkung. Goethe erleidet eine Herzattacke. Mehrere Tage liegt er im Koma. Gerüchte über seinen Tod verbreiten sich. Als er die Krise übersteht und das Bewusstsein wiedererlangt, gehen glückliche Briefe aus Weimar in die Welt. Eine überschwängliche Julie von Egloffstein schreibt an ihre Schwester: »O wie die Schmerzensträne in meinem Auge nun von den seligsten Freudentränen verdrängt worden ist! [...] Ich sehe noch, wie gestern und alle die frühern Tage, dem Ziehen der Wolken nach, aber ich muss nicht mehr dabei zittern, dass er, dem sie so oft die reinste Freude gegeben, nun bereits über ihnen wandle! Alles in und um mich her ist ausgeheitert; mein ganzes Wesen, jede Regung, jeder Gedanke reine, selige Freude!«[30] Für den Kreis seiner Verehrerinnen und Verehrer ist Goethe zugleich der Erde wiedergegeben und endgültig in den Olymp entrückt.

Ein junger Mann kommt ins Haus am Frauenplan, dessen innigster Wunsch es ist, dem »Olympier« zu dienen: Johann Peter Eckermann. Sollte er nebenher auch davon geträumt haben, sich eine Existenz zu schaffen, um seine Verlobte heiraten zu können, so darf er das für die nächsten Jahre vergessen. Er wird als neuer Sekretär für Goethe unentbehrlich werden und seine Loyalität manchmal fast bereuen. Doch im August 1823 ist das Glück noch frisch und Eckermann schreibt an einen Freund: »Vierzehn Tage war ich in Weimar, bis Goethe ins Marienbad ging. Einen um den andern Tag hatte ich das Glück, bei ihm zu sein. [...] Glückliche Zeiten waren's, schöne Augenblicke, die ich bei ihm gesessen, an seinem Anblicke mich weidend und seinen liebevollen Worten lauschend. [...] Es dünkt mich oft, als ob ich nun fürs ganze Leben genug hätte. [...] Nur um einen Finger habe ich ihn gebeten und er hat mir die ganze Hand gegeben.«[31]

Alle Gespräche, die Johann Peter Eckermann von nun an

mit Goethe führt, wird er aufzeichnen. Friedrich Wilhelm Riemer legt ebenfalls Aufzeichnungen seiner Gespräche mit Goethe an. Desgleichen Sulpiz Boisserée, Kanzler Friedrich von Müller, der Naturwissenschaftler Frédéric-Jean Soret und und und. Nicht alle sind bedingungslose Jünger Goethes wie Johann Peter Eckermann, doch alle sind sich dessen bewusst, dass jedes Gespräch mit dem Alten bedeutend für die Nachwelt sein wird.

»Ein stolzer, schöner Kopf! Ein äußerst geistvolles Auge!«, hält der Erzieher des Prinzen von Sachsen-Meiningen, nachdem er Goethes Tischnachbar gewesen ist, in seinem Tagebuch fest. Der angeregte Nachmittag endete für den jungen Mann damit, »dass Goethe mir freundlich drückend die Hand zur Treppe hinaufreichte und dass mir dieses fast so vorkam wie ein erster Kuss der ersten Geliebten«.[32]

Nicht weniger hingerissen eine neue Marienbader Bekanntschaft: Lili Parthy. »Der Kulminationspunkt meiner Existenz ist vorüber«, schreibt sie im Sommer 1823 an ihre Mutter. »Ich habe ihn gesehen, was will das sagen? Aber dreimal gesehen, ihn gesprochen, seine Hand gehalten, ihn geküsst und er hat mir schöne Dinge gesagt!«[33]

Sommer 1823. Goethe ist wieder im böhmischen Kurort eingetroffen. Wieder widmet er sich auffallend oft der Familie von Levetzow. Ein Spitzel des österreichischen Kanzlers Metternich berichtet nach Hause: »Und er scheint vorzüglich an der Seite des ältesten Fräuleins, Ulrike von Levetzow [zu verweilen], die ihn entweder mit Gesang oder einigen scherzhaften Gesprächen unterhält.«[34] Das »älteste Fräulein« ist jetzt neunzehn.

Ulrike findet den Geheimrat sehr nett, doch sie ist weit davon entfernt, ihn glühend zu verehren, wie Lili Parthy. Dass er ihr Aufmerksamkeiten erweist, ist schmeichelhaft, aber die Spaziergänge mit Goethe erscheinen ihr nicht als der »Kulminationspunkt« ihrer Existenz.

Er aber will sie haben. Diesmal geht es ihm weder um Sonette noch um Novellen. Er sucht keine Inspiration. Nichts interessiert Goethe in diesen Tagen und Wochen weniger als die Poesie. Er will Ulrikes Schönheit und Jugend genießen, die ihn überwältigen. Sie soll ihm gehören. Er will sie heiraten.

Etwa zu dieser Zeit schreibt Johann Friedrich Wilhelm Hegel in seinen Vorlesungen zur Ästhetik, dass Goethe sich schon über die unmittelbaren Wünsche und Begierden erhoben habe und es ihm nur auf die Befriedigung ankomme, welche die Fantasie als solche gebe. »Denn im Alter sind zwar die Lebensinteressen noch vorhanden, aber nicht in der drängenden Jugendgewalt der Leidenschaft, sondern nur in der Form von Schatten.«[42]

Was Goethe angeht, so irrt Hegel. Dem gibt im Sommer 1823 in Marienbad »die Fantasie als solche« keine Befriedigung; stattdessen drängt ihn die »Jugendgewalt der Leidenschaft«. Ist es nicht, als sage dieses Mädchen an seiner Seite zu ihm:

»Drum tu wie ich und schaue, froh-verständig,
Dem Augenblick ins Auge! Kein Verschieben!
Begegn' ihm schnell, wohlwollend wie lebendig,
Im Handeln sei's, zur Freude, sei's dem Lieben;
Nur wo du bist, sei alles, immer kindlich,
So bist du alles, bist unüberwindlich!«[36]

Goethe bittet den Herzog, der in diesem Sommer ebenfalls in Marienbad kurt, bei Amalie von Levetzow für ihn um Ulrikes Hand anzuhalten, der künftigen Gemahlin für den Fall seines

Todes eine Apanage anzubieten – alles, was nötig erscheint, damit sein Antrag angenommen wird. Der Herzog hält ihn für einen alten Esel, doch er tut dem Freund den Gefallen. Ulrike lehnt ab. Sie will noch nicht heiraten, sagt sie zu ihrer Mutter. Amalie von Levetzow gibt dem Herzog zu verstehen, dass ein Antrag Goethes keine Aussichten hätte.

Goethe will die Ablehnung zunächst nicht wahrhaben. Gibt er nicht alles? Ist er nicht alles? Unüberwindlich? Als er endlich begreift, dass Ulrike von Levetzov ihn nicht will, dass, wo er Zuneigung erhoffte, nur artige Höflichkeit war, bricht er innerlich zusammen. Es ist wie eine Wiederholung seiner ersten, traumatischen Knabenliebe: Alles ist Gretchen für ihn gewesen und er war für sie »nur ein Kind«. Nicht der Besondere, Einzigartige, der er doch glaubte zu sein. Diesmal war er für die Geliebte nur ein netter alter Herr, nichts weiter. Während sie für ihn alles war.

Goethe fährt nach Weimar zurück. Noch in der Reisekutsche beginnt er zu dichten, nennt das Gedicht *Marienbader Elegie*. Es endet mit den Worten:

> *»Mir ist das All, ich bin mir selbst verloren,*
> *Der ich noch erst den Göttern Liebling war;*
> *Sie prüften mich, verliehen mir Pandoren,*
> *So reich an Gütern, reicher an Gefahr;*
> *Sie drängten mich zum gabeseligen Munde,*
> *Sie trennen mich und richten mich zugrunde.«*[37]

Das so seltsam schiefe Bild von »*der nächtlich geworfenen Bombe*«, das Goethe für das Ende seiner »Sesenheimer Idylle« gebrauchte – sollte es prophetisch gewesen sein? Diese Bombe nehme abwärts wieder dieselbe Bahn, nur umgekehrt, schrieb er – ein Vorgang, der für Geschosse (die ja für gewöhnlich keine Bumerangs sind) extrem ungewöhnlich erscheint. Doch das Unmögliche hat sich ereignet: Die Bombe – Goethes unersättliche Verliebtheit in die Liebe – ist, nachdem sie sich lang »*unter die Sterne gemischt*« hat, wieder an ihren Ausgangspunkt zurückgeschossen und hat den Kanonier selbst ins Herz getroffen.

Von den Göttern zugrunde gerichtet! Er wird sich niemals mehr verlieben! Höchstens ein bisschen – in die Gräfin Maria Szymanowska, eine begnadete Pianistin, für die er schon in Marienbad eine gewisse Neigung verspürt hat. Der alte Automatismus, sich sicherheitshalber doppelt zu verlieben, hat auch hier, bei aller Leidenschaft für Ulrike, funktioniert. Nun ist die Gräfin nach Weimar gekommen, speist täglich im Haus am Frauenplan und spielt für Goethe auf dem Klavier. Ihre Musik, sagt er, besänftige ihn, falte ihn auseinander wie eine geballte Faust. Als Maria Szymanowska Weimar wieder verlässt, als sie sich ein letztes Mal von ihm verabschiedet, läuft er ihr nach und küsst sie – wie Kanzler von Müller beobachtet – unter Tränen.

Wieder erkrankt Goethe. Wieder bangt man um sein Überleben. Der treue alte Zelter kommt nach Weimar. Er liest Goethe auf dessen Wunsch die neu geschaffene Elegie vor. Wieder und wieder liest er sie vor. Beim Klang der Verse tröstet Goethe sich allmählich und gesundet. Die *Marienbader Elegie*, das Trauergedicht um Ulrike, umrahmt er mit dem bitteren Gedicht *An Werther* und dem getrösteten Gedicht *Aussöhnung* – eine Hommage an die Gräfin Szymanowska:

»*Da schwebt hervor Musik mit Engelschwingen,*
Verflicht zu Millionen Tön' um Töne,
Des Menschen Wesen durch und durch zu dringen,
Zu überfüllen ihn mit ew'ger Schöne:

> *Das Auge netzt sich, fühlt im höhern Sehnen*
> *Den Götterwert der Töne wie der Tränen.«*[38]

Die *Trilogie der Leidenschaft*, wie er die drei Gedichte zusammen betitelt, ist reine, tief empfundene Lyrik – einzigartig unter den abgeklärt-weltanschaulichen Gedichten des alten Goethe. In dieser Schöpfung ist ihm wirklich die Jugend zurückgekehrt, wenngleich anders als ersehnt.

> *»Wie leicht und zierlich, klar und zart gewoben*
> *Schwebt, seraphgleich, aus ernster Wolken Chor,*
> *Als glich es ihr, am blauen Äther droben,*
> *Ein schlank Gebild aus lichtem Duft empor;*
> *So sahst du sie in frohem Tanze walten,*
> *Die lieblichste der lieblichsten Gestalten.*
>
> *Doch nur Momente darfst dich unterwinden,*
> *Ein Luftgebild statt ihrer festzuhalten;*
> *Ins Herz zurück, dort wirst du's besser finden,*
> *Dort regt sie sich in wechselnden Gestalten;*
> *Zu Vielen bildet Eine sich hinüber,*
> *So tausendfach und immer, immer lieber.«*[39]

Ulrike bleibt – wie Friederike Brion, wie Corona Schröter – unverheiratet. Das kann aber auch ein Segen sein: Wilhelmine Herzlieb heiratet zwar, verfällt darüber aber, wie seinerzeit Cornelia Goethe, in schwere Depressionen. Ulrike von Levetzow wird sehr alt und als »Goethes letzte Liebe« wird sie oft befragt und ausgefragt. Überliefert ist ihre lapidare Antwort auf die Frage aller Fragen: »Keine Liebschaft war es nicht.«

Bei ihm war es die letzte Liebe und sie kostete ihn fast das Leben.

Wie heißt es im Gedicht *Selige Sehnsucht*? Was vertraute Goethe, der Weise, nur anderen Weisen an?

*»Und so lang du das nicht hast,
Dieses: Stirb und werde!
Bist du nur ein trüber Gast
Auf der dunklen Erde.«*[40]

Seine Wiederherstellung wird von den Freunden erleichtert aufgenommen. Er ist ihnen allen zu teuer geworden, als dass man ihn wegen solcher Eskapaden verlieren möchte. Karoline von Humboldt, immer ein wenig kritisch Goethe gegenüber, hat entschieden, ihn von nun an so zu nehmen, wie er ist: »Ich lese Goethens *Morphologie*; es interessiert mich sehr. Er und seine Individualität am meisten. Denn er ist im Kleinen, was die Natur im Großen. Das Höchste und das Gewöhnlichste lebt und webt in ihm. Und mit ihm, ach, legt man doch eine Welt ins Grab«, schreibt sie an ihren Mann.[41] Wilhelm von Humboldt wird im Antwortbrief an seine Gattin nicht weniger elegisch: »Es geht unendlich viel mit ihm dahin, meinem Glauben nach mehr, als je wieder in deutscher Sprache aufstehen wird.«[42]

Charlotte Schiller zeigt sich wie immer einfühlsam: »Dass ein Mann wie Goethe in seinen Jahren noch einmal recht liebt, ist bei so viel Einbildungskraft nicht unmöglich. Freilich ist zu bedenken, dass ein junges Mädchen ihn vielleicht nicht so lieben kann und ihn und sich täuscht. Wenn er aber noch einige Jahre glücklich sein könnte, so wäre es ihm doch zu gönnen. Täuschungen über das andere Geschlecht hat er sich stets gemacht. Das findet man im Laufe seines Lebens. Seine erdichteten Frauen sind mehr Wahrheit als die wahren. Von der Frau Geheimrätin an ist er von seinem Zenit herabgestiegen.«[43]

Welche Frau aber bildete den »Zenit«, also, die Himmelshöhe seines Liebens? War es Charlotte von Stein?

Eckermann drängt Goethe, wieder etwas zu schreiben, die

bislang nur fragmentarischen *Wanderjahre* wieder aufzunehmen und endlich den zweiten Teil des *Faust*. Doch Goethe, der vorher jahrelang nicht imstande war, *Dichtung und Wahrheit* fortzusetzen, beginnt auf einmal mit Teil vier seiner Lebenserinnerungen. Schreibt über seine Liebe zu Lili Schönemann. Über jene seltsame und doch so verzauberte Zeit, als sie Verlobte waren. Und er schreibt das Gedicht *Der Bräutigam*:

*»Um Mitternacht! der Sterne Glanz geleitet
In holdem Traum zur Schwelle, wo sie ruht.
O sei auch mir dort auszuruhn bereitet,
Wie es auch sei, das Leben, es ist gut.«*[44]

8. Faust und andere Wanderer
»Diese sehr ernsten Scherze«

»*Auf blumigen Rasen gebettet*«, wird ein erschöpfter Faust von Elfen in den Schlaf gesungen. So beginnt der zweite Teil des Faust-Dramas. Ein gewaltiges und gewaltsames Drama hebt an mit einem friedvollen, einem Schlummerlied:

»Wenn sich lau die Lüfte füllen
Um den grünumschränkten Plan,
Süße Düfte, Nebelhüllen
Senkt die Dämmerung heran.
Lispelt leise süßen Frieden,
Wiegt das Herz in Kindesruh;
Und den Augen dieses Müden
Schließt des Tages Pforte zu.«[1]

In einem heilenden Schlaf vergisst Faust die Gretchen-Tragödie, die ihn, wie Goethe sagt, »*paralysierte, fast vernichtete*«[2]. Die Wohltaten des Schlafes gehen noch weiter. Eine Inhaltsskizze Goethes vermerkt über Fausts seelisches Befinden: »*Er wacht auf, fühlt sich gestärkt, verschwunden alle vorhergehende Abhängigkeit von Sinnlichkeit und Leidenschaft.*«[3]

Schlaf des Vergessens und der Genesung. Der Erneuerung. Ein Motiv, das sich durch Goethes Werk zieht: Egmont findet im Schlaf Tröstung, schlafend wird Orest erlöst von den Furien – nicht zu vergessen der große Schläfer Epimenides.

Abstreifen des Alten und Erneuerung. In Goethes Leben sind solche »Häutungen« oft markiert durch das Verbrennen früherer Briefe und Schriften. Oder durch seine notorischen »Fluchten«, von denen die folgenreichste jene nach Weimar war.

Dem Faust ermöglichte es der »Zaubermantel« des Mephistopheles, sich in Windeseile vom Ort der Gretchen-Tragödie zu entfernen. Doch ist es nicht sein erster Neuanfang. Schon Teil eins des Dramas war eine Folge von »Auferstehungen«. Durch den Klang der Osterglocken wurde Faust vom Selbstmord abgehalten (»*Die Träne quillt, die Erde hat mich wieder*«). Der daraufhin unternommene Osterspaziergang stellte eine Art von Wiederbelebung für ihn dar. Und sein teuflischer Versucher ließ ihn danach auch noch in einen regenerierenden Schlummer sinken. Mephistopheles' dienstbare Geister schläferten Faust ein, gaukelten ihm schönste Welten vor, um ihn schließlich anzuspornen, das Wagnis des Lebens nochmals einzugehen:

> »*Neuen Lebenslauf*
> *Beginne*
> *Mit hellem Sinne,*
> *Und neue Lieder*
> *Tönen darauf!*«[4]

Es folgte die physische Verjüngung. Aus dem alten Gelehrten wurde in der »Hexenküche« durch Zaubertrank ein junger Mann. Mephistopheles bot dem Lebensüberdrüssigen alle Genüsse dieser Welt, unter der Bedingung, dass Faust ihm dafür nach dem Tod sein Unsterbliches überantworte: seine Seele. Faust, dem alle Genüsse der Welt nichts mehr galten, wettete mit dem Teufel, dass nichts ihn auf Dauer befriedigen können werde. Sollte er jedoch wider Erwarten ein irdisches Glück finden – »*Werd ich zum Augenblicke sagen:/Verweile doch, du bist so schön*« –, ja, dann hätte er sein Seelenheil verwirkt.

Der Teufelspakt der alten Faust-Sage wird bei Goethe in eine Wette umgewandelt. Und für den Dichter steht fest, dass Mephistopheles diese Wette verlieren wird. Das ist von Anfang an im Himmel – in Gott – beschlossen, denn: »*Ein guter Mensch in seinem dunklen Drange / Ist sich des rechten Weges wohl bewusst.*«[5] So steht es im Prolog zu *Faust*, darauf hat Goethe sich festgelegt.

Faust wird im Lauf seines langen Lebens noch viel Schuld auf sich laden. Daher glaubt Mephistopheles, sich des Ausgangs der Geschichte ganz sicher zu sein: »*Und hätt er sich auch nicht dem Teufel übergeben, / Er müsste doch zugrunde gehen!*«[6]

Goethe arbeitet, wie er 1826 an Sulpiz Boisserée schreibt, Tag und Nacht am *Faust*. »*Und so tue ich vielleicht mehr und vollende sinnig in zugemessenen Tagen, was man zu einer Zeit versäumt, wo man das Recht hat zu glauben oder zu wähnen, es gäbe noch Wiedermorgen und Immermorgen.*«[7] Goethe ist 77 Jahre alt. Sein »Alterswerk« enthält bedeutende Gedichte – *Urworte Orphisch*, *Chinesisch-deutsche Jahreszeiten*; er schreibt die tiefgründige *Novelle*, widmet sich weiter seinen naturwissenschaftlichen Beobachtungen, der Roman *Wilhelm Meisters Wanderjahre* wird überarbeitet. Doch die Vollendung des *Faust* ist zu Goethes »*Hauptgeschäft*« geworden.

Von Steifheit und Geschraubtheit seines »Altersstils« ist gern die Rede. Aber wer, zum Teufel, dichtete dann den dieses von Geist und Leben sprühende Drama? Etwa die auftrumpfende Rede des »Baccalaureus«? Jener übermütige Jung-Akademiker glaubt, dem Faust gegenüberzustehen; stattdessen ist es Mephistopheles in Gestalt eines Greises, den er verhöhnt:

»Des Menschen Leben lebt im Blut, und wo
Bewegt das Blut sich wie im Jüngling so?
Das ist lebendig Blut in frischer Kraft,
Das neues Leben sich aus Leben schafft.
Da regt sich alles, da wird was getan,
Das Schwache fällt, das Tüchtige tritt heran.
Indessen wir die halbe Welt gewonnen,
Was habt ihr denn getan? genickt, gesonnen,
Geträumt, erwogen, Plan und immer Plan.
Gewiss! das Alter ist ein kaltes Fieber
Im Frost von grillenhafter Not.
Hat einer dreißig Jahr vorüber,
So ist er schon so gut wie tot.
Am besten wär's, euch zeitig totzuschlagen.
MEPHISTOPHELES: Der Teufel hat hier weiter
nichts zu sagen.«[8]

Mit »Faust« und »Mephistopheles« schuf Goethe »Polaritäten« und versah sie zugleich mit eigenen Zügen. Faust ist der Strebende, Suchende, Sehnsüchtige. Mephistopheles der Skeptiker und Spötter, der Zerstörerische. Doch Goethe ist nicht gleich Faust – ein gedankenloser Tatmensch. Und keineswegs ist Goethe, wie Mephistopheles, ein Nihilist und Verächter allen Schaffens.

Dass es eine dunkle Seite Goethes gibt, haben manche empfunden. Sein Studienfreund und späterer Schwager Schlosser ebenso wie Wieland oder wie Germaine de Staël, die den *Faust* als »eine Poesie des bösen Prinzips« bezeichnete.[9] Und hat er sich nicht Kanzler von Müller gegenüber gerühmt: *»O ich kann wohl auch bestialisch sein«*[10]?

Im sardonischen Witz des Mephistopheles kann Goethe seine dunkle Seite voll ausleben. Angesichts der größten Polarität, die es für das menschliche Vorstellungsvermögen gibt, der zwischen Sein und Nichts, plädiert Mephistopheles für das Nichts.

> *»Ich bin der Geist, der stets verneint!*
> *Und das mit Recht; denn alles, was entsteht,*
> *Ist wert, dass es zugrunde geht;*
> *Drum besser wär's, dass nichts entstünde.*
> *So ist denn alles, was ihr Sünde,*
> *Zerstörung, kurz das Böse nennt,*
> *Mein eigentliches Element.«*[11]

Ruhm, Reichtum und Macht hat Mephistopheles dem Faust versprochen. Im zweiten Teil des Dramas wird er sein Versprechen einlösen. Und Faust wird die »Schöne Helena« zum Weib gewinnen. Helena, Tochter des Zeus und der Leda, Gattin des Griechenfürsten Menelaos; Helena, deren Entführung durch den Jüngling Paris den Trojanischen Krieg entfachte, Fabelwesen und Gestalt der Dichter – *»viel geliebt und viel gescholten«* –, wird Fausts Geliebte sein.

Das sind nun die Eckpunkte der Handlung: Ruhm, Reichtum und die schönste Frau, die Dichter je besangen. Alles Bestandteile einer jahrhundertealten Sage. Und noch einen Eckpunkt gibt es darin – besser gesagt, einen Schlusspunkt: Fausts Höllenfahrt.

Goethe aber hat die Errettung seiner Seele beschlossen. Faust ist kein mittelalterlicher Frevler – auch kein antiker Prometheus, der gegen Zeus rebelliert. Es ist nicht länger Sünde oder Hybris, sich Erkenntnis zu wünschen, Gedankenfreiheit, Autonomie. Für den Menschen des 19. Jahrhunderts sind unendlicher Wissensdrang und Machbarkeitswahn nützlich und notwendig. So wie Ehrgeiz, Begierde, Egoismus, Neid, Rastlosigkeit, Expansionsdrang längst bürgerliche Tugenden geworden sind.

Goethes »Faust«, dessen Gesinnung »*der modernen so analog ist*«¹²? wird zum Repräsentanten, ja zum Mythos der Gegenwart. In »Faust« ist das Janusgesicht des Fortschritts aufs Eindringlichste verkörpert. Wissensdurst, Erlebnishunger, Sucht nach Gefühlsintensität gelten dem aufgeklärten Zeitalter als natürliche menschliche Triebkräfte; lediglich ihre Auswüchse, ihre Perversionen müssen durch Sittlichkeit (das Gewissen) bezähmt werden. Wenn aber die Sittlichkeit vom Teufel korrumpiert ist? Wenn das Gewissen schweigt?

Im ersten Teil des Stücks hat der unselige Faust, in seinem Streben wieder und wieder enttäuscht, sich auf einen Pakt mit Mephisto eingelassen, um all das, was er in seinem langen, grauen Gelehrtenleben versäumt hat, nachzuholen.

> *»Stürzen wir uns in das Rauschen der Zeit.*
> *Ins Rollen der Begebenheit!*
> *Da mag denn Schmerz und Genuss,*
> *Gelingen und Verdruss*
> *Miteinander wechseln, wie es kann;*
> *Nur rastlos betätigt sich der Mann.«*¹³

Mephistopheles verspricht ihm alle Freuden der Welt, Faust möge nur zugreifen. Doch es ist nicht Freude, die Faust sucht. Er will den Exzess. »*Von Freud ist nicht die Rede*«, sagt er.

> *»Dem Taumel weih ich mich, dem schmerzlichsten Genuss,*
> *Verliebtem Hass, erquickendem Verdruss.*
> *Mein Busen, der vom Wissensdrang geheilt ist,*
> *Soll keinen Schmerzen künftig sich verschließen,*
> *Und was der ganzen Menschheit zugeteilt ist,*
> *Will ich in meinem innern Selbst genießen.«*¹⁴

Mit der Liebe Margaretes hatte Faust bekommen, was er sich wünschte: den Taumel, den schmerzlichsten Genuss; er hatte sich in eine verhängnisvolle Leidenschaft verstrickt. Nun – auf blumigen Rasen gebettet, von mitleidigen Geistern umschwebt – darf er all das gnädig vergessen.

Die »große Welt« wartet auf ihn. Der Hof. Nicht ein kleiner Fürstenhof wie Weimar, zu dem Goethe vor einem halben Jahrhundert reiste, sondern »der kaiserliche Hof«. Doch auch an dieser mächtigen Stätte findet sich vor allem zweierlei (und lässt sie dem kleinen Weimar sehr ähnlich erscheinen): große Geldnot und ein großes Unterhaltungsbedürfnis. Karneval und Maskenzüge sind angesagt. *»Es gibt noch manche herrliche, reale und fantastische Irrtümer auf Erden [...] Durch diese soll unser Freund sich auch durchwürgen«*[15], schreibt Goethe an Karl Ernst Schubarth, seinen ersten Biografen; es klingt fast wie ein launiges Resümee seines eigenen Lebens.

Und wie *Faust I* die drängenden Sehnsüchte seiner Jugend spiegelte: Erkenntnis und Leidenschaft, so geht es im zweiten Teil um die Wünsche der reiferen Jahre: Handeln, Wirken, Macht. Um Politik, *»die Aufgabe des Tages«*, wie der Minister Goethe es einst nannte. Am Kaiserhof heißt die Aufgabe des Tages: Geldbeschaffung für einen bankrotten Staat. Mephistopheles weiß Hilfe. Er lässt Papiergeld drucken. Das täuscht die Gläubiger, das schafft Kredit und gute Laune. Und im festlichen Maskenzug fährt der Ritter Faust passenderweise als Plutus, der Gott des Reichtums, ein. Seinen Wagen aber lenkt ein zarter Knabe, der einen ganz anderen als den materiellen Reichtum symbolisiert:

»KNABE LENKER: Bin die Verschwendung, bin die Poesie;
Bin der Poet, der sich vollendet,
Wenn er sein eigenst Gut verschwendet.
Auch ich bin unermesslich reich

Und schätze mich dem Plutus gleich,
Beleb und schmück ihm Tanz und Schmaus,
Das, was ihm fehlt, das teil ich aus.«[16]

Leider weiß keiner bei Hofe mit den Gaben der Poesie etwas anzufangen. Stattdessen will man außerordentliche Spektakel, man wünscht Zauberei. Die »Schöne Helena« soll heraufbeschworen werden. Auch dieses Geschäft darf Faust für den Kaiser besorgen. Er müsse zu den »Müttern« gehen, rät ihm Mephistopheles. Im absoluten Nichts zu Hause, hüten sie gleichwohl die Bilder des möglichen und wirklichen Seienden. Ironischerweise ist es Mephistopheles, der Verächter alles Schaffens und Entstehens, der Faust den Schlüssel zum Geheimnis des Schöpfertums gibt (und so in ihm den Keim zum Künstler pflanzt).

Faust wagt den Gang zu den »Müttern«, zum tiefsten Grund hinab. Er erlangt zaubrische Gestaltungskraft. Und die vom Kaiser befohlene Beschwörung gelingt: Helena erscheint vor der Hofgesellschaft. Faust ist ihrer Schönheit augenblicklich verfallen – obgleich sie nur ein Trugbild ist, das bei seiner begierigen Berührung unter Getöse verschwindet. Und so hat Faust nichts als Trugbilder, Täuschung und Tand am Kaiserhof gefunden. Das einzig Wahre, einzig Gewisse, das sich ihm offenbart hat, ist seine Sehnsucht nach dem vollkommen Schönen. Die Sehnsucht des Künstlers.

Bei der Explosion, die das Verschwinden des Spuks begleitet, bricht Faust bewusstlos zusammen. Wieder umfängt ihn wohltätiger Schlummer. Im Zaubermantel trägt Mephistopheles Faust in ein vorzeitliches, überzeitliches Griechenland – zur *Klassischen Walpurgisnacht*. Ihnen voran schwebt »Homunculus«, ein Menschlein aus der Retorte; mit reger Geisteskraft ausgestattet, doch körperlos. Auf den ohnmächtigen Faust deutend, sagt es zu Mephistopheles:

»Setz ihn nieder,
Deinen Ritter, und sogleich
Kehret ihm das Leben wieder,
Denn er sucht's im Fabelreich.«[17]

»Paralleluniversen« nennt man Welten, die zugleich nebeneinander existieren, in denen jedoch unterschiedliche, ja unvereinbare Naturgesetze gelten, sodass sie einander nicht verstehen, ja nicht einmal wahrnehmen (können). In ein solches Paralleluniversum führt der Akt *Klassische Walpurgisnacht*. Während in der deutschen Walpurgisnacht von *Faust I* das Böse triumphiert, ist es hier das Schöne.

Man ist beim Ursprung aller Kunst angelangt, im Mythos. Schon Fausts Gang zu den »Müttern« war ein Hinabsteigen ins gemeinsame Unterbewusste der Menschheit. Nun, in der »klassischen Walpurgisnacht«, geht es um den Anfang der Kultur, um das Entstehen der Götterbilder. Noch kennt der Mythos keine edlen, anmutigen Gestalten, sondern vor allem Ungeheuer und Angstgeburten. Mischwesen, zusammengesetzt aus Bestien: Löwen – Raubvögeln – Riesenschlangen. Uralteste Geschöpfe begegnen Faust, bizarre Fratzen. Erst allmählich formt der Mythos erträglichere, traulichere Wesen. Aus grausigen Erscheinungen, deren Anblick jeden, der sie sah, zu Stein erstarren ließ, werden Idealisierungen von Kraft und Anmut: Kentauren, Nymphen, Nereiden. Bis die Göttlichen endlich die vollkommenste aller Gestalten gewinnen: die des schönen Menschen. Fausts Wanderung durch die *Klassische Walpurgisnacht* symbolisiert die Erschaffung der Schönheit und ihre Belebung durch den liebenden Künstler. Dass Faust auf seinem Weg die Begegnung mit dem Hässlichen, ja Schaurigen nicht scheut, quittiert Mephisto mit einer spöttischen Bemerkung (voll Goethe'scher Selbstironie):

> *»Sonst hättest du dergleichen weggeflucht,*
> *Doch jetzo scheint es dir zu frommen;*
> *Denn wo man die Geliebte sucht,*
> *Sind Ungeheuer selbst willkommen.«*[18]

Die Ungeheuerlichkeiten und dichterischen Grenzüberschreitungen der *Klassischen Walpurgisnacht* sprengen nicht nur Goethes und Schillers Gebote von Schönheit und Erhabenheit, sie verstoßen auch gegen das »Reinheitsgebot« für dichterische Gattungen, das die Weimarer Klassik erließ. *»Durch undurchdringliche Zauberkreise«* wollte Goethe, wie er einst an Schiller schrieb, *»Gattung von Gattung sondern«*[19]. Nun (und längst nicht zum ersten Mal) durchbricht er die Zauberkreise, verwischt er die Grenzen zwischen dramatischer, epischer und lyrischer Dichtung, in einer Szenenfolge, wie keiner der Romantiker sie je geschrieben hat. Mit seiner Fantastik und Formenfülle ist *Faust II* das Drama der Romantik schlechthin. Die Fantasie hat die Macht übernommen.

Am Höhepunkt der Szene *Mondbeglänzte Nacht* erscheint die Meeresnymphe Galatea*. Homunculus nähert sich ihr voll

---

* Galatea ist die Schöpfung des sagenhaften Bildhauers Pygmalion, der sich in sein Kunstwerk verliebte und die Götter bat, es zum Leben zu erwecken. Ein Künstler-Mythos, der immer wieder von Dichtern und Komponisten gestaltet wurde; die Erscheinung der Galatea als Höhepunkt der *Klassischen Walpurgisnacht* hat daher hohe Symbolkraft.

ungestümer Sehnsucht, und die Phiole, die das kleine Geisteswesen birgt, zerschellt an Galateas Muschelwagen. Als Homunculus ins Meer sinkt und damit eintaucht in den Ursprung allen Lebens, da vermischen sich selbst die unvermischbaren Elemente Wasser und Feuer. Entzückt singen die Sirenen:

> *»Welch feuriges Wunder verklärt uns die Wellen,*
> *Die gegeneinander sich funkelnd zerschellen?*
> *So leuchtet's und schwanket und hellet hinan:*
> *Die Körper, sie glühen auf nächtlicher Bahn,*
> *Und ringsum ist alles vom Feuer umronnen;*
> *So herrsche denn Eros, der alles begonnen!«*[20]

Die Schöpferkraft der göttlichen Liebe und die Formkraft der Natur vereinen sich im Genius des Künstlers. Der zum Künstler, zum Dichter gewordene Faust steigt hinab in den Tartarus und kann Persephone, die Herrscherin der Unterwelt, dazu bewegen, Helena aus dem Totenreich zu entlassen.

Paralleluniversum II: Zwischen 1825 und 1829 überarbeitet Goethe das verunglückte Romanfragment *Wilhelm Meisters Wanderjahre*, Übertitel: *Die Entsagenden*. Im Gegensatz zum *Faust*, dem Alles-Erstrebenden, Alles-Begehrenden, sollen die *Entsagenden* die Menschen der Zukunft sein und dieser Roman soll Goethes ethisches Vermächtnis darstellen.

Die »Turmgesellschaft«, die in *Wilhelm Meisters Lehrjahre* den hoffnungsvollen jungen Mann beobachtete und anleitete, bezieht ihn im zweiten Teil des Romans in ihre umfassenden Pläne und Aufgaben ein. In bestimmten Regionen der Erde brauchen die Menschen Arbeit, in anderen – etwa auch im fernen Amerika – braucht es Immigranten, Ansiedler. Die Turmgesellschaft hat in der Neuen Welt Land erworben. Es gilt,

Binnenwanderungen und Auswanderungen zu organisieren, die richtigen Leute dafür zu finden und zu gewinnen. Wilhelm Meister ist nunmehr einer von denen, die sich, unaufhörlich und unermüdlich reisend, dieser Aufgabe widmen. Auf ein Sesshaftwerden und damit auf ein privates Glück verzichtend, ist er zum Entsagenden geworden; so wie auch jeder, der aus seiner Heimat auswandert, einem geliebten, zumindest vertrauten Zusammenhang entsagt. Die gleichsam letzte der Wanderergestalten Goethes wird zum ewigen Wanderer.

Zwischen der Konzeption der *Lehrjahre* und den *Wanderjahren* liegt der Umbruch einer bürgerlichen Revolution. Die Zeit feudaler Regime ist vorüber, das industrielle Zeitalter ist angebrochen. Eine Zeit ohne Rast und Ruhe, eine *»veloziferische Zeit«*, wie Goethe sie nennt. Beweglicher Besitz – Kapital – ist nützlicher als fester Grundbesitz. Mobilität nützlicher als Treue zur Heimat. Die Beziehungen der Menschen zueinander sind verändert, alte Bindungen zählen nicht mehr, neue sind aufzubauen; neue Werte sind zu finden und zu festigen. Bessere Erziehungsgrundsätze werden entworfen, gerechtere Lebensformen und Gemeinschaften werden in den Kolonien Europas erprobt. Auch diese Aufbruchsstimmung, diese Zukunftshoffnung prägen die *Wanderjahre*.

Beibehalten, jedoch schlüssiger ist in der Neufassung des Romans die Verbindung unterschiedlicher Textformen; der Erzähler ist »Herausgeber« vorhandener Papiere, die er lediglich ordnet und auswählt. Geblieben sind der Perspektivwechsel, die Gegenüberstellung und damit Relativierung verschiedener Gesichtspunkte. Die *Wanderjahre* sind, so ihr Verfasser, ein *»Aggregat«*. *»Ist es nicht aus einem Stück, so ist es doch aus einem Sinn.«*[21]

Dieser Sinn liegt im allgemeinen Bezug auf einen notwendigen Verzicht, eine Selbstbeschränkung um der Einordnung willen. Es gilt, sich in eine neu zu schaffende Arbeits- und Sozialordnung einzufügen. Wie kann und muss der Einzelne sein Leben gestalten, um es nicht als isoliertes Individuum, sondern als Glied der Allgemeinheit zu führen? Wilhelm Meister wählt für sich den Beruf des Wundarztes, um künftig rasch und wirksam Menschenleben retten und bewahren zu können.

»Arbeit« ist ein weiterer zentraler Begriff des Romans. Arbeit als geglückte Verbindung von Denken und Tun. »*Tun und Denken, das ist die Summe aller Weisheit.*«[22]

Der Roman *Wilhelm Meisters Wanderjahre* oder *Die Entsagenden* ist – einen Grundgedanken der *Lehrjahre* weiterführend – die Utopie einer Gemeinschaft, in der jeder an seinem Ort Erfüllung findet. »*In dem einen, was er recht tut, sieht er das Gleichnis von allem, was recht getan wird.*«[23] An die Stelle der Selbstentfaltung tritt die Bewährung. Die Gemeinschaft, nicht mehr das Einzel-Ich darf zum Ideal der Totalität streben. Arbeit, Nützlichkeit erscheinen, so der Goethe-Herausgeber Erich Trunz, als ein »Sich-Einschwingen in den Rhythmus des Weltgeistes«[24]. Das 19. Jahrhundert versteht darunter die fortwährende Steigerung und Verbesserung – letztlich die Selbstvervollkommnung des Menschengeschlechts.

Einordnung ist geboten, jedoch nicht Unterwerfung. Durch das ästhetische Mittel der Ironie bleibt ein kritisches Potenzial erhalten. Keines der in den *Wanderjahren* gebotenen Gesellschaftsmodelle ist unhinterfragbar. Bedingungslose Anpassung darf niemals und von niemandem gefordert werden. Keine politische Ordnung, keine Pädagogik, keine Gesellschaftslehre ist perfekt.

Und so gibt es in dieser Utopie allgemeiner Einordnung auch eine große Ausnahmegestalt: »Makarie« (ihr Name ist griechisch und bedeutet »die Selige«) ist den »Entsagenden« beigesellt, wie um zu zeigen, das (nur) beides zusammen gilt: die Regel und das, was sie sprengt. Körperlich krank und gebrechlich, ist Makarie mit ihrem Geist zu den Sternen hinausgedrungen; auf geheimnisvolle Weise ist sie eins mit dem Morgenstern. Eine Mystikerin mit der Gabe, ihren Freunden bei Konflikten und Zweifeln zu raten und damit ihre seelischen Nöte zu heilen. Makarie ist Symbol höchster Einfühlung und Menschlichkeit; zugleich ist sie der größtmögliche Gegensatz zu den neuen Leitbildern: Rationalität und Ökonomie.

Die Romanhandlung der *Wanderjahre* endet mit einer hochsymbolischen Episode. Felix, der Sohn Wilhelm Meisters, eigensinnig und liebeskrank, hat sich in einem Anfall zorniger Enttäuschung von der Gemeinschaft losgesagt. Auf seinem wilden Ritt stürzt er in einen Fluss, kann jedoch von Augenzeugen des Unglücks aus dem Wasser gezogen werden. Auch Wilhelm, der den Sohn gesucht hat, ist zur Stelle. Dank seiner ärztlichen Kunst rettet er ihm das Leben. Das Ende des Romans ist so zart wie lakonisch – beste Goethe'sche Prosa: *»Die wackern Männer hatten schon ein bequemes Lager, halb sonnig, halb schattig, unter leichten Büschen und Zweigen bereitet; hier lag er nun auf den väterlichen Mantel hingestreckt, der holdeste Jüngling; braune Locken, schnell getrocknet, rollten sich schon wieder auf, er lächelte beruhigt und schlief ein. Mit Gefallen sah unser Freund auf ihn herab, indem er ihn zudeckte. –* ›*Wirst du doch immer aufs Neue hervorgebracht, herrlich Ebenbild Gottes*‹*, rief er aus,* ›*und wirst sogleich wieder beschädigt, verletzt von innen oder von außen.*‹ *– Der Mantel* *fiel über ihn her, eine gemäßigte Sonnenglut durchwärmte die Glieder sanft und innigst, seine Wangen röteten sich gesund, er schien schon völlig wiederhergestellt.*

Die tätigen Männer, einer guten geglückten Handlung und des zu erwartenden reichlichen Lohns zum Voraus sich erfreuend, hatten auf dem heißen Kies die Kleider des Jünglings schon so gut als getrocknet, um ihn beim Erwachen sogleich wieder in den gesellig anständigsten Zustand zu versetzen.«[25]

Paralleluniversum III: Auch die Vereinigung von Faust und Helena findet im utopischen Raum statt: in »Arkadien«, einem Nirgendwo, einem Kunstparadies. Die Bühnenanweisung, wonach diese lieblichen Haine und Fluren allesamt im Inneren von Fausts Ritterburg gelegen sind, deuten an, dass die Helena-Episode sich in seiner Seele abspielt.

Helena erwidert Fausts Liebe, und bald lernt sie, wie ihr deutscher Ritter in Reimen zu sprechen – eine poetische Form, die der Antike unbekannt ist. Der Gleichklang der Worte wird zum Symbol erotischer Erfüllung.

»FAUST: Nun schaut der Geist nicht vorwärts, nicht zurück,
Die Gegenwart allein –
HELENA: – ist unser Glück.«[26]

Arkadien ist ein Traum des Künstlers, eine Phantasmagorie. Mephistopheles und die Wette haben damit nichts zu tun. Das Glück dieser Gegenwart, dieses Augenblicks bezahlt Faust deshalb nicht mit dem Leben und der Unsterblichkeit seiner Seele. Stattdessen stirbt am Ende sein Traum und muss vergehen.

Der Liebe von Faust und Helena ist ein Sohn entsprossen: Euphorion, die verkörperte Poesie. Helena und Faust können den idealistischen Jüngling nicht daran hindern, »für die gute Sache« in den Krieg zu ziehen.

> »HELENA, FAUST UND CHOR:
> *Welch Entsetzen! welches Grauen!*
> *Ist der Tod denn dir Gebot?*
> EUPHORION:
> *Sollt ich aus der Ferne schauen?*
> *Nein, ich teile Sorg und Not.*
> DIE VORIGEN:
> *Übermut und Gefahr,*
> *Tödliches Los!*
> EUPHORION:
> *Doch! – und ein Flügelpaar*
> *Faltet sich los!*
> *Dorthin! Ich muss! ich muss!*
> *Gönnt mir den Flug!«*[27]

Vor den Augen seiner Eltern stürzt der Himmelsstürmer ab und stirbt.

Liebend gern wäre Goethes Sohn August, so wie alle seine Jugendfreunde es taten, gegen die Franzosen ins Feld gezogen. Goethes Verhinderung von Augusts Teilnahme am deutschen Freiheitskrieg hatte allgemein nur Befremden und Verachtung erregt. Hätten diejenigen, die ihm seine Intervention so verübelten, gewusst oder bedacht, dass drei seiner Kinder bald nach der Geburt gestorben waren, August das einzige ihm gebliebene Kind war, vielleicht hätten sie mehr Verständnis dafür aufgebracht.

August von Goethe sind niemals Flügel gewachsen. 1830 unternimmt er die erste große Reise seines Lebens. Nach Italien – wie der Großvater, wie der Vater. In Rom bricht er zusammen und stirbt. Die Obduktion ergibt, dass die inneren Organe durch exzessiven Alkoholmissbrauch zerstört sind.

(»*Wirst du doch immer aufs Neue hervorgebracht, herrlich Ebenbild Gottes! Und wirst sogleich wieder beschädigt, verletzt von innen oder von außen.*«)

Aus dem Totenreich ruft Euphorion die Mutter. Und Helena folgt ihrem Sohn. Der Schleier, den sie bei ihrem Verschwinden zurücklässt, wird zur Wolke und trägt Faust wieder weit, weit fort. Im »Hochgebirge« löst der Nebelschleier sich von ihm und zieht davon. Der Verlassene sieht im Morgendunst, der um ihn aufsteigt, Gestalten sich formen.

»*Nun steigt es leicht und zaudernd hoch und höher auf,
Fügt sich zusammen. – Täuscht mich ein entzückend Bild,
Als jugenderstes, längst entbehrtes höchstes Gut?
Des tiefsten Herzens früheste Schätze quellen auf:
Aurorens Liebe, leichten Schwungs bezeichnet's mir,
Den schnellempfundnen, ersten, kaum verstandnen Blick,
Der, festgehalten, überglänzte jeden Schatz.*«[28]

Faust sieht die letzte Liebe seines Lebens schwinden, die Schönheit, und denkt an seine erste Liebe.

Und Goethe gedenkt jener Schönen, die ihn als Vierzehnjährigen in ihren Bann schlug und die er in *Dichtung und Wahrheit* »Gretchen« nannte. Sogar in die Kirche war der wenig fromme Knabe damals gegangen, nur um Gretchen zu sehen. »[...] *und war schon selig, wenn sie mich bemerkt und gegen einen Gruß genickt zu haben schien*«, erinnert er sich.[29] In den Worten vom »*schnellempfundnen, ersten, kaum verstandnen Blick*« findet die Erinnerung an diese erste Liebesseligkeit sich wieder.

Was bleibt Faust nach allen Bestrebungen und Unternehmungen? Ein Teufel, von dem er nicht loskommt. Einsamkeit, die ihn nicht mehr verlassen wird.

Goethes Lebensfreund, Carl August, ist seit 1828 tot, ein halbes Jahr nach ihm starb die von Goethe verehrte Herzogin Luise. An Zelter schrieb er damals: »*Mir erscheint der zunächst mich berührende Personenkreis wie ein Konvolut sibyllinischer* [geheimnisreicher] *Blätter, deren eins nach dem anderen, von Lebensflammen aufgezehrt, in der Luft zerstiebt und dabei den Überbleibenden von Augenblick zu Augenblick höhern Wert verleiht.*«[30] Und an Sulpiz Boisserée: »*Ihnen darf ich es bekennen: In widerwärtigen Situationen, anstatt mich abzumüden, nahm ich mir den Abschluss des Dr. Faustus vor. Ich durfte nicht hinter mir selbst bleiben und musste also über mich selbst hinausgehen und mich in einen* [solchen] *Zustand versetzen und erhalten, wenn der Tag mit seinen Seiten mir ganz niederträchtig erschien.*«[31]

Fausts Lebensinhalt ist nur noch die Tat. Nicht Liebe, nicht Ruhm und Ehre, auch nicht mehr der Traum von Schönheit. »*Am Anfang war die Tat*«; so hat Faust vor vielen Jahren, in seinem früheren Gelehrtenleben, die Worte der biblischen Schöpfungsgeschichte übersetzt. Die göttliche Tat beendete das Chaos und setzte das All anstelle des Nichts. Auch Fausts Tat soll ein Kampf gegen das Chaos sein, gegen die Zerstörungskräfte der Natur.

Zum Dank für eine gewonnene Schlacht (eigentlich siegte die Magie des Mephistopheles) wird Faust vom Kaiser mit einem gewaltigen Stück Uferland belehnt. Nun wird er dort Dämme gegen die Flut bauen und das Meer bezähmen.

Das gutgemeinte Unternehmen wird zum Verbrechen, weil Faust ein despotisches Regime führt, weil er Widerspruch und Widerstand nicht duldet. Weil ihm der Zweck die Mittel heiligt. Aus Diktatur und Ausbeutung wird – dank Mephistopheles und seinen Schergen – Raub, Mord und Brandschatzung.

Zwei alte Menschen, Philemon und Baucis, haben sich als Einzige von ihrem kleinen Land nicht vertreiben lassen. Statt sie, wie von Faust befohlen, gewaltsam umzusiedeln, lässt Mephisto die Hütte kurzerhand in Brand stecken und die Alten ermorden.

Dass unter der »Ordnung« des Unrechtssystems Chaos und Entsetzen lauern, zeigt Goethe mit dem Lied des Türmers Lynkäus, der mit seinem Leben rundum zufrieden ist – bis er des Brandanschlags gewahr wird:

»So seh ich in allen
Die ewige Zier,
Und wie mir's gefallen,
Gefall ich auch mir.
Ihr glücklichen Augen,
Was je ihr gesehn,
Es sei, wie es wolle,
Es war doch so schön!
(Pause)
Nicht allein mich zu ergötzen,
Bin ich hier so hoch gestellt;
Welch ein greuliches Entsetzen
Droht mir aus der finstern Welt!
Funkenblicke seh ich sprühen […]«[32]

Das Lied des Türmers. Ein Beispiel für Goethes Weise, *»durch einander gegenübergestellte und sich gleichsam ineinander abspie-*

gelnde Gebilde«[32] Unsagbares zu sagen. Niemand fände Worte für das Zugleich und Nebeneinander von Daseinsglück und Grauen.

In der Nacht des Mordes an Philemon und Baucis kommen vier allegorische Gestalten zu Faust: Mangel, Schuld, Sorge, Not. Da er ein reicher Mann ist, können sie ihn nicht heimsuchen. Nur die Sorge schlüpft durchs Schlüsselloch. Soeben hat Faust einen Moment der Klarheit, in dem er erkennt, dass er an Mephistopheles' Seite nichts erringen wird. Nichts wird ihm gelingen. Er ist ein Gescheiterter. Er steht wieder dort, wo er vor dem Teufelspakt stand, nein, er wünschte, er könnte noch einmal sein, was er vorher war:

> *»Könnt ich Magie von meinem Pfad entfernen,*
> *Die Zaubersprüche ganz und gar verlernen,*
> *Stünd ich, Natur, vor dir, ein Mann allein,*
> *Dann wär's der Mühe wert, ein Mensch zu sein.«*[34]

Doch als die »Sorge« auftaucht und meint, ihn aufrütteln zu können, verschließt Faust sich gleich wieder in seinem Wahn. Sorge um das, was sein wird, gar nach seinem Tod sein wird, hat er nie gekannt!

> *»Nach drüben ist die Aussicht uns verrannt;*
> *Tor, wer dorthin die Augen blinzelnd richtet,*
> *Sich über Wolken seinesgleichen dichtet!*
> *Er stehe fest und sehe hier sich um;*
> *Dem Tüchtigen ist diese Welt nicht stumm.*
> *Was braucht er in die Ewigkeit zu schweifen!*
> *Was er erkennt, lässt sich ergreifen.*
> *Er wandle so den Erdentag entlang;*
> *Wenn Geister spuken, geh er seinen Gang,*
> *Im Weiterschreiten find er Qual und Glück,*
> *Er, unbefriedigt jeden Augenblick!«*[35]

Die »Sorge« lässt ihn erblinden. Faust bildet sich ein, mit seinem »inneren Auge« umso klarer zu sehen. Doch er sieht nur seine Wahnbilder.

Mephistopheles, der weiß, dass Faust dem Tod nahe ist, lässt von Lemuren ein Grab schaufeln. Der Erblindete deutet das Klirren der Spaten für die Bauarbeit an seinem großen letzten Projekt: Eindämmung des Meeres – Symbol für das lebenslang gehasste und gefürchtete, alles vernichtende Chaos –, Gewinn neuen fruchtbaren Landes, Lebensgrundlage für ein freies Volk.

»Im Innern hier ein paradiesisch Land,
Da rase draußen Flut bis auf zum Rand,
Und wie sie nascht, gewaltsam einzuschießen,
Gemeindrang eilt, die Lücke zu verschließen.
Ja! diesem Sinne bin ich ganz ergeben,
Das ist der Weisheit letzter Schluss:
Nur der verdient sich Freiheit wie das Leben,
Der täglich sie erobern muss.
Und so verbringt, umrungen von Gefahr,
Hier Kindheit, Mann und Greis sein tüchtig Jahr.«[36]

Ist mit einem Mal die Utopie der *Wanderjahre* ins *Faust*-Drama eingedrungen? Ein neues Land als Siedlungsgebiet einer Gemeinschaft freier Menschen? Glaubt Faust denn, Freiheit könne ein Endergebnis von Tyrannei sein?

Es ist seine letzte Vision oder Illusion. So überwältigend ist das Geschaute, dass er sogar vergisst, den Teufel überlisten zu müssen.

»Solch ein Gewimmel möcht ich sehn,
Auf freiem Grund mit freiem Volke stehn.
Zum Augenblicke dürft ich sagen:
Verweile doch, du bist so schön!

*Es kann die Spur von meinen Erdentagen
Nicht in Äonen untergehn. –
Im Vorgefühl von solchem hohen Glück
Genieß ich jetzt den höchsten Augenblick.«*[37]

Mit diesem Wort auf den Lippen stirbt Faust. Den Teufel überlistet der Mensch nicht! So etwas bringen nur Engel zuwege.

Tapfer hat Faust sich dem Mephistopheles widersetzt. Nicht indem er dessen Versuchungen widerstand, sondern auf einer ganz anderen Ebene. Seinem Nihilismus hat er die Tat entgegengesetzt, dem Chaos die Gestaltung. Das Werk. Es ist dieser Genuss – der Genuss des Schöpferischen –, den ein Mephistopheles nicht begreift. Der einzige Genuss nämlich, der den Wunsch nach Dauer nicht kennt, weil es in ihm kein Verweilen gibt. Im Weiterschreiten findet er Qual und Glück. Wird ihm der Weg zum Ziel.

»*CHOR: Es ist vorbei
MEPHISTOPHELES: Vorbei! ein dummes Wort.
Warum vorbei?
Vorbei und reines Nicht, vollkommnes Einerlei!
Was soll uns denn das ewge Schaffen!
Geschaffenes zu nichts hinwegzuraffen!
›Da ist's vorbei!‹ Was ist daran zu lesen?
Es ist so gut, als wär es nicht gewesen,
Und treibt sich doch im Kreis, als wenn es wäre.
Ich liebte mir dafür das Ewig-Leere.*«[38]

Die Verkündung des »Herrn« zu Beginn des Dramas lautete: »*Ein guter Mensch in seinem dunklen Drange ist sich des rechten Weges wohl bewusst.*« Ist Faust ein »guter Mensch«? Das Einzige, was man ihm zugestehen kann, ist, dass er Gutes gewollt hat, Größtes. Prometheus – ebenfalls einer, der Gutes und Großes wollte – wurde von Zeus zur Strafe für seine Hybris an den Felsen geschmiedet. Weisheit des Mythos! Prometheus hätte sich sonst vielleicht zu jenem Ausbeuter und Schinder entwickelt, als den Goethe ihn in seinem Drama *Pandora* zeichnete.

Für das Ende des *Faust* hat Goethe sich abgekehrt von den Göttern der Antike. Sie konnten ihre Lieblinge unter die Sterne am Himmel versetzen – einen Orion, eine Andromeda –, doch sie konnten den Sterblichen keine ewige Seligkeit schenken, keine Schau des Allerhöchsten. Das aber will Goethe für seinen Faust, und den christlichen Gott hat er es versprechen lassen.

»Mephisto darf seine Wette nur halb gewinnen, und wenn die halbe Schuld auf Faust ruhen bleibt, so tritt das Begnadigungsrecht des alten Herrn sogleich herein«, witzelt Goethe in einem Brief an Schubarth.[39] Ob mit »halbe Schuld« gemeint ist, dass Faust sich die zahlreichen Sünden mit Mephisto geteilt hat? Oder dass er immerhin Gutes gewollt, wenngleich Böses bewirkt hat?

Goethe, der sich seinen eigenen griechisch-antiken Kosmos zurechtzimmerte, steht nicht an, auch die christliche Heilslehre nach seinem Gusto zu gestalten. Kindliche Überzeugung von der Unsterblichkeit der Seele (die sich darunter einen ewigen Himmel vorstellte, nicht eine ewige Hölle), Kants Diktum, dass nichts in der Welt gut sei als der gute Wille, biblische Verheißung einer Gnade auch und vor allem für den größten Sünder, volkstümliche Sagen und Märchen vom überlisteten Teufel vermengen sich zum so monströsen wie großartigen Abschluss des Dramas: der Errettung von Fausts Seele.

Was den Ausgang der Wette angeht, so scheinen Recht und Logik auf Seiten von Mephistopheles, der den Sterbenden verhöhnt:

»In jeder Art seid ihr verloren;
Die Elemente sind mit uns verschworen
Und auf Vernichtung läuft's hinaus.«[40]

Die Seele Fausts kann ihm, dem Verkünder und zugleich Vollstrecker des Urteils, nicht entkommen. Doch als er sie beim Verlassen des Körpers einfangen will, blendet ihn auf einmal der Glanz herabgestiegener Engel, und ihre Schönheit bringt ihn aus der Fassung. Die holden, jedoch hinterlistigen Geister lenken den armen Teufel ab, schnappen sich Fausts *»Unsterbliches«* und steigen damit auf zum Himmel. Ein Entwende-Manöver, das angesichts der Allmacht Gottes seltsam überflüssig erscheint, doch passt es zu Goethes Doppelt- und Dreifachabsicherung von Fausts Errettung. *»Heilige Sünderinnen«* beten noch zusätzlich für ihn – wie um den *»alten Herrn«* an sein *»Begnadigungsrecht«* zu erinnern –, an ihrer Spitze die *»Büßerin, sonst Gretchen genannt«*. Die Zeugin der Anklage selbst plädiert für einen Freispruch.

Fausts Läuterung hat im Leben nicht stattgefunden (sieht man davon ab, dass er in den letzten Minuten dem Despotismus abschwor und wünschte, *»auf freiem Grund mit freiem Volk zu stehen«*), also erfolgt sie nun gleichsam als postmortale Metamorphose. Was da geschieht, ist – vom Standpunkt der Moral, der Ethik und der christlichen Heilslehre aus gesehen – mehr als fragwürdig. Selbst ästhetisch scheint Fausts *»Verklärung«* etwas unrund. Fausts Verdammnis war – wie die Höllenfahrt des Don Juan – in sich schlüssiger. Heinrich Heine, selbst Verfasser eines Faust-Poems, tadelte, dass hier ein »Skeptiker des 18. Jahrhunderts von der frommen Symmetrie in die frivole Farce ausgewichen sei«[41]. Richard Wagner, der sich über den »großen Vergesser Faust« ärgerte, schrieb vom »grauen Sünder«

(Goethe meinend), der das von Faust im Leben Versäumte ihn durch ein Schlusstableau nachholen lässt«[42].

Doch in Fausts Errettung geht es vor allem um die göttliche Gnade oder anders gesagt: um die Liebe der Gottheit zu ihren Geschöpfen. Goethe, der in seinem langen Leben verschiedene Formen der Religiosität empfand und durchlebte – nacheinander oder auch zugleich: »*naturforschend Pantheist, dichtend Polytheist, sittlich Monotheist*«[43] nennt er sich –, weiß nunmehr, dass es nicht genügt, sich in seinem dunklen Drange des rechten Weges wohl bewusst zu sein. Die Gnade muss dazukommen.

Hat er es nicht vielleicht schon immer gewusst? War nicht eine Göttin – Minerva – dem Prometheus zu Hilfe gekommen, als er seinen Geschöpfen kein Leben einhauchen konnte? Hatte nicht eine liebende Gott-Natur in Gestalt der »Wahrheit« ihm »*der Dichtung Schleier*« überreicht? Wusste nicht der »Hatem« des *West-östlichen Divan*, dass liebende Hingabe ein größeres Glück der Erdenkinder ist als ihre »Persönlichkeit«?

»Bis im Anschaun ewiger Liebe
Wir verschweben, wir verschwinden.«[44]

»Hatems« Vision von der Selbstauflösung im Paradies wiederholt die Sehnsucht von Goethes »Ganymed« ein Menschenalter zuvor. Der Kreis von den Ahnungen der Jugend zur Erkenntnis des Alters schließt sich mit dem Ende des *Faust*, an dem Goethe fast 60 Jahre lang gedichtet hat.

Die Szenen von Fausts Errettung sind nichts als eine Verherrlichung – vielmehr: eine Verweiblichung – von Gottes Liebe. Ohne sie, die dem Strebenden entgegenkommt, wäre all seine Mühe sinnlos. Der Teufel hätte recht und es herrschte das Nichts.

Alles, was entsteht, ist wert, dass es zugrunde geht, war die Botschaft des Erdbebens von Lissabon; die Unsterblichkeit der Seele war die Behauptung, die der Siebenjährige ihr tapfer entgegenhielt. Der Achtzigjährige hält sich an die gleiche Hoffnung. Der Schluss des *Faust*-Dramas symbolisiert sie.

Und so darf der himmlische Chor jubeln:

> *»Gerettet ist das edle Glied*
> *Der Geisterwelt vom Bösen.*
> *Wer immer strebend sich bemüht,*
> *Den können wir erlösen.«*[45]

Wie stark Goethe auf ein Weiterleben nach dem Tod hoffte, zeigt auch eine Stelle in einem Brief an Zelter: *»Wirken wir fort, bis wir, […] vom Weltgeist berufen, in den Äther zurückkehren! Möge dann der ewig Lebendige uns neue Tätigkeiten, denen analog, in welchen wir schon erprobt, nicht versagen.«*[46]

Zu guter Letzt geschieht an Faust, wie die *»Büßerin«* Margarete freudig bemerkt, abermals eine (die letzte, endgültige, ewige) Verjüngung.

> *»Sieh, wie er jedem Erdenbande*
> *Der alten Hülle sich entrafft*
> *Und aus ätherischem Gewande*
> *Hervortritt erste Jugendkraft.«*[47]

Die Liebe des Allerhöchsten zieht Faust zu sich hinan. Goethe nennt diese Liebe das *»Ewig-Weibliche«*.

Gern würde man in diesem Kreis, der sich hier zwischen Kinderhoffnung, Jugendahnung und Altersweisheit schließt, zugleich die Auflösung von Goethes Angst sehen, die Einkehr in die Geborgenheit des Urvertrauens.

Stattdessen kehrt der alte Schrecken albtraumhaft zu ihm zurück. Die Juli-Revolution 1830 in Frankreich* entzündet den Revolutionsgedanken erneut in Europa. Auch in Weimar und Jena kommt es zu Unruhen. Von einem »*Vulkanausbruch*« spricht Goethe zu Eckermann; in seinen Briefen ist vom »*gewaltigen Pariser Erdbeben*« die Rede, von einer Explosion, die an das Erdbeben von Lissabon erinnere.[48]

»Und jetzt noch ein Wort über Frankreich. Der Eindruck, den diese blitzschnelle Revolution auch hier macht, ist unbeschreiblich. Keine größere Krisis haben wir gehabt [als diese]«, schreibt Kanzler von Müller, »Goethe sagt, er könne sich nur dadurch darüber beruhigen, dass er sie für die größte Denkübung ansehe, die ihm am Schlusse seines Lebens habe werden können.«[49]

Den Freunden bekennt Goethe seine Sorgen. In der Öffentlichkeit sagt er nichts mehr. Und in der literarischen Welt Deutschlands, dem »jungen Deutschland«, gilt der alte Dichter und Denker längst als tot, sprich: als völlig überholt und zu vergessen.

Die neuen politischen Strömungen, die bitteren Erfahrungen mit so vielen seiner Veröffentlichungen lassen Goethe be-

---

* Die reaktionäre Politik des seit 1824 regierenden Königs Karl X. setzte eine scharfe Opposition in Gang. Diese »Linke« – auf ihrer Seite Historiker, Wissenschaftler und Schriftsteller – entschied die Wahlen 1827 für sich und erreichte eine Kammer-Mehrheit. Im Gegenzug setzte der König einen ultraroyalistischen Ministerrat ein. Sein Staatsstreich zur Außerkraftsetzung der Verfassung entzündete im Juli 1830 die Revolution. Die Jugend der Hauptstadt – Studenten und Arbeiter – ging auf die Barrikaden und entschied die blutige Auseinandersetzung für sich.

fürchten, dass auch sein letztes Werk negative Reaktionen hervorrufen könnte. Spott und Häme über *Faust II* aber würde er nicht ertragen. 1831 ist das Drama vollendet. Goethe versiegelt das Manuskript und bestimmt, dass es erst nach seinem Tod zu veröffentlichen sei. »*Ganz ohne Frage würd es mir unendliche Freude machen, meinen werten [...] weitverteilten Freunden auch bei Lebzeiten diese sehr ernsten Scherze zu widmen, mitzuteilen und ihre Erwiderung zu vernehmen. Der Tag aber ist wirklich so absurd und konfus, dass ich mich überzeuge, meine redlichen, lange verfolgten Bemühungen um dieses seltsame Gebäu*[de] *würden schlecht belohnt* [es würde] *an den Strand getrieben wie ein Wrack in Trümmern daliegen und von dem Dünenschutt der Stunden zunächst überschüttet werden*«, schreibt er in seinem letzten Brief an Wilhelm von Humboldt.[50]

Noch einmal finden sich hier – in der Metapher der Elementargewalt – die Spuren der ersten Erschütterung wie der letzten Angst.

Am 22. März 1832 stirbt Goethe. Als er fühlt, dass es zu Ende geht, bittet er Ottilie von Goethe, die Schwiegertochter, seine Hand zu halten. Und sie hält sie, liebevoll, bis zuletzt.

★

Die edelste der Empfindungen sei die Hoffnung auf ein Weiterexistieren nach dem Tod, schrieb einmal ein sehr junger Mann. Es war der erste Satz einer Rede zu Ehren seines großen Vorbilds William Shakespeare.

Dem leisen, nachdenklichen Auftakt folgte der zweite Satz wie ein Paukenschlag: »*Dieses Leben, meine Herren, ist für unsre Seele viel zu kurz.*«

Zeittafel

1749 Johann Wolfgang wird am 28. August in Frankfurt am Main als Sohn von Johann Caspar und Catharina Elisabeth Goethe geboren.
1765 Oktober bis August 1968: Studium der Jurisprudenz in Leipzig, daneben Zeichenunterricht sowie Kunst- und Poetik-Vorlesungen; Freundschaft mit Ernst Wolfgang Behrisch und Johann Georg Schlosser. Liebe zu Käthchen Schönkopf.
1768 *Die Laune des Verliebten.*
Ende Juli schwere Lungenerkrankung, am 28. August Heimreise.
September 1768 bis März 1770: Schwierige Rekonvaleszenz im Vaterhaus. Durch Susanna von Klettenberg wird Goethe mit pietistischem Gedankengut vertraut gemacht. Beschäftigung mit religiösen, philosophischen und alchemistischen Schriften.
1770 April bis August 1771: Fortsetzung des Studiums in Straßburg. Freundschaft mit Johann Gottfried Herder, Jacob Michael Reinhold Lenz und Heinrich Leopold Wagner. Oktober: Erster Besuch in Sesenheim. Liebe zu Friederike Brion.
1771 *Sesenheimer Lieder. Ossian-Übersetzung.*
6. August: Promotion zum Lizentiaten der Rechte.
Mitte August: Rückkehr nach Frankfurt und Zulassung als Anwalt beim Frankfurter Schöffengericht.
Zum Shakespeare-Tag.
Freundschaft mit Johann Heinrich Merck und dem Darmstädter Kreis »Gemeinschaft der Heiligen«.
Götz von Berlichingen.
Rezensent für die von Merck edierten *Frankfurter Allgemeine Gelehrte-Anzeigen. Wandrers Sturmlied.*
Mai bis September: Praktikant am Reichskammergericht Wetzlar, Freundschaft mit Johann Christian Kestner und

seiner Braut Charlotte Buff; Bekanntschaft mit Sophie von La Roche und ihrer Tochter Maximiliane.

1773 Zahlreiche dramatische Satiren und Fragmente, etwa: *Götter, Helden und Wieland.* Die Oden *Prometheus, Ganymed.* Cornelia Goethe heiratet Johann Georg Schlosser.

1774 Erste Gedichte erscheinen im *Göttinger Musenalmanach.* Juli bis August: Lahn- und Rheinreise mit Lavater und Basedow, Beginn der Freundschaft mit Friedrich Heinrich Jacobi.
Die Leiden des jungen Werther. Clavigo. An Schwager Kronos.
Dezember: Erstes Zusammentreffen mit Herzog Carl August von Sachsen-Weimar.

1775 Januar: Bekanntschaft mit Lili Schönemann; Beginn des Briefwechsels mit Auguste Gräfin zu Stolberg; im April Verlobung mit Lili.
Stella. Claudia von Villa Bella. Erwin und Elmire. Zahlreiche Gedichte (z.B. *Lilis Park*).
Von Mai bis Juli: Reise in die Schweiz; zweite Begegnung mit Herzog Carl August und dessen Braut Luise von Hessen-Darmstadt; mit Lenz nach Emmendingen zu Cornelia und Johann Georg Schlosser.
Erste Teile des *Egmont* und Szenen des *Faust.*
Im Herbst Lösung der Verlobung mit Lili; 30. Oktober »Flucht« aus Frankfurt.
7. November: Ankunft in Weimar.
Freundschaft mit Herzog Carl August, Herzogin-Witwe Anna Amalia und Christoph Martin Wieland.

1776 Beginn des Entstehens des »Freundschaftsbundes« mit Charlotte von Stein. 11. Juni: Eintritt in den Weimarischen Staatsdienst. Berufung Herders nach Weimar.
April bis Dezember: Aufenthalt der Sturm-und-Drang-Dichter Lenz und Klinger im Herzogtum.
Die Geschwister.

1777 8. Juni: Tod Cornelias.
Im Dezember Harzreise und Besteigung des Brocken.
Beginn des Romans *Wilhelm Meisters Theatralische Sendung.*

1778 Im Mai Reise mit Herzog Carl August nach Berlin und Potsdam.

1779	September bis Januar 1780: Reise in die Schweiz mit Carl August; Abstecher zu den Eltern nach Frankfurt. Besuch bei Friederike Brion und Lili von Türckheim (geb. Schönemann) in Straßburg. *Iphigenie auf Tauris* (Prosafassung).
1780	Beginn der mineralogischen Studien und des Dramas *Tasso*; Vorträge über Anatomie in der Weimarer Freien Zeichen-Schule.
1782	Von März bis Mai Reisen an die thüringischen Fürstenhöfe. Juni: Goethe bezieht das Haus am Frauenplan. Er erhält von Kaiser Joseph II. das Adelsdiplom. Übernahme des Finanzressorts. Singspiel *Die Fischerin* (mit der Ballade *Der Erlkönig*).
1784	Im März entdeckt Goethe den Zwischenkieferknochen des menschlichen Schädels. Mineralogische Studien.
1785	Bekanntwerden der »Halsband-Affäre«.
1786	Heimliche Abreise nach Italien; 29. Oktober: Ankunft in Rom. Versifizierung der *Iphigenie auf Tauris.* Freundschaft mit Karl Philipp Moritz und Heinrich Meyer.
1787	Februar bis Juni: Reise nach Neapel und Sizilien. Arbeit am *Tasso* und am *Faust*, Zeichenstudien im Künstlerkreis um Angelika Kauffmann und Tischbein. Liebesbeziehung zu Faustina. *Egmont.*
1788	Abreise aus Rom am 23. April. Zurück in Weimar, begegnet Goethe am 12. Juli Christiane Vulpius und geht mit ihr eine Lebensgemeinschaft ein. *Römische Elegien. Einfache Nachahmung der Natur, Manier, Stil.*
1789	Goethes und Christianes Sohn August wird geboren. Abschluss des *Torquato Tasso.*
1790	Von März bis Juni: Reise nach Venedig. Veröffentlichung von *Faust* als Fragment. Beginn der Studien zur *Farbenlehre. Venezianische Epigramme.* Juli bis Oktober: Reise nach Schlesien ins preußische Feldlager. *Die Metamorphose der Pflanzen.*
1791	Betrauung mit der Leitung des Weimarer Hoftheaters.

	Der Groß-Kophta. Beiträge zur Optik.
1792	August bis Oktober: Goethe nimmt im Gefolge des Herzogs Carl August an der Kampagne in Frankreich teil. Auf der Heimreise Aufenthalte in Frankfurt und in der Familie Friedrich Heinrich Jacobis in Pempelfort bei Düsseldorf.
1793	Von Mai bis Juli: als Beobachter bei der Belagerung von Mainz.
	Der Bürgergeneral. Reineke Fuchs.
1794	Beginn der Freundschaft mit Friedrich Schiller. Mitarbeit an dessen Zeitschrift *Die Horen.*
	Unterhaltungen deutscher Ausgewanderter.
1796	*Wilhelm Meisters Lehrjahre.* Gemeinsam mit Schiller: *Xenien.* Übersetzung der Autobiografie von *Benvenuto Cellini. Alexis und Dora.*
1797	*Hermann und Dorothea. Balladen.* August bis November: dritte Reise in die Schweiz.
1798	Gründung der Zeitschrift *Propyläen.*
1801	Im Januar Erkrankung an Gesichtsrose.
1803	*Die natürliche Tochter.* Aufenthalt Germaine de Staëls in Weimar. Tod Herders.
1805	Am 9. Mai stirbt Friedrich Schiller. *Winckelmann und sein Jahrhundert.*
1806	Abschluss von *Faust, Erster Teil.* 14. Oktober: Schlacht bei Jena und Auerstädt. Besetzung Weimars durch Napoléons Truppen. 19. Oktober: Trauung mit Christiane.
1807	Bekanntschaft mit Bettine Brentano und Minchen Herzlieb. *Sonette. Pandora.* Novellen für *Wilhelm Meisters Wanderjahre.*
1808	2. Oktober: Unterredung mit Napoléon auf dem Fürstenkongress in Erfurt.
1809	*Die Wahlverwandtschaften.*
1810	Abschluss der *Farbenlehre.*
1811	*Dichtung und Wahrheit, Erster Teil.*
1812	*Dichtung und Wahrheit, Zweiter Teil.*
1813	*Dichtung und Wahrheit, Dritter Teil.*
1814	Juli bis Oktober: Reise in die Rhein- und Maingegenden. In Frankfurt Begegnung mit Marianne von Willemer. Besuche bei den Brüdern Boisserée in Heidelberg.

	Des Epimenides Erwachen. Erste Gedichte des *West-östlichen Divan.*
1815	Sachsen-Weimar-Eisenach wird auf Beschluss des Wiener Kongresses Großherzogtum. Mai bis Oktober: zweite Reise in die Rhein- und Main-Gegenden; Gast des Ehepaars von Willemer. Arbeit am Gedichtzyklus *Der West-östliche Divan.*
1816	6. Juni: Tod Christianes. *Italienische Reise, Erster Teil.*
1817	Vermählung August von Goethes mit Ottilie von Pogwisch. *Geschichte meiner botanischen Studien. Italienische Reise, Zweiter Teil, Urworte Orphisch.*
1821	Juli bis September in Marienbad. Erste Begegnung mit Ulrike von Levetzow. *Wilhelm Meisters Wanderjahre* (Urfassung).
1822	Zweiter Aufenthalt in Marienbad. *Campagne in Frankreich und Belagerung von Mainz.*
1823	Februar bis März: Herzbeutel- und Rippenfellentzündung. Juni: Johann Peter Eckermann wird Goethes Mitarbeiter. Juli bis September: in Marienbad. Der Herzog hält für Goethe um die Hand Ulrike von Levetzows an. Sein Antrag wird abgelehnt. *Marienbader Elegie.*
1825	Wiederaufnahme der Arbeit an *Faust, Zweiter Teil.* Neukonzeption der *Wanderjahre.*
1828	Am 14. Juni stirbt Großherzog Carl August.
1829	*Wilhelm Meisters Wanderjahre* (2. Fassung) Vollendung der *Italienischen Reise.*
1830	Tod von Goethes Sohn August am 26. Oktober in Rom.
1831	*Dichtung und Wahrheit, Vierter Teil. Faust, Zweiter Teil* wird abgeschlossen und versiegelt.
1832	Am 22. März stirbt Goethe.

Quellenverzeichnis

Prolog
[1] Johann Wolfgang von Goethe, *Werke*, Hamburger Ausgabe, München: Deutscher Taschenbuch Verlag, 2000 (im Folgenden abgekürzt: *Hamburger Ausgabe*), Bd. 9, S. 30
[2] Voltaire, *Candidus,* Zürich: Manesse Verlag, 1956, S. 144 f.
[3] *Hamburger Ausgabe,* Bd. 9, S. 30 f.
[4] ebenda, Bd. 2, S. 513
[5] ebenda, Bd. 3, S. 47
[6] ebenda, Bd. 3, S. 20
[7] ebenda, Bd. 3, S. 369
[8] ebenda, Bd. 3, S. 18
[9] *Goethes Briefe und Briefe an Goethe in sechs Bänden.* Hamburger Ausgabe, München: Deutscher Taschenbuch Verlag, 1988 (im Folgenden abgekürzt: *Goethes Briefe resp. Briefe an Goethe), Goethes Briefe, Bd. 4, S.* 265
[10] Hamburger Ausgabe, Bd. 3, S. 257

1. Ein Genie entfaltet sich
[1] Johann Wolfgang Goethe, *Gedenkausgabe der Werke, Briefe und Gespräche.* Nachdruck der Artemis-Gesamtausgabe, München, Deutscher Taschenbuch Verlag 1962 (im Folgenden abgekürzt: *Artemis-Ausgabe*), Bd. 13, S. 8 ff.
[2] Johann Wolfgang von Goethe, *Werke*, Hamburger Ausgabe, München: Deutscher Taschenbuch Verlag, 2000 (im Folgenden abgekürzt: *Hamburger Ausgabe*), Bd. 9, S. 490
[3] *Hamburger Ausgabe,* Bd. 1, S. 30
[4] ebenda, Bd. 9, S. 570
[5] ebenda, Bd. 4, S. 103
[6] ebenda, Bd. 4, S. 158
[7] ebenda, Bd. 4, S. 139
[8] Wilhelm Bode (Hrsg.), *Goethe in vertraulichen Briefen seiner Zeit-*

genossen, Berlin und Weimar: Aufbau-Verlag, 1982 (im Folgenden abgekürzt: Bode) Bd. 1, S. 23 f.
[9] *Hamburger Ausgabe,* Bd. 1, S. 33
[10] Bode, Bd. 1, S. 27
[11] ebenda, Bd. 1, S. 36 f.
[12] ebenda, Bd. 1, S. 37 f.
[13] ebenda, Bd. 1, S. 39 f.
[14] ebenda, Bd. 1, S. 40
[15] zit. n. *Hamburger Ausgabe,* Bd. 6, S. 518
[16] ebenda, Bd. 9, S. 561 f.
[17] ebenda, Bd. 9, S. 553
[18] zit. n. *Hamburger Ausgabe,* Bd. 4, S. 490
[19] Bode, Bd. 1, S. 44 f.
[20] ebenda, Bd. 1, S. 50
[21] *Hamburger Ausgabe,* Bd. 9, S. 519
[22] Bode, Bd. 1, S. 54
[23] *Hamburger Ausgabe,* Bd. 9, S. 585
[24] ebenda, Bd. 9, S. 587
[25] ebenda, Bd. 6, S. 28
[26] ebenda, Bd. 6, S. 59
[27] ebenda, Bd. 9, S. 543
[28] ebenda, Bd. 9, S. 546
[29] ebenda, Bd. 9, S. 555 f.
[30] ebenda, Bd. 6, S. 521
[31] ebenda, Bd. 6, S. 75
[32] ebenda
[33] ebenda, Bd. 6, S. 92
[34] ebenda, Bd. 6, S. 100
[35] ebenda, Bd. 6, S. 110
[36] ebenda, Bd. 9, S. 587

2. Götter, Helden, Liebende
[1] *Hamburger Ausgabe,* Bd. 1, S. 44 f.
[2] ebenda, Bd. 1, S. 46
[3] ebenda, Bd. 1, S. 47
[4] ebenda, Bd. 4, S. 179
[5] zit. n. *Hamburger Ausgabe,* Bd. 4, S. 575

[6] *Goethes Briefe und Briefe an Goethe in sechs Bänden.* Hamburger Ausgabe, München: Deutscher Taschenbuch Verlag, 1988 (im Folgenden abgekürzt: *Goethes Briefe,* resp. *Briefe an Goethe), Goethes Briefe,* Bd. 1, S. 152

[7] *Hamburger Ausgabe,* Bd. 10, S. 72

[8] ebenda, Bd. 10, S. 128

[9] ebenda, Bd. 10, S. 66

[10] *Goethes Briefe,* Bd. 1, S. 166

[11] zit. n. Nicholas Boyle, *Goethe. Der Dichter in seiner Zeit*, Frankfurt/Main und Leipzig: Insel-Verlag, 2004, Bd. 1, S. 220

[12] *Hamburger Ausgabe,* Bd. 9, S. 592

[13] zit. n. Will und Ariel Durant, *Rousseau und die Revolution*, Berlin und München: Francke Verlag, 1968, S. 652 f.

[14] *Hamburger Ausgabe,* Bd. 6, S. 29

[15] ebenda, Bd. 9, S. 583

[16] *Goethes Briefe,* Bd. 1, S. 176

[17] ebenda, Bd. 1, S. 179

[18] *Hamburger Ausgabe,* Bd. 10, S. 86

[19] ebenda, Bd. 1, S. 96

[20] *Hamburger Ausgabe,* Bd. 10, S. 107

[21] ebenda, Bd. 10, S. 109

[22] ebenda, Bd. 10, S. 110

[23] ebenda, Bd. 3, S. 367

[24] ebenda, Bd. 3, S. 405

[25] *Goethes Briefe,* Bd. 1, S. 193

[26] zit. n. Sigrid Damm, *Vögel, die verkünden Land. Das Leben des Jakob Michael Reinhold Lenz,* Frankfurt/Main und Leipzig: Insel-Verlag, 1992, S. 108

[27] *Hamburger Ausgabe,* Bd. 1, S. 102

[28] *Goethes Briefe,* Bd. 1, S. 191

[29] ebenda

[30] *Hamburger Ausgabe,* Bd. 10, S. 166

[31] ebenda, Bd. 3, S. 420

[32] ebenda, Bd. 10, S. 179

3. Minister in Weimar

[1] Bode, Bd. 1, S. 101

[2] ebenda, Bd. 1, S. 145
[3] ebenda, Bd. 1, S. 166
[4] ebenda, Bd. 1, S. 158
[5] *Goethes Briefe*, Bd. 1, S. 205
[6] ebenda, Bd. 1, S. 206
[7] Bode, Bd. 1, S. 169
[8] *Hamburger Ausgabe*, Bd. 1, S. 123
[9] *Goethes Briefe*, Bd. 1, S. 215
[10] zit. n. H. A. Korff, *Geist der Goethezeit*, Leipzig: Verlag J. J. Weber, 1955, Bd. 1, S. 69
[11] ebenda, Bd. 1, S. 204
[12] *Goethes Briefe*, Bd. 1, S. 414 f.
[13] ebenda, Bd. 1, S. 213
[14] *Hamburger Ausgabe*, Bd. 1, S. 122
[15] Bode, Bd. 1, S. 182
[16] ebenda, Bd. 1, S. 184
[17] ebenda, Bd. 1, S. 196
[18] Matthias Luserke (Hrsg.), *Goethe und Lenz*. Frankfurt/M. und Leipzig: Insel-Verlag, 2001, S. 51
[19] Damm, S. 265
[20] *Hamburger Ausgabe*, Bd. 1, S. 50
[21] *Goethes Briefe,* Bd. 1, S. 508 f.
[22] ebenda, Bd. 1, S. 233
[23] ebenda, Bd. 1, S. 253
[24] ebenda, Bd. 1, S. 250
[25] *Hamburger Ausgabe*, Bd. 1, S. 155
[26] ebenda, Bd. 7, S. 106
[27] zit. nach Ernst und Renate Grumach, *Goethe. Begegnungen und Gespräche,* Berlin und New York: De Gruyter, 1965-1977, Bd. 4, S. 230 f.
[28] Korff, Bd. 1, S. 176
[29] ebenda, Bd. 1, S. 178
[30] *Hamburger Ausgabe*, Bd. 5, S. 54
[31] ebenda, Bd. 1, S. 147
[32] *Goethes Briefe,* Bd. 1, S. 273
[33] *Hamburger Ausgabe*, Bd. 1, S. 142
[34] Johann Wolfgang von Goethe, *Tagebücher*, Düsseldorf und Köln: Diederichs, 1957, S. 41 f.

[35] Boyle, Bd. 1, S. 292
[36] *Hamburger Ausgabe*, Bd. 1, S. 142
[37] ebenda, Bd. 5, S. 77
[38] ebenda, Bd. 5, S. 119
[39] *Goethes Briefe*, Bd. 1, S. 397
[40] ebenda, Bd. 1, S. 395
[41] *Hamburger Ausgabe*, Bd. 7, S. 613
[42] *Goethes Briefe*, Bd. 1, S. 303
[43] ebenda, Bd. 1, S. 146
[44] *Hamburger Ausgabe*, Bd. 7, S. 84
[45] zit. nach Gertrude Bäumer, *Goethes Freundinnen*. Leipzig und Berlin: Teubner, 1921, S. 50
[46] *Hamburger Ausgabe*, Bd. 1, S. 129 f.
[47] *Goethes Briefe*, Bd. 1, S. 416
[48] ebenda, Bd. 1, S. 514
[49] *Hamburger Ausgabe*, Bd. 2, S. 276 (*Die Geheimnisse*)
[50] Wilhelm Bode: *Goethes Leben im Garten am Stern*, Berlin: Verlag E. S. Mittler & Sohn, 1922, S. 271
[51] *Hamburger Ausgabe*, Bd. 7, S. 145

4. Revolutionen
[1] *Hamburger Ausgabe*, Bd. 11, S. 125 f.
[2] *Goethes Briefe*, Bd. 2, S. 30
[3] *Hamburger Ausgabe*, Bd. 11, S. 150
[4] *Goethes Briefe*, Bd. 2, S. 50
[5] ebenda, Bd. 2, S. 59
[6] W. H. Auden, *Italienische Reise*, in: Ders., *Ein Bewusstsein der Wirklichkeit. Essays*, München: Piper, 1998, S. 81 ff.
[7] *Hamburger Ausgabe,* Bd. 11, S. 177
[8] ebenda, Bd. 5, S. 7
[9] ebenda, Bd. 5, S. 34
[10] ebenda, Bd. 5, S. 48
[11] ebenda, Bd. 11, S. 190
[12] *Goethes Briefe*, Bd. 2, S. 31
[13] *Hamburger Ausgabe*, Bd. 11, S. 213
[14] ebenda, Bd. 12, S. 103
[15] ebenda, Bd. 11, S. 395

[16] ebenda, Bd. 3, S. 103
[17] ebenda, Bd. 4, S. 399
[18] ebenda, Bd. 4, S. 432
[19] ebenda, Bd. 5, S. 156
[20] ebenda, Bd. 5, S. 87
[21] ebenda, Bd. 5, S. 166
[22] *Hamburger Ausgabe*, Bd. 11, S. 477
[23] ebenda, Bd. 1, S. 236
[24] ebenda, Bd. 1, S. 237 f.
[25] ebenda, Bd. 1, S. 160
[26] *Hamburger Ausgabe*, Bd. 13, S. 102
[27] ebenda, Bd. 1, S. 159 f.
[28] ebenda, Bd. 1, S. 158
[29] Bode, Bd. 1, S. 391
[30] *Hamburger Ausgabe*, Bd. 4, S. 411
[31] *Goethes Briefe*, Bd. 2, S. 116
[32] ebenda, Bd. 5, S. 126
[33] Bode, Bd. 1, S. 402
[34] *Hamburger Ausgabe*, Bd. 1, S. 170
[35] Bode, Bd. 1, S. 355
[36] ebenda, Bd. 1, S. 362
[37] ebenda, Bd. 1, S. 382
[38] *Hamburger Ausgabe*, Bd. 10, S. 538
[39] ebenda, Bd. 1, S. 180
[40] ebenda, Bd. 12, S. 750
[41] ebenda, Bd. 1, S. 201
[42] ebenda, Bd. 10, S. 436 f.
[43] Bode, Bd. 1, S. 436
[44] *Hamburger Ausgabe*, Bd. 10, S. 358
[45] Karl Otto Conrady, *Goethe. Leben und Werk*, Düsseldorf und Zürich: Artemis und Winkler, 1994 (im Folgenden Conrady), S. 521
[46] *Hamburger Ausgabe*, Bd. 10, S. 213 f.
[47] *Hamburger Ausgabe*, Bd. 5, S 52
[48] ebenda, Bd. 10, S. 361
[49] Johann Peter Eckermann, *Gespräche mit Goethe* (im Folgenden: Eckermann), Stuttgart: Reclam, 1994, S. 331
[50] *Hamburger Ausgabe*, Bd. 10, S. 291
[51] ebenda, Bd. 10, S. 438

[52] ebenda, Bd. 2, S. 369
[53] ebenda, Bd. 10, S. 391

5. Goethe und Schiller

[1] *Briefe an Goethe*, Bd. 1, S. 165
[2] *Goethes Briefe*, Bd. 2, S. 181
[3] Bode, Bd. 2, S. 3 f.
[4] Eduard Spranger, *Goethe. Seine geistige Welt* (im Folgenden: Spranger), Tübingen: Verlag R. Wunderlich, 1967, S. 376
[5] *Hamburger Ausgabe*, Bd. 12, S. 32
[6] Friedrich Schiller, *Werke* (Nationalausgabe), Bd. 22, S. 293
[7] Korff, Bd. 2, S. 276
[8] *Hamburger Ausgabe*, Bd. 1, S. 359
[9] Friedrich Schiller: *Über die ästhetische Erziehung des Menschen* (im Folgenden: Schiller, *Erziehung*), München: Fink-Verlag, 1967, S. 71
[10] ebenda, S. 24
[11] *Hamburger Ausgabe*, Bd. 6, S. 135
[12] zit. nach Conrady, S. 591
[13] *Hamburger Ausgabe*, Bd. 10, S. 444
[14] ebenda, Bd. 1, S. 212
[15] ebenda, Bd. 1, S. 216
[16] Bode, Bd. 2, S. 84
[17] *Goethes Briefe*, Bd. 2, S. 244
[18] ebenda, Bd. 7, S. 694
[19] *Goethes Briefe*, Bd. 2, S. 228
[20] Conrady, S. 643
[21] Bode, Bd. 2, S. 95 f.
[22] ebenda, Bd. 2, S. 129
[23] *Goethes Briefe*, Bd. 2, S. 230
[24] Bode, Bd. 2, S. 159 f.
[25] *Hamburger Ausgabe*, Bd. 7, S. 494 f.
[26] ebenda, Bd. 10, S. 432
[27] *Goethes Briefe*, Bd. 2, S. 245
[28] ebenda, Bd. 4, S. 480
[29] *Briefe an Goethe*, Bd. 1, S. 223
[30] *Hamburger Ausgabe*, Bd. 1, S. 185

[31] ebenda, Bd. 1, S. 190
[32] ebenda
[33] ebenda, Bd. 1, S. 606
[34] Bode, Bd. 2, S. 65
[35] ebenda, Bd. 2, S. 108
[36] *Hamburger Ausgabe*, Bd. 14, S. 252
[37] ebenda, Bd. 2, S. 492
[38] *Goethes Briefe*, Bd. 2, S. 247
[39] Bode, Bd. 2, S. 92 f.
[40] *Hamburger Ausgabe*, Bd. 2, S. 513
[41] ebenda, Bd. 2, S. 513
[42] ebenda, Bd. 2, S. 514
[43] ebenda, Bd. 2, S. 737
[44] zit. n. Robert Koenig, *Deutsche Literaturgeschichte,* Bielefeld und Leipzig: Velhagen & Klasing, 1910, Bd. 2, S. 80
[45] *Hamburger Ausgabe*, Bd. 1, S. 276
[46] ebenda, Bd. 1, S. 266
[47] ebenda, Bd. 1, S. 271
[48] ebenda, Bd. 1, S. 274
[49] zit. n. Richard Friedenthal, *Goethe. Sein Leben und seine Zeit*, (im Folgenden: Friedenthal) München: Piper Verlag, 1963, S. 454
[50] Bode, Bd. 2, S. 132
[51] *Hamburger Ausgabe*, Bd. 10, S. 529
[52] Boyle, Bd. 2, S. 866
[53] *Hamburger Ausgabe*, Bd. 5, S. 295
[54] Germaine de Staël, *Über Deutschland* (im Folgenden: de Staël). Stuttgart: Reclam Verlag, 1962, S. 118
[55] ebenda, S. 157
[56] ebenda
[57] ebenda, S. 183
[58] *Hamburger Ausgabe*, Bd. 12, S. 102
[59] ebenda, Bd. 1, S. 367

6. Dämonen und Demoisellen
[1] *Hamburger Ausgabe,* Bd. 3, S. 12
[2] ebenda, Bd. 3, S. 14
[3] ebenda, Bd. 3, S. 15

[4] ebenda, Bd. 3, S. 18
[5] Goethe, *Tagebücher*, S. 83
[6] Bode, Bd. 2, 354
[7] *Hamburger Ausgabe*, Bd. 10, S. 546
[8] ebenda, Bd. 10, S. 177
[9] ebenda, Bd. 5, S. 354
[10] ebenda, Bd. 5, S. 361
[11] ebenda, Bd. 5, S. 365
[12] Bode, Bd. 2, S. 251
[13] Wolfgang Lange, *Der kalkulierte Wahnsinn*, Frankfurt/M.: Fischer Verlag, 1992, S. 81
[14] Immanuel Kant, *Werkausgabe*, Bd. 10, S. 241 f.
[15] Spranger, S. 387
[16] Bettine von Arnim, *Goethes Briefwechsel mit einem Kinde* (im Folgenden: Arnim), Frankfurt/Main und Leipzig: Insel Verlag, 1984, S. 644
[17] Bode, Bd. 2, S. 434
[18] *Hamburger Ausgabe*, Bd. 5, S. 356
[19] ebenda, Bd. 6, S. 384
[20] zit. n. Emil Ludwig, *Goethe. Geschichte eines Menschen*, Stuttgart und Berlin: Verlag Cotta'sche Buchhandlung, 1920, Bd. 3, S. 31
[21] Bode, Bd. 2, S. 431
[22] Bäumer, S. 407
[23] *Hamburger Ausgabe*, Bd. 1, S. 300
[24] ebenda, Bd. 10, S. 499
[25] ebenda, Bd. 1, S. 301
[26] ebenda, Bd. 6, S. 283
[27] ebenda, Bd. 6, S. 639
[28] zit. n. Friedenthal, S. 563
[29] *Goethes Briefe*, Bd. 3, S. 120
[30] *Hamburger Ausgabe*, Bd. 6, S. 471
[31] ebenda, Bd. 6, S. 478
[32] ebenda, Bd. 6, S. 653
[33] Hans Mayer, *Goethe. Ein Versuch über den Erfolg*, Leipzig: Reclam Verlag, 1987 (im Folgenden Mayer), S. 73
[34] Bode, Bd. 2, S. 453
[35] ebenda, Bd. 6, S. 664
[36] zit. n. Mayer, S. 68
[37] Eckermann, S. 649

[38] *Hamburger Ausgabe,* Bd. 14, S. 38
[39] Wolf von Engelhardt, *Goethes Weltansichten. Auch eine Biografie,* Weimar: Verlag Hermann Böhlaus Nachfolger, 2007, S. 245
[40] *Hamburger Ausgabe,* Bd. 13, S. 317
[41] Eckermann, S. 748
[42] *Hamburger Ausgabe,* Bd. 5, S. 369
[43] ebenda, Bd. 5, S. 388
[44] ebenda, Bd. 5, S. 395
[45] ebenda, Bd. 5, S. 722
[46] ebenda, Bd. 3, S. 17
[47] Arnim, S. 650
[48] ebenda
[49] *Hamburger Ausgabe,* Bd. 9, S. 9
[50] ebenda, Bd. 9, S. 634
[51] ebenda, Bd. 9, S. 39
[52] ebenda, Bd. 9, S. 198
[53] ebenda, Bd. 9, S. 35
[54] ebenda, Bd. 9, S. 50
[55] ebenda, Bd. 9, S. 163
[56] ebenda, Bd. 9, S. 283
[57] ebenda, Bd. 9, S. 354
[58] ebenda, Bd. 9, S. 338
[59] ebenda, Bd. 9, S. 374 f.
[60] ebenda, Bd. 9, S. 405
[61] ebenda, Bd. 9, S. 401
[62] ebenda, Bd. 9, S. 406
[63] ebenda, Bd. 9, S. 481
[64] ebenda, Bd. 9, S. 471

7. Sonne und Wolken
[1] *Hamburger Ausgabe,* Bd. 9, S. 397, etwas verkürzt und umgestellt
[2] ebenda, Bd. 9, S. 433
[3] ebenda, Bd. 9, S. 495
[4] ebenda, Bd. 9, S. 466
[5] ebenda, Bd. 1, S. 28 f.
[6] ebenda, Bd. 9, S. 466
[7] ebenda, Bd. 1, S. 31

[8] ebenda, Bd. 9, S. 498
[9] ebenda, Bd. 9, S. 500
[10] *Goethes Briefe*, Bd. 3, S. 477
[11] *Hamburger Ausgabe*, Bd. 2, S. 19
[12] Bode, Bd. 2, S. 665
[13] *Hamburger Ausgabe*, Bd. 2, S. 13
[14] ebenda, Bd. 2, S. 7
[15] ebenda, Bd. 2, S. 80
[16] ebenda, Bd. 2, S. 74
[17] Bode, Bd. 2, S. 650
[18] ebenda, Bd. 2, S. 652
[19] *Hamburger Ausgabe*, Bd. 1, S. 345
[20] ebenda, Bd. 2, S. 79 f.
[21] ebenda, Bd. 2, S. 82
[22] ebenda, Bd. 2, S. 66
[23] Bäumer, S. 425
[24] ebenda
[25] Bode, Bd. 3, S. 104
[26] ebenda, Bd. 3, S. 37
[27] Bode, Bd. 3, S. 112
[28] ebenda, Bd. 3, S. 115
[29] Grillparzer, *Selbstlebensbeschreibung*, S. 163
[30] Bode, Bd. 3, S. 141
[31] ebenda, Bd. 3, S. 152
[32] ebenda, Bd. 3, S. 42 f.
[33] ebenda, Bd. 3, S. 150
[34] ebenda, Bd. 3, S. 113 f.
[35] G. W. F. Hegel, *Sämtliche Werke*, Stuttgart: Frommann Verlag, Bd. 14, S. 273
[36] *Hamburger Ausgabe*, Bd. 1, S. 384
[37] ebenda, Bd. 1, S. 385
[38] ebenda, Bd. 1, S. 386
[39] ebenda, Bd. 1, S. 382 f.
[40] ebenda, Bd. 2, S. 19
[41] Bode, Bd. 3, S. 165
[42] ebenda, Bd. 3, S. 173
[43] ebenda, Bd. 3, S. 174
[44] *Hamburger Ausgabe*, Bd. 1, S. 386

8. Faust und andere Wanderer

[1] *Hamburger Ausgabe*, Bd. 3, S. 146
[2] Eckermann, S. 706
[3] *Hamburger Ausgabe*, Bd. 3, S. 495
[4] ebenda, Bd. 3, S. 55
[5] ebenda, Bd. 3, S. 18
[6] ebenda, Bd. 3, S. 61
[7] *Goethes Briefe*, Bd. 4, S. 207
[8] *Hamburger Ausgabe*, Bd. 3, S. 208
[9] De Staël, S. 263
[10] *Goethes Unterhaltungen mit dem Kanzler Friedrich von Müller*, Stuttgart und Berlin: Verlag Cotta'sche Buchhandlung, 1898, S. 146
[11] *Hamburger Ausgabe*, Bd. 3, S. 47
[12] ebenda, Bd. 3, S. 444
[13] ebenda, Bd. 3, S. 58
[14] ebenda, Bd. 3, S. 59
[15] ebenda, Bd. 3, S. 493
[16] ebenda, Bd. 3, S. 173
[17] ebenda, Bd. 3, S. 216
[18] ebenda, Bd. 3, S. 220
[19] *Goethes Briefe*, Bd. 2, S. 319
[20] *Hamburger Ausgabe*, Bd. 3, S. 256
[21] ebenda, Bd. 8, S. 521
[22] ebenda, Bd. 8, S. 263
[23] ebenda, Bd. 8, S. 37
[24] Erich Trunz in: *Hamburger Ausgabe*, Bd. 8, S. 534
[25] *Hamburger Ausgabe*, Bd. 8, S. 459 f.
[26] ebenda, Bd. 3, S. 283
[27] ebenda, Bd. 3, S. 298
[28] ebenda, Bd. 3, S. 304
[29] ebenda, Bd. 9, S. 168
[30] *Goethes Briefe*, Bd. 4, S. 219
[31] *Hamburger Ausgabe*, Bd. 3, S. 466
[32] ebenda, Bd. 3, S. 340
[33] *Goethes Briefe*, Bd. 3, S. 250
[34] *Hamburger Ausgabe*, Bd. 3, S. 343
[35] ebenda Bd. 3, S. 344
[36] ebenda, Bd. 3, S. 348

[37] ebenda
[38] ebenda, Bd. 3, S. 349
[39] *Goethes Briefe*, Bd. 3, S. 493 f.
[40] *Hamburger Ausgabe*, Bd. 3, S. 247
[41] zit. n. Hans Blumenberg, *Goethe zum Beispiel*, Frankfurt und Leipzig: Insel Verlag, 1999, S. 182
[42] zit. n. Dieter Borchmeyer, *Goethe. Der Zeitbürger,* München und Wien: Carl Hanser Verlag, 1999 S. 352
[43] *Hamburger Ausgabe*, Bd. 12, S. 372
[44] ebenda, Bd. 2, S. 117
[45] ebenda, Bd. 3, S. 359
[46] *Goethes Briefe*, Bd. 3, S. 219
[47] *Hamburger Ausgabe,* Bd. 3, S. 363
[48] Eckermann, S. 764
[49] Bode, Bd. 3, S. 309
[50] *Goethes Briefe*, Bd. 4, S. 481

Bildnachweis

Umschlagabbildung und S. 113 © akg; S. 75 und S. 203 © Goethezeitportal (www.goethezeitportal.de)

Bibliografie

Werkausgaben, Tagebücher, Briefe
Werke. Ausgabe in 14 Bänden, hrsg. v. Erich Trunz, Hamburger Ausgabe, Reprint, München: Deutscher Taschenbuch Verlag, 2000
Gedenkausgabe der Werke, Briefe und Gespräche. Nachdruck der Artemis-Gesamtausgabe, München, Deutscher Taschenbuch Verlag 1962
Werke, hrsg. im Auftrag der Großherzogin Sophie von Sachsen (Weimarer Ausgabe) Abteilungen I-IV, 133 Bde. Weimar: Böhlau Verlag, 1887-1919. Reprint, München: 1987
Tagebücher (ausgewählt und eingeleitet von Herbert Nette), Düsseldorf und Köln: Eugen Diederichs Verlag, 1957
Goethes Briefe und Briefe an Goethe in sechs Bänden, Hamburger Ausgabe, München: Deutscher Taschenbuch Verlag, 1988
Goethes Unterhaltungen mit dem Kanzler Friedrich von Müller, Stuttgart und Berlin, Verlag Cotta'sche Buchhandlung, 1898
Arnim, Bettine von, *Goethes Briefwechsel mit einem Kinde.* Hrsg. v. Waldemar Oehlke, Frankfurt/M. und Leipzig: Insel Verlag, 1984
Eckermann, Johann Peter, *Gespräche mit Goethe.* Stuttgart: Reclam Verlag, 1994

Literatur über J. W. Goethe sowie von und über Zeitgenossen
Auden, Wystan Hugh, *Italienische Reise,* in: Ders., *Ein Bewusstsein der Wirklichkeit.* Essays. München: Piper Verlag, 1989
Bäumer, Gertrude, *Goethes Freundinnen. Briefe zu ihrer Charakteristik,* Leipzig und Berlin: Teubner Verlag, 1921
Bamberger, Richard, *Der junge Goethe. Lyrik und Leben.* Wien: Verlag für Jugend und Volk, 1949
Blumenberg, Hans, *Arbeit am Mythos,* Frankfurt: Suhrkamp Verlag, 2001
Derselbe, *Goethe zum Beispiel,* Frankfurt/M. und Leipzig: Insel Verlag, 1999

Bode, Wilhelm (Hrsg.), *Goethe in vertraulichen Briefen seiner Zeitgenossen*, Berlin und Weimar: Aufbau-Verlag, 1982
Derselbe, *Goethes Lebenskunst*, Berlin: Verlag E. S. Mittler & Sohn, 1908
Ders., *Goethes Leben im Garten am Stern*, Berlin: Verlag E. S. Mittler & Sohn, 1922
Derselbe, *Neues über Goethes Liebe*, Berlin: Verlag E. S. Mittler & Sohn, 1921
Boerner, Peter, *Johann Wolfgang von Goethe*, Reinbek bei Hamburg: Rowohlt Verlag, 1999 (EA 1964)
Borchmeyer, Dieter, *Goethe. Der Zeitbürger*, München und Wien: Carl Hanser Verlag, 1999
Derselbe, *Die Weimarer Klassik* (2 Bde.), Königstein/Ts.: Athenäum Taschenbücher, 1980
Derselbe, *Kritik der Aufklärung im Geiste der Aufklärung: Friedrich Schiller*, in: Jochen Schmidt (Hrsg.), *Aufklärung und Gegenaufklärung in der europäischen Literatur, Philosophie und Politik von der Antike bis zur Gegenwart*, Darmstadt: Wissenschaftliche Buchgesellschaft, 1989
Böttiger, Karl August, *Literarische Zustände und Zeitgenossen. Begegnungen und Gespräche im klassischen Weimar*, Berlin: Aufbau-Verlag, 2005
Boyle, Nicholas, *Goethe. Der Dichter in seiner Zeit* (2 Bde.), Frankfurt/M. und Leipzig: Insel Verlag, 2004
Conrady, Karl Otto, *Goethe. Leben und Werk*, Düsseldorf und Zürich: Artemis und Winkler, 1994
Damm, Sigrid, *Cornelia Goethe*, Frankfurt/M. und Leipzig: Insel Verlag 1992
Dieselbe, *Vögel, die verkünden Land. Das Leben des Jakob Michael Reinhold Lenz*, Frankfurt/M. und Leipzig: Insel Verlag, 1992
Dieselbe, *Goethes letzte Reise*, Frankfurt/M. und Leipzig: Insel Verlag, 2007
Durant, Will und Ariel, *Rousseau und die Revolution*, Berlin und München: Francke Verlag, 1969
Engelhardt, Wolf von, *Goethes Weltansichten. Auch eine Biografie*, Weimar: Verlag Hermann Böhlaus Nachfolger, 2007
Friedenthal, Richard, *Goethe. Sein Leben und seine Zeit*, München: Piper Verlag, 1963

Gebhardt, Jürgen (Hrsg.), *Die Revolution des Geistes. Goethe, Kant, Fichte, Hegel, Humboldt.* List Hochschulreihe Geschichte des politischen Denkens. München: List Verlag, 1968

Gerlach, Harald, *»Man liebt nur, was einen in Freyheit setzt«. Die Lebensgeschichte des Friedrich Schiller*, Weinheim: Beltz & Gelberg, 2004

Grillparzer, Franz, *Selbstlebensbeschreibung*, in: Derselbe, *Werke*. I. Abt., Bd. 14/15, Wien und Leipzig: 1916

Grumach, Ernst und Renate, *Goethe. Begegnungen und Gespräche*, Berlin und New York: Verlag Walter de Gruyter, 1965–1977

Hegel, Georg Wilhelm Friedrich, *Sämtliche Werke* (30 Bde.), Stuttgart: Frommann Verlag, 1927–1940

Höfer, Anja, *Johann Wolfgang von Goethe*. dtv portrait, München: Deutscher Taschenbuch Verlag, 2001

Janetzki, Ulrich (Hrsg.), *Goethes Schwiegertochter Ottilie von Goethe. Ein Porträt.* Frankfurt/M., Berlin und Wien: Ullstein Verlag, 1982

Kant, Immanuel, *Werkausgabe* (12 Bde.), hrsg. von Wilhelm Weischedel, Frankfurt/M.: Suhrkamp Verlag, 1977

Kantzenbach, Friedrich Wilhelm, *Herder*, Reinbek bei Hamburg: Rowohlt Verlag, 2002

Koenig, Robert, *Deutsche Literaturgeschichte* (2 Bde.). Bielefeld und Leipzig: Verlag Velhagen und Klasing, 1910

Korff, H. A., *Geist der Goethezeit. Versuch einer ideellen Entwicklung der klassisch-romantischen Literaturgeschichte* (4 Bde.), Leipzig: Verlag J. J. Weber, 1955 (EA 1923)

Lange, Wolfgang, *Der kalkulierte Wahnsinn. Innenansichten ästhetischer Moderne*, Frankfurt/M.: Fischer Verlag 1992

Ludwig, Emil, *Goethe, Geschichte eines Menschen* (3 Bde.), Stuttgart und Berlin: Verlag Cotta'sche Buchhandlung, 1920

Lukacs, Georg, *Goethe und seine Zeit*, Berlin: Aufbau-Verlag, 1953

Luserke, Matthias (Hrsg.), *Goethe und Lenz*, Frankfurt/M. und Leipzig: Insel Verlag, 2001

Mandelkow, Karl Robert, *Goethe in Deutschland, Rezeptionsgeschichte eines Klassikers* (2 Bde.), München: dtv, 1980–1989

Mayer, Hans, *Goethe. Ein Versuch über den Erfolg*, Leipzig: Reclam Verlag, 1987 (EA Frankfurt, Suhrkamp Verlag, 1973)

Meyer, Heinrich, *Goethe. Das Leben im Werk*, Stuttgart: H. Günther Verlag, o.J. (1967; EA 1947)